修订版

心花一瓣

梁久朝 著

石油工業出版社

图书在版编目（CIP）数据

心花一瓣 / 梁久朝著．— 修订本．— 北京：石油工业出版社，2019.12

ISBN 978-7-5183-3627-2

Ⅰ．①心… Ⅱ．①梁… Ⅲ．①新闻工作-研究 Ⅳ．①G21

中国版本图书馆 CIP 数据核字（2019）第 208740 号

出版发行：石油工业出版社
（北京安定门外安华里 2 区 1 号　100011）
网　址：www.petropub.com
编辑部：（010）64523609
图书营销中心：（010）64523633
经　　销：全国新华书店
印　　刷：北京中石油彩色印刷有限责任公司

2019 年 12 月第 1 版　2019 年 12 月第 1 次印刷
710×1000 毫米　开本：1/16　印张：17.75
字数：320 千字

定价：48.00 元
（如发现印装质量问题，我社图书营销中心负责调换）

序 | Preface

梁久朝同志这本文集几乎包罗了一张新闻纸的全部内容，有言论，有消息，有通讯特写，还有副刊所具备的品种。

梁久朝是在新中国怀抱中成长起来的新闻工作者，大学新闻系毕业后，从事20余年的广播工作，旋又主持报纸工作十五年，可谓一个职业新闻工作者。

省内新闻同仁都知道，梁久朝同志为人宽厚，文思敏捷，业务娴熟。从这本题名《心花一瓣》的集子里可以看出，他对各种新闻样式、各种新闻文体都能驾轻就熟，并对新闻业务有关的问题作了较为深刻的研讨。尤为可贵的是，作为记者，他具有敏锐的嗅觉和胆识。这突出地表现在1979年前后，他冲破长期的思想禁锢，率先在全省进行以“包”字为特征的农业生产责任制的广播宣传。此举被农民群众誉为人民广播“三十年来第一声”。

作为报社的老总他常告诫编采人员说，一个好的记者，绝不能满足于搞些验证式的报道，不能只会用现有的事实图解党的政策，更重要的是须把记者的目光瞄向社会实践的前沿，倾听实践的呼声，善于从群众实践中提出亟待解决的新问题，并从实践中寻求解决这一问题的办法，及时加以报道，这样的新闻才最有生命力。

这一品格和胆识，同样表现在他主编的《安徽工人报》里。这张报纸以“求实、写真、匡正、布新”见长，其舆论监督性报道之重，在省内媒体中算是罕见的。他有一篇《敢言善言话监督》的文章对此作了概述。正如邹人煜同志在为《安徽工人报》创刊一千期题词中所云：“众意勿违堪慰，标高浊浪难欺。曲直是非胸有秤，南北东西自布棋。江淮留口碑。”

梁久朝自云“此生屈指无多路，留取心花一瓣香。”他的这一追求实现了。

原中共安徽省顾委常委、原安徽省社科院院长　欧远方

1999年1月4日于合肥

目录 | Contents

·求　索　编·

广播新闻导语三题 /3

谈谈录音报道 /10

列宁怎样对待新闻的真实性 /14

列宁特别重视通俗化 /17

拨动听众心弦的一举 /18

通讯的文学性 /21

时刻想着读者 /26

立规建制　清除“有偿新闻” /28

画好点睛之笔

——新闻标题的美学思考 /29

敢言善言话监督 /33

农业生产责任制‘79‘80舆论冲击波 /38

突出特色　嫁接优势

——工人报发展新路初探 /42

前郢，中国包产到户第一村 /47

删繁就简　继承发展

——旧体诗改革之断想 /51

·写　真　编·

通讯　健康·友谊

——亚非学生疗养院散记 /59

配音通讯　白衣红心李月华 /63

广播对话　侃包产 /75
通讯　在新情况新问题面前
——宣城县农村工作见闻 /77
通讯　当官敢为民“作主”
——周良福顶风包产纪实 /81
通讯　“孙小刀子”小传 /85
通讯　我爱农民兄弟
——县委书记王业美情结解密 /88
报告文学　像春蚕那样吐丝 /92
录音访问　坝上生意通四海 /96
通讯　他走了，留下一串问号 /99
报告文学　玫瑰色的海南梦 /101
消息　省委副书记杨永良语重心长话监督 /105
消息　总经理赵云鹏主动自曝企业违价丑闻 /106
通讯　风韵独具说“绿雪” /107
消息　抗洪巨片《大浪丰碑》将隆重推出 /108
特写　真耶幻耶？一个呼之欲出的构想
—— 县委书记钱进的改革之梦 /109
特写　喜耶忧耶？一个迟迟未报道的故事
—— 县委书记王保民的廉政汇报 /111
通讯　家电竞争任评说 /113
通讯　喜忧参半六千万 /117
通讯　坎坷劳模路 /119
消息　淮南蓄电池总厂“刘一刀”被撤 /123
通讯　三十那个晚上
—— 省总工会春节热线电话跟踪记 /125
消息　雪地啤酒厂违法厂规被废　厂长免职 /128
报告文学　芳草园 /130
电视片解说词　大浪丰碑 · 洪水大劫难 /135
电视片解说词　大浪丰碑 · 含泪舍家园 /138
通讯　鬼酒的“鬼气”
—— 一个不善饮者的酒话 /142
游记　初识“女儿国” /144

游记　满眼风光塞上行　/150
回忆录　激情孕育　关爱催生
——《安徽工人报》创刊记　/154
回忆录　心花一瓣
——向母校汇报　/158

·放　言　编·

让千家万户菜篮如意　/167
保护“出头鸟”　/168
在阵痛中更新观念　/169
打破板块　冲出藩篱　/170
以良好的纪律和道德展示主人风采　/171
把福利的华厦建在坚实基础上　/172
积极稳步地建立乡镇企业工会　/173
民主对话的“热线”　/174
立改革鹄志　做改革模范　/175
两会留下的话题　/176
唤起危机感、紧迫感和使命感　/177
白我曝光好　/178
在“全心全意”上下功夫　/179
把“尚方宝剑”交给职工
——厂门关闭后的沉思　/180
要紧中有暖　/181
可喜的社会尊重
——感于工人评技师　/183
腾跃于开发皖江大舞台　/184
从化名提建议说开去　/186
生产一线呼唤“以干代工”　/187
强化质量意识的妙方　/188
机关也要“破三铁”　/189
工会工作要经受市场经济的洗礼　/190
心中有法腰自直　/191
从败境中奋起
——寄语部分企业“败军之将”　/192

非儿戏　足为戒
——感于一批地县干部被查处 /193
理直气壮做主人 /194
让职工放心
——再说职工入股应自愿 /195
规范职工下岗行为 /197
摆脱“兴勃亡忽”周期律 /198
荡腑箴言话“一把”
——《怎样当好一把手》读后感 /200
即使死去，也是壮烈的
——写在“百姓缘”药店遭遇封杀之际 /202
让维权旗帜永远飘红 /204
让环保风暴来得更猛烈些吧 /208
治庸先治臃 /209
给骑行让道：城市交通治本之策 /211
平民逝者牛耘的“新闻现象” /213

·陶　冶　编·

散文　花村 /217
随笔　名园应有留题处 /222
散文　借问杏花村何处 /224
小说　悔 /226
小品　绝联试对 /228
诗词
毕业留别 /230
京都与振华同学别 /230
登黄山天门坎 /230
采石览胜 /231
访池州杏花村 /231
乌江怀古（二首） /232
送武录入读北京广播学院 /232
述怀 /233
观太湖 /233
临江仙·周恩来逝世周年祭 /233

寄语武录（二首） /234
夜思致友人 /234
读友人和诗步前韵 /234
（附）放言奉和久朝兄　步原韵并祈教正 /235
饮茗敬亭山 /236
敬亭春晓 /237
瞻淮海战役烈士纪念塔 /237
瞻淮海战役烈士名录台 /237
荆山即兴（二首） /238
云台山观海 /238
送友人徙阜阳 /239
汉阳琴台怀古（二首） /239
愁结茅仙洞 /240
灯谜
——仿《红楼梦》薛小妹怀古诗 /240
（附）薛小妹原诗 /240
赏菊（二首） /241
庐山云雾 /242
泛舟梅山水库 /242
题冯维韬生花妙笔 /242
心花一瓣香
——感怀寄刘翁（四首） /243
醉翁亭怀古（三首） /244
蓬莱阁观海 /244
大潮吟·和杨文友（四首） /245
（附）大潮吟·杨文友原诗 /246
咏月季花 /247
丙寅重阳菊花诗会赋 /247
菊意 /248
龙腾三咏 /248
天山咏 /249
东方风来满眼春 /249
（附）东方风来满眼春·梁颢和诗 /249

陆台诗人庐州聚会咏赠何南史博士 /250
世风 /250
看电视连续剧《包青天》（三首） /251
合肥十景题咏 /252
海宁观潮 /254
三峡吟（六首） /254
咏水仙花（二首） /256
咏情（七首） /256
除夕夜读乃蕴兄赠诗感而和之 /258
（附）俞乃蕴原诗 /258
新闻从业四十周年感怀 /259
再访杜甫草堂 /259
心语（三首） /260
故园续谱感赋 /260
凄凉调·双慈祭 /260
塞上四题 /261
庐州诗词学会十周年 /262
赋闲（三首） /262
川震四题 /263
建国六十周年感怀（四首） /264
蚌埠三中毕业 50 周年聚会即兴 /265
保龄球三昧 /265
湑史杭踏青即兴（二首） /266
修叔黄昏颂 /266
北广毕业五十周年同学聚会感赋（次韵旧作） /267
北京广播学院 20 周年校庆（旧作） /267
安徽诗词学会 30 华诞志庆 /267
巴马即兴 /268
虞美人·闻合肥一中“数学诗人”大赛 /268
沁园春·赠友人——和武录弟子性急者 /268
（附）沁园春·拟贺吾师七十大寿 /269

求索编

留取心花一瓣香

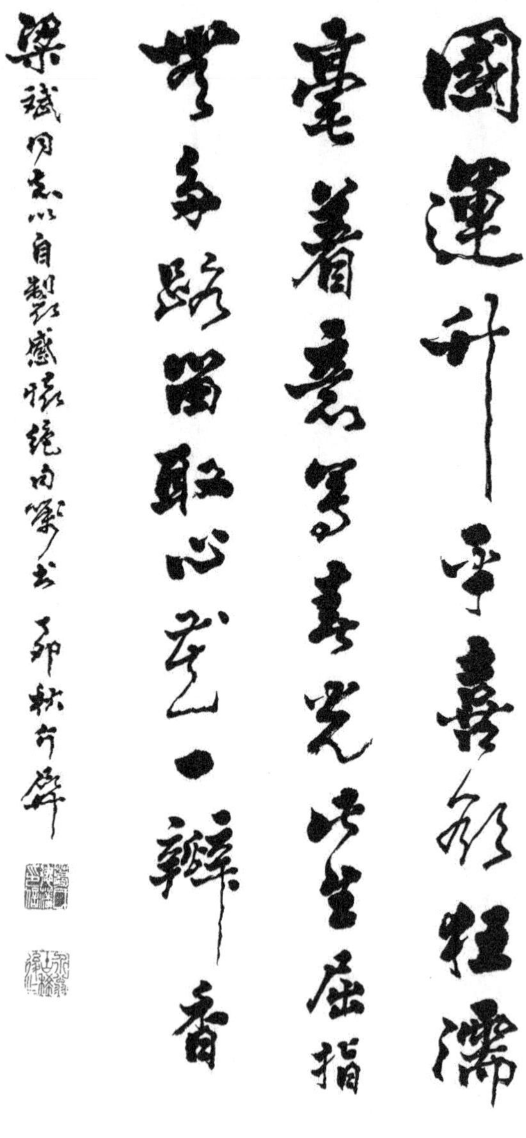

广播新闻导语三题

俗话说，好的开头是成功的一半，编写广播新闻的同志会有更深刻的体会吧。一条消息，要是导语写得好，一下子突出新闻的精华，用简洁、生动的语言去敲击听众思想感情的大门，那么听众一定是不忍关掉收音机的，他会从播音员的第一句话就产生一种希望：追根究底，听下去。

在我们的广播新闻中，的确有大量导语写得很出色。但是只要认真地翻翻过去的广播稿，认真地倾听一下听众的意见，就应当承认，还有不少新闻导语写得不尽人意，它们起着疏远听众的作用。

充分认识广播新闻的特点，按广播的要求写作导语，算得上一个课题。

突　出

听广播和读报不同。读者拿起一张报纸，第一眼看到的通常是新闻标题。浏览了各版各栏的标题以后，便选择标题重要又能引起他兴趣的新闻看，然后才接触到导语。

标题—导语—新闻本体，这是读报顺序。这个顺序表明，报纸的新闻标题比导语更重要，更具吸引力。它突出了新闻的主题思想和表现主题的事实精华。

广播新闻没有标题，播音员一条线地播下去，听众一条线地听下来。听到的第一句话就是导语。导语—新闻本体，这是听广播的顺序。

广播新闻的这个特点，对它的导语提出了比报纸新闻导语更加严格的要求。如果说，看不看新闻决定于标题，那么听不听新闻则决定于导语。

广播新闻的导语要兼负新闻标题的作用，要像标题那样突出和鲜明。

概括性导语是突出主题思想的好方法。世界上每天都发生许多重大事件，它们的本质并不都是一下子赤裸裸地暴露出来的。有些突然发生的事件出现在广播新闻的导语里，听众很难马上明白其本质意义，需要我们用概括的手法一开始就把新闻的主题思想直接告诉给听众。但是在广播新闻中，更多的是突出本身就能表现主题的事实精华，用最重要和听众最关心的新鲜事实去征服听众。

打开收音机，我们一下子被播音员这样一句话抓住了：

“北京消息：我国远洋货轮《跃进号》在（一九六三年）五月一号下午从青岛开往日本门司的途中，在南朝鲜济州岛西南海域突然遇难沉没。”

这个新闻导语提供的“突然遇难沉没”这一事实无疑是惊人的，它引起听众强烈的反应。那么，能不能说这个导语是成功的呢？不能。最近一封听众来信很好地说明了这个问题。

不久前，我在中央台实习期间看到上海听众吴好修给中央台的一封来信说，他在收听《跃进号》沉没这条消息时，始终为船员的生命捏一把汗。信的内容是这样的：

“五月三号清晨，在收听新闻广播时，忽然听到我国远洋货轮《跃进号》遇难沉没的惊人消息。我和爱人情绪都很紧张。这么大的远洋货轮（万吨），这么严重的沉船事故，显然是最大的不幸；可是船员呢？在这茫茫大海中，船员的生命问题是每个人迫切需要知道的。……好不容易听到最后才知道船员共五十九名全部获救的消息。”

吴好修同志的来信反映了听众的一种普遍心理状态：希望打开收音机就能很快听到他所关心的东西。听了“突然遇难”，听众心里便打上这样的问号：为什么遇难？遇的什么难？遭受敌人攻击了吗？听了“沉没”二字，又必然关心船员的安危。

很明显，这两个悬念，在播出的新闻导语里，受到了冷遇。当然，在当时《跃进号》沉没真相不明，外电又议论纷纷，从这点看，无法在导语里回答“为什么遇难”这个问题。但是鉴于事件的严重性及其深远的政治意义，我国政府的态度就成了全世界人民注视的中心。

对于导语的这种缺陷，报纸可以用标题来弥补不足，看了标题便一目了然。五月三号《人民日报》在第一版报道新华社这条消息时运用了多行标题：

（主标）我《跃进号》货轮赴日途中突然遇难沉没。

（副标）我国政府对此十分重视，正对沉没原因进行严密调查。

船员经日本渔船救起，正由我派出的护卫舰接返祖国。

接着《人民日报》将原来新华社电稿中的导语一字不漏地搬上了版面。

在广播中，导语的任务更加重了，它应当根据“听”的要求以新的面目出现。我想是否可以这样改动：

“北京消息：我国远洋货轮《跃进号》在五月一号下午从青岛开往日本门司的途中，在南朝鲜济州岛西南海域突然遇难沉没。船员已经救起，我国政府正在对沉没原因进行严密调查。”

我想这样改动听众立刻会被这个惊人事件抓住，并且回答了听众关心的重要问题，强调了事件的严重性。

因此可以说，编写广播新闻应在导语里突出新闻的高潮，把最重要的和听众最关心的新鲜事实突出在导语里。有人把新闻写作比作游泳。好的游泳者从来不是小心翼翼地走进浅水，而是头朝下向池中最深的部分猛扎下去。我想写作广播新闻导语尤其要如此。

重要的事实也是听众关心的事实，两者有时虽有程度上的微小差别，但仍是一致的，它们是新闻的精华部分。突出这个精华常见的方法有以下几种：

突出事件的本身。突发性要闻，一开始就极为听众所关注，应当突出在导语里。

突出事件的结果或结论。这种方法常用于经济消息和会议消息。往往一开头就把建设成就、完成计划和会议决议告诉听众。

突出事件中的一个片断或细节。这种方法不常用，但也有，其片断或细节必须是能鲜明地体现一种立场、观点，又能引起听众兴趣的。

突出五要素中最主要的要素。五要素俱全的导语不多见，通常只把主要的要素写在导语里，而最主要的要素又占着特别突出的地位。

简　洁

如果说广播新闻贵在简洁，那么广播新闻的导语就更要简洁。新闻导语的突出要求把最重要的事实写在导语里；新闻导语的简洁则要求在导语里只写应突出的东西，用简短明晰的语言表现出来，而不让任何一个多余的字句盘踞在导语里，这也就从另一方面做到了突出。

有些编辑记者企图在导语中一口气就把什么都告诉听众，良莠并蓄、主次不分，结果最主要的新鲜事实被淹没掉了。这种导语我们叫它“淹没式”导语。比如：

“哈瓦那消息：古巴总统多尔蒂科斯前天在巡视马坦萨斯省以后对这个省的报纸《吉隆报》发表讲话说，如果说敌人曾经选择马坦萨斯省来开展他们的反革命斗争的话，那么马坦萨斯省革命的人民所展开的攻势已经击溃了他们的全部袭击计划，因为事实上革命正在一切方面取得新的胜利。”

这个长达120余字的导语真可谓面面俱到，其中罗列了时间、地点、背景条件、结果和原因等，啰啰唆唆，拖泥带水。同时导语中的关联词——如果……的话，那么就……因为……听起来也是不入耳的。这个冗长的导语完全可以用一句简练的话道出其主要事实：

“哈瓦那消息：古巴总统多尔蒂科斯巡视马坦萨斯省以后，在前天发表讲话说，马坦萨斯省革命的人民已经击溃了敌人在这个省的全部袭击计划。”

（56 字）

除了主次不分以外，“淹没式”导语还常常表现为主要成分前面有层层叠叠的附加语。也许作者并没有企图用这一长串的附加成分去淹没主要事实，而是想说明它。但正是这种好心却起到了事倍功半的效果。像下面这种导语千万不应当出现在广播中：

“据尼泊尔民族通讯社今天报道，最近在加尔各答参加反对尼泊尔反民族分子以印度为基地进行反对祖国的活动的示威的尼泊尔公民受到印度西孟加拉邦警察当局的无理刁难和威胁。”（77 字）

念了这个导语，我们首先接触到的是一连串的反义词：“反对……反民族分子……反对祖国的活动的示威的……”反对来，反对去，不知究竟反对什么。导语里，主要成分躲在长达 38 字的附加语背后，真是“千呼万唤始出来”。登在报纸上，耐心的读者多看几遍还能琢磨出是怎么回事。但是在广播中，听了一遍，听众就悟不出啥名堂了。38 个字对于播音员来说，仅仅是十几秒钟的时间，但对于听众来说，显得就不是十几秒而是几十秒甚至像几分钟那样长了。所以广播新闻的编辑记者应当尽量减少听众可能遇到的麻烦，善于在工作最紧张的时刻，揭去蒙在主要成分头上的层层面纱，让主要事实直接入耳入心。上面这一导语不妨改成：

“尼泊尔民族通讯社今天谴责印度警察当局无理刁难和威胁在加尔各答参加爱国示威活动的尼泊尔公民。”（45 字）

这种改动虽然并不完全成功，却大大克服了原导语的冗长，突出地揭示了印度当局的残暴，且使人一听就懂。

有特点

在每天播出的无数消息中，有些消息的导语好像与听众见过面，然而也只是见见面而已，听了第一句，兴趣就减低大半了。许多具有生动新鲜内容的消息，就因为头上戴一顶同一样式的“帽子”，不知道丧失了多少听众。

导语的一般化首先表现为概念化，尽说些空洞无物或似物非物的东西。

翻阅同学们实习带回来的一部分稿件，发现有些导语很值得研究。

“吉林化肥厂深入开展比先进、学先进、赶先进、帮后进的增产节约劳动竞赛。”

“上海远东缝纫机厂职工奋发图强，追赶先进，很快改变了落后面貌。”

“汉阳区邮电局改进服务工作，热情为农民服务。”

听众能从这儿得到什么呢？能够看到社会主义新生活的绚丽图景吗？能够

看到社会主义建设波澜壮阔的气势吗？不能，无非是让听众再一次温习指示条文，接受反复叮咛罢了。

千万不要以为导语就是新闻中全部事实的抽象，因为这种导语最省力，因而也最乏味。

当然我们不笼统地反对一切概念。一般来说，在综合报道的导语里常用一些能揭示事物共同本质的概念。一件新事物的出现，我们报道它，在导语里作画龙点睛的工作，指出其思想意义是完全必要的。但是不能以此作为乱用概念的借口。我们为什么不能在导语里选择这样的事实，“使事实本身就能为我们，为我们的事业而大声疾呼”（古比雪夫）呢？上面例举的上海远东缝纫机厂改变落后面貌的消息，其导语完全可以用生动的事实来为主题发出呼喊：

“上海消息：上海远东缝纫机厂职工追赶先进，生产的缝纫机质量从一年前的倒数第一名跃居到目前全国第一流水平。”

一边是倒数第一，一边是第一流水平。这不比空泛的议论更令人信服吗？

还有些导语不能说没有事实，但是事实材料却被束缚在同一个格式的导语框框里，显得软弱无力，毫无特点。似乎在编辑的抽屉里，有许多印好了的表格，到时候把名称、地点、时间、数字一填就算完成写作导语的任务。它既适用于甲地，也适用于乙地；既适用于过去，又适用于现在和将来。这种表格式导语尤其在年终季末、节日，以及会议的报道中屡见不鲜。

“天津市公用局为了动员广大职工把公用事业的服务质量提高到一个新的水平，昨天在天津市俱乐部召开了公用系统服务第一线的职工大会。”

谁为了什么在某日在何地召开了什么样的大会。这是典型的会议导语的格式。

报道工厂完成计划的消息，一开头也大都是说某厂到某日为止，提前多少天完成了生产计划。这种表格不受欢迎。

人民群众革命和建设的具体实践是丰富多彩的，好像大海中无数跳动的浪花，每时每刻都发出灿烂的光彩。反映在新闻导语中怎么能用一个简单的公式乱套呢？

就说节日报道吧，春节、五一和国庆节各有不同，今年的国庆节和往年的国庆节也不完全一样，报道它们就不能一样对待。如果我们总是以同样的词句说同样的事情，人民很快就要不听我们说了。当然我们需要反复地说，但我们必须找一些新的和有意思的方法来介绍重复的事情。这里以国庆十三周年实况广播的导语说明之。

中央台第一次拟定的导语是这样的：

“我们伟大的中华人民共和国成立已经十三周年了，在这个全民节日里，我国各族人民都欢腾振奋，热烈庆祝。”

导语里除了“十三”二字以外，从哪个字里可以看出这是1962年的国庆呢？如果把数字换一换，无论哪一年都可以用。报道这么重大的事件，导语写不出特点，真是巨大的损失。中央台的同志们为此作了成功的努力，播出稿的导语是这样的：

“各位听众：我们伟大的中华人民共和国成立已经整整十三周年了。今天我们是在国内经济情况已经好转、外交政策和总路线获得了重大胜利、党的八届十中全会刚刚胜利结束的情况下来庆祝这个全民节日的。我国各族人民今天特别欢欣振奋，并且对我们光明的前途充满着无限的信心。”

听，这真是别有一番天地！这个导语之所以能用如此巨大的感召力征服听众，正是因为它集中了1962年社会主义祖国的鲜明特征。报道往年国庆节的导语是不能这样写的。听着播音员这段慷慨激昂的声音，围在收音机旁的听众能不欢欣鼓舞，能不心情振奋吗？回答是肯定的。

毛泽东同志说：“如果不研究事物的特殊性，就无法确定一事物不同于其他事物的特殊的本质。”善于捕捉事物的特点，捕捉这种特点的最新表现方法，是使导语写作不沦为一般化的基本功。

事物的特性是在一定时间、一定环境中表现出来的，一种事物与其他事物相比较固然有自己的特点，而同一类型的不同事物也各有特点。挖掘这种特点当然是十分麻烦的事情，但是我们的记者、编辑不能怕麻烦，只要努力学习马克思列宁主义、毛泽东思想，保持与实际生活的血肉联系，就能逐渐培养起对新鲜事物的敏感。

广播新闻导语的形式也要有特色，老一套格式如同硬壳老茧，会窒息事物新鲜生命。生动活泼的内容要求生动活泼的形式。《敬老会上尽开怀》是公认的好新闻，其导语也别有风趣：

“北京消息：二十九号下午，在政协礼堂宽大的休息室里，周恩来同志举行一个茶话会，同来自全国各地的三百多位六十岁以上政协委员亲切会见。这是一次别开生面的敬老会。”

听了无限亲切，喜气洋洋，原因就在于事实生动，形式又突破了一般会议新闻导语的格式。

写事物特征的最新表现，恰当运用表现这种特征的导语形式，是广播新闻的特点要求的。每个广播新闻工作者都明白这样一个普通道理：广播是以“分”和“秒”作为计时单位的。对于追赶时间的广播新闻来说，听众有一种特殊要求，这就是永远洋溢着社会主义生活的新鲜气息。让我们在广播中不断满足听众的这一合理要求吧！

一个典范

一九四九年四月二十二日，北京新华广播电台播送了震惊中外的解放军横渡长江的消息。导语是这样的：

“长江前线消息：人民解放军百万大军从一千多华里的战线上冲破敌军阵地，横渡长江。”

百万雄师横渡长江，太好了！可以设想，和平谈判破裂以后，解放军能不能打过长江去，将革命进行到底，就成了全国人民和全世界人民最为关心的问题，显然这个问题在导语里得到成功的突出。

这篇广播稿的导语只有30个字，可以说简练到家了，很难再作任何增删。导语中每个词、每个字都是那样确切地和充分地发挥了自己的作用。例如“冲破敌军阵地，横渡长江”一句。形容“破”用了一个“冲”字。除了“冲破”以外，还有许多词，攻破、打破、突破、击破，等等。但是相比之下，唯有“冲破”最能完满地表现解放军勇往直前的英雄气概。再看，形容“渡江”用了一个“横”字。表达这个意思的词同样也很多：强渡、偷渡、巧渡、飞渡，等等。但是只有“横渡”等才能配得上百万大军和一千多华里的战线上的磅礴气势，才能表现千军万马在烟波浩渺、滚滚东流的扬子江上作战的雄伟场面。

这个导语在各方面都无愧为一个典范，没有一个字、一个词是抽象的东西，恰恰相反，具体、生动、气吞山河、字字珠玑。我们需要更多这样的新闻导语。

（此文成于1963年6月15日，为北京广播学院新闻系1963届优秀毕业论文）

谈谈录音报道

近年来，广播中越来越多地采用录音报道的形式，真切、生动、形象地宣传社会主义革命和社会主义建设中的新人物、新成就，受到广大群众的欢迎。怎样理解和运用这种报道形式呢？在这里提出几点看法，和大家一起讨论。

录音报道的特点

录音报道（包括录音新闻、录音通讯、录音剪辑、录音访问等）是运用现场实况录音为其特征的一种广播报道形式，它一般是由文字解说、现场音响、人物谈话三个基本成分结合起来复制而成。这种形式的报道，能够比较直接地展示事件的过程和人物的形象，给人以强烈的现场感。每年国庆节，中央人民广播电台都用这种形式报道首都人民欢度节日的盛况。其中，有播音员的文字解说，有工农兵代表的讲话，有群众的歌声、欢呼声、口号声，把听众的感受带到了首都人民欢度国庆的现场。这样的宣传效果，是文字广播难以达到的。

录音报道受题材和条件的限制比较大，凡是缺少现场音响和捕捉不到典型的事物，就不适宜搞录音报道。因此，录音报道有长处，也有短处，它只是广播宣传的一种形式，而不是唯一好的形式。

录音报道的真实性

第一，从录音报道和其他新闻报道的共同性来说，所报道的事物必须真实，不能有任何虚构；而事实又必须是经过选择的、能体现事物本质的、而不是纯客观的、自然主义的。

第二，从录音报道的特殊性来说，音响素材和人物讲话必须是从事件发生的现场录下来的。

不能以甲地的场面来代替乙地的场面。不能使人物离开赖以活动的真实环境到另一个地方去录音。现场实况一般也不能事前录音和事后补录。报道的事件在一定程度上都有时间的规定性，有些事件的音响只在一种特定的情况下发生，没有录上或录的效果不好，就不允许重新布置场面来补录。当然，不是说在任何情况下都绝对不允许补录。如果报道的不是一个特定时间发生的事件，或者事件的过程还没有完结，而且音响一直没有什么变化，那么这样是可以补录的。例如报道一所“五·七”干校的新气象，学员在田间劳动的场面第一次没有录好，再去补录是可以的。因为学员们仍在那里劳动，补录的场面还是真实的。

第三，搞录音报道的过程中，会遇到各种各样的困难，为了录得好一些，能不能对录音的对象进行组织呢？

这首先要看根据什么原则去组织。如果违背事物的本来面貌，记者主观设想一个场面强加给录音对象，这种做法是不允许的。我们不能把两个素不相识的劳动模范拉到一起交流经验，然后制成录音报道。而只能在两个劳动模范交流经验的时候，我们去进行如实的报道。在不违背事实的原则下，经过合理的组织、引导，使录音场面更集中、更典型，这是必要的。这只能更深刻、更鲜明地反映真实而不是破坏真实，正好是坚持了辩证唯物主义，反对了唯心主义和自然主义。像劳动号子声，经过组织以后，就显得整齐些、有力些、思想内容更准确些。如记者采制反映安全生产的录音通讯时，了解到职工们常常唱一支“安全生产好”的歌子，当去录音时，职工们不一定正好唱这支歌。记者征得对方的同意，唱了这支歌，并且成功地录下来，巧妙地穿插在报道里，为录音报道增色不少。这种做法还是可以的。

第四，录音报道的真实性，还体现在录音效果和事物本来的音响特征必须是基本一致的。有些录音效果，往往由于录音设备和录音技术上的原因而走了样，大人讲话声和小孩一样，男同志讲话声和女同志一样，徐徐的水流声像下暴雨一样，轻轻的叮当声像打炸雷一样。这样，尽管是从事件发生的现场录下来的，但是会给听众造成很大的误解。因此，搞录音报道的同志必须保持谦虚谨慎的作风，不断提高录音技能，使录音效果尽可能好一些。

录音报道的采制

采制录音报道，除了要明确报道思想和发扬实事求是的作风之外，还要精益求精地写好文字解说，录好音响效果和人物谈话。

（一）文字解说

如果一篇录音报道中只有现场的音响效果和人物谈话，就不可能使听众完全、明确地了解报道中的时间、地点、人物概念和事件的过程及其意义。因此，录音报道必须穿插文字解说。文字解说的作用，就在于说明现场（交代时间、地点、人物等），铺叙事件，上下串联，更好地揭示主题。

解说词要简洁、鲜明、生动，不要过长的追述。有些录音报道，开始出一点实况，结尾出一点实况，中间大段地追述背景、过程，听起来使人感到累赘、乏味。如果必须交代背景。可由采访的同志逐步引导被采访的对象用一问一答方式说出来，或用介绍现场图表来说明，还可用实况作衬加以必要的解说，这样就化背景的东西为现场的东西了。如介绍日本民间歌舞团访问我国的录音报道，大多数人对日本民间歌舞不了解，录音报道在放出一段精彩的歌舞以后，接着就以实况作衬，简洁、生动地介绍了这些歌舞是什么意思，是怎样产生的，日本人民又是怎样唱着它进行战斗的。这就紧紧扣住了现场，也紧紧抓住了听众。

文字解说和现场实况还起着互相补充的作用。现场实况的录音素材在报道中能说明问题的，就无须加以解说。有的同志生怕群众听不懂，明明实况中的锣鼓声够响了，还要说一句“锣鼓震天响”。还有的文字解说，不大切合现场的情景和人物讲话的表情，应当引起注意。另外，文字解说要和音响效果、人物讲话巧妙地穿插起来，谐调起来，给人以波澜起伏、飞花点翠的感觉。

（二）音响与配乐

音响在录音报道中能反映事物的特征，说明典型的环境，能生动、形象地帮助文字展开情节和表现主题。有篇介绍提高铁锅质量的录音报道。开始出的音响，是把现在生产的一口锅和过去生产的一口锅放在一起敲，一口锅声音好听，一口锅声音不好听；然后出的音响，是把两口锅先后举到同样的高度自由落体，一口锅“哗啦”一声碎了；一口锅“当啷”一声还好好的。这样的现场实况，这样的典型音响，令人信服地说明这家工厂的铁锅质量的确提高了。另有一篇反映群众学唱国际歌的录音报道，教的教，唱的唱，音响很多，几乎成了教唱歌节目，这样的音响效果在录音报道中就起不到什么作用。

因此，要善于在复杂的现场中，选录最有特点、最有意义、最能揭示人的精神面貌、最能深刻表现主题的音响素材。而不是为了陪衬、凑热闹，录一些杂乱无章、枯燥无味、说明不了主题的音响。

为了发挥广播的音响特点，有些录音报道（常见于录音通讯）还可以配乐。在这里，配乐只起陪衬作用，帮助文字描写环境、烘托气氛、表现人物感情，更好地深化主题。

配乐时要注意这样几个问题：

1. 描写自然环境的音乐要为主题服务，不能单纯地为了描写而配乐，要从所报道的人物在这个环境中的切实感受出发去配乐。

2. 表达人物悲喜的感情变化时，音乐气氛不能转变得太突然，要有个缓冲、过渡。太突然，不符合人物感情发展的实际。

3. 一些枯燥的文字叙述不宜配乐。有些同志觉得，“音（音响）不够，乐（乐曲）来凑”是个好办法，连那些由大串数字说明面貌变化的段落都配上了音乐。其实，这是不能弥补报道中某些缺陷的。也有些录音报道的配乐和文字解说很不协调，使人家不知听那个好。

4. 配乐一般是对文字解说来说的，录音报道中的音响效果就不必配乐，以免引起听众的误会。

5. 不要千篇一律老是配某种音乐。有一段时间，一搞录音报道，不论是反映工人、农民、部队的，翻来覆去都配电影《送瘟神》和《红旗渠》乐曲，效果就不一定好。

（三）人物谈话

录音报道的主题是人民群众的活动，应当充分发挥广播特点，录好人物谈话。在录音报道中，可以是一个人的谈话，也可以是几个人之间的谈话。

1. 要选择最有代表性、与主题有联系、在报道中起主导作用的典型人物作录音谈话。谈话的内容要能直接表达主题，而不是不加选择地讲什么、录什么，录多少、用多少。

2. 要有谦虚的工作作风和正确的谈话方法。一般没有录过音的人，在话筒面前往往有点紧张，录起音来上句不接下句，结结巴巴，很不自然。在这种情况下，采访的同志就要以谦虚的态度、满腔的热忱，消除对方的紧张情绪。同时要把谈话提纲准备得具体些，详细些。

3. 人物谈话要言简、意明、亲切、自然，要切合人物的身份和人物所在的具体环境，不要像背书和作报告那样。当然，也不能故意做作。

4. 人物谈话的录音要不要先写好文字稿？这要看谈话人的文化水平和口语表达能力而定。一些老工人、老贫农往往不识字，但口语表达能力好，没有文字稿，反而说得更具体、更生动、更活泼。

（此文最初由《安徽通讯员》刊出，1973 年被《天津广播》等六家刊物转载）

列宁怎样对待新闻的真实性

译者按　十月革命胜利后，列宁在填写干部履历表时，在职业栏里写上了“新闻工作者”。的确，列宁的一生相当一部分时间是在办报中度过的。他直接领导和参加工作的报纸、杂志，就有数十种。列宁十分重视新闻报道的真实性。1936 年苏联老新闻工作者弗·邦契–布鲁也维奇在一家杂志上撰写回忆录《弗拉基米尔·伊里奇怎样对待报道》，着重记述了列宁关于新闻真实性的谈话和为坚持新闻真实性所作的不懈努力。现将这篇回忆文章翻译如下。

弗拉基米尔·伊里奇在编辑报纸时，对新闻和通讯栏，对来自工厂和其他的各种综合消息，一直特别重视。他认为这是一些最重要的栏目。因为它反映了真实的生活，反映了无产阶级斗争和成长的全部事实，反映了劳动农民群众成长和情绪的真相，以及当时我们社会和革命生活中其他比较生动和充实的东西。在《火星报》《前进报》《无产者报》等报纸上，这些栏目很少有差错。因此，我们的报纸除了具有理论和原则上的优点外，在读者和其他机关刊物眼里也享有很高威望。尽管其他政党的机关刊物对我们的报纸原则上持完全敌对态度，但对我们报纸上所报道的事实作为真实情况则到处全盘采用、引证和作为口实。

绝对的经得起审查的真实情况，三番五次验证的事实，准确的报道，正确的引文和数字——这就是在每一篇幅不大的通讯里永远应当具备的。列宁说：“如果我们报纸上登的东西是以前历书上有过的传闻，那就糟了。要记住，历书全在撒谎。”

送去出版的每一期报纸的全部内容，弗拉基米尔·伊里奇差不多总是亲自阅读或把它委托给责任心特别强的同志审阅。他一直不放心的是：在文章、通讯和新闻里有没有什么不真实的东西。如果作者不够熟悉，他务必亲自审查或委托某人检查引文和选用的数字，他亲自核算统计表上的数字，并经常发现一些惊人的错误。在对待译文的准确性上，哪怕是细节问题他也一丝不苟，他要求语言明了。如果遇到某个单词或语句可能产生歧义或具有别的意思，他就常常把这个单词或语句的原文写在括号里。他要求一切都应当用好的正确的俄文写成。不容许任何庸俗，避免土语，抛弃吵嘴谩骂——这一切他作为无用和有害的东西无情地摒弃于报纸之外。

列宁一贯关心有关我们俄国内部生活的报道。他极为敏感地察觉出报道中的弄虚作假并立即全部删去在真实性方面值得怀疑的某些东西。甚至他住在国外的秘密时期，对最重要的报道也要委托别人进行审查，并要求秘密住在俄国的同志们弄到各种文件，在此可靠的基础上，他自己写也委托别人写一些指导性的文章。

1905年初，当一月风暴到来时，尼古拉二世政府打算搞一些残缺不全的表面改革。我去俄国做秘密工作时，弗拉基米尔·伊里奇托我务必弄到政府各部、地方政府、城市自治政府、各社会团体等部门的大量笔录和决议，他需要用这些东西来审查寄到我们日内瓦《前进报》的所有报道，用这些东西写出审查文章和序言等。幸好，我完成了这一任务。

我永远不会忘记，弗拉基米尔·伊里奇是怎样地“斥责”我们的一位记者。这位记者从俄国南部到日内瓦来，他作为目击者描述了罢工情况，后来发现他原来把许多东西夸大了、弄错了，因而作了不真实的报道。弗拉基米尔·伊里奇对他说，他作了自欺欺人的报道，欺骗了《前进报》编辑部，欺骗了我们党，欺骗了整个俄国无产阶级，欺骗了西欧的工人报界，欺骗了国际，等等。现在这一欺骗的后果，可以说正扩散到全世界。因此他，这位同志，理应受到各种谴责。于是，弗拉基米尔·伊里奇不让他参加报纸工作，同时很长时间几乎没有跟他谈过话。

在《新生活报》，列宁特别关心国内栏和通讯，并经常事先提醒同志们，对这些报道应特别谨慎，不论谁发出这样的报道，都应全部就地核实和确保记述完全可靠。他在编辑部下设一个由他信得过的年轻人组成的特别工作组，把他们派到各工厂去进行全面检查，所需经费由编辑部支付。成果是很惊人的。当他发现报道中有四分之三是个人攻击、诬陷、告密和中伤这样一些不正确的、夸大其词的、虚假捏造的事实时，你看他是多么地高兴。

“您看，”他说，“事实的真相暴露出来了，处处都在撒谎！假如这一切不经审查就发表，我们可好看啦，那我们就被动了，算活该！我们的报纸，这是我们党的一面镜子。它应该永远是清洁的、正确的，什么也不应歪曲。报纸由于其严格的真实性和坚定的原则性，不仅在无产阶级和全体劳动人民眼里，甚至在凶恶的敌人眼里，都享有很高威望。任何人任何时候都无法指责我们的报纸是不真实的。我们的报道应永远诚实和公正。当然，我们也可能犯错误，可能有些疏忽，刊登了失实的报道。只要有人向我们提出，我们就立即更正，如果我们发现或查出了我们的报道失实，就自行纠正。”

弗拉基米尔·伊里奇希望所有报道都授权给专门的人在省内进行全面审

查，对特别重要的报道则要求从彼得格勒派人代表主编去审查。

他说："即使晚两三天发表，也没有什么了不起，我们发表的是实实在在的事情，这比耽误一点时间更为重要。"

无疑，他是绝对正确的。

只要他听到指责我们发表的什么东西不真实，他当即就建议刊登更正和说明，不过，要求提出确凿的事实和证据。

在革命时代，报刊上的话作用特别大，而在这时候，应时刻记住有这么一句民谚："一言既出，驷马难追。"因此对办报的要求应特别严格，一点也不能夸大，一点也不能缩小，而报道一个真相应永远有力。根据这一点，报上发表的东西应极为小心，并要时刻记住，无产阶级讲的话应永远是最真实的。

弗拉基米尔·伊里奇认为，一般报纸工作，其中也包括记者工作有着如此巨大的意义。

真实，准确，思想鲜明，在正确原则基础上用布尔什维克观点阐述一切问题——这就是我们党的所有优秀报纸的总编辑永远遵循的最主要的方针。我们大家都应以他为榜样，并永远记住和懂得报刊这一强大斗争工具在实现我们党的纲领、坚持我们党的原则，执行党和政府的决议中所起的重大作用。

（《安徽新闻阵地》1982年第二期）

列宁特别重视通俗化

本文译自苏联国家政治书籍出版社1960年出版的《列宁是记者和编辑》一书，原载于苏联文学与艺术周刊《读者与作家》1928年第二期。作者弗·邦契-布鲁也维奇是列宁同时代的新闻工作者。此文重点介绍了列宁是怎样对待语言通俗化的。

——译者

……当弗拉基米尔·伊里奇必须向广大群众发表些文章、指令或声明时，他自己总是记住，也同样要求别人记住，这一切都是要给群众看的，因而应审查得特别仔细，写得特别通俗，但绝不是庸俗。如果他看到，叙述不够通俗，那他总要问："难道您不能用俄语把自己的思想表达得使大家真正懂得吗？俄语很丰富。如果您这一点也做不到，那么过错在您自己，而不是您用以写作的那种语言了。"同时，他要求每个作者，并且越是负责同志要求越严格，要他们细心地从事写作，达到最大限度的通俗易懂。

我顺便指出，列宁不容忍我们报纸上使用的语言往往如此贫乏、艰涩、枯燥和费解，以至于他在读报时不止一次地感叹："这是用什么语言写的？故弄玄虚吗？晦涩难懂，这可不是托尔斯泰和屠格涅夫的语言。"

他同样非常恼怒任意省略一些必要的词语，使工农群众在读报时往往根本读不懂。

列宁曾对某些报纸编辑表示过："你们应当在每一期报纸上提供一些词汇注释。报纸是给大家看的，而不是给一些懂得我们的官僚们所创造的那套新语言的个别人看的，同时不要使多数人在读报时完全无法理解而把它扔掉。"

列宁本人对自己文章的词句斟酌得特别仔细。当他被迫侨居国外，在日内瓦为广大群众写作关于土地问题的著名小册子《给农村贫民》一书时，他翻来覆去读了许多遍，还交给当时住在日内瓦的俄国工人侨民审查，自己又多次修改小样，在没有得到各方面的意见之前，他一直担心成书之后能否达到真正的通俗易懂……

(《安徽新阵地》1982年第四期)

拨动听众心弦的一举

安徽人民广播电台农村组的同志，在总结一九八二年工作时，感受最深的一条经验是：抓住听众普遍关心的问题，围绕这些问题，广泛吸引群众运用广播进行讨论，这是增强广播宣传效果的一个好方法。

他们的这条经验，是从去年两次专题广播中总结出来的。一次是去年三月份开始的《柴月婚姻问题》广播讨论，《人民日报》去年对此作了报道，并选登了部分讨论稿；一次是去年十月开始的《我为家乡献青春》的征文广播，新华社也在今年一月份播发了消息。

《柴月婚姻问题》讨论是一场牵动千家万户的讨论。去年三月初，电台编辑部收到本省临泉县田桥公社女社员柴月的一封来信。来信痛切地诉说了家庭、乡邻对她自由恋爱的百般阻挠、责难和她所作的勇敢斗争。柴月在劳动中与勤劳、忠厚的男青年孙建军相爱。柴月的父亲是共产党员、大队干部，开始也夸小孙是好青年。当女儿确定婚姻期时，父亲突然反悔，说孙家太穷，人品也不如女儿，强令退婚。柴月劝说开导父母，可是父亲不听，反而毒打女儿，并将女儿锁在房里，不让同孙家见面。柴月被逼无奈，在弟妹帮助下逃离家庭来到孙家。柴月父亲又到孙家大吵大闹。柴月坚定不移，终于和小孙登记结婚。婚后，各种不堪入耳的讥讽向她袭来，沉重的压力使柴月陷入苦闷之中，常常哭湿了枕头。为了寻求舆论的支持，她只得向电台写信。三月二十日安徽台《对农村广播》节目以《掺着泪水的蜜月》为题播出了这封信，并加按语请听众发表自己的意见。这封交织着欢乐和痛苦的来信播出后，立即引起强烈反响，许多人听完广播立即拿起笔给电台写信，谈自己的感受。针对这种情况，编辑部的同志又有计划地引导听众围绕“柴月的抗争对不对”“柴月的遭遇说明了什么”“产生这种现象的根源是什么”“父母应该怎样对待儿女婚姻大事”“青年应树立什么样的恋爱观”等问题，把讨论步步引向深入。这个编辑部不到两个月收到六百五十多封信，来信大多是农村男女青年，也有家长、团支书、社队干部、解放军指战员和城里的国家工作人员。除安徽听众外，还有不少外省听众。在这次历时五十七天的讨论中，电台播送了八组专题讨论稿，其中听众来信占五十多篇。

去年夏天，正当高考揭晓的时候，农村大批青年落选回到家乡。他们感到失望、苦闷，发出“十年寒窗付东流”的感叹。针对这种情况，安徽人民广播电台在《对农村广播》节目中，组织大家开展“高考落选怎么办”的讨论。短短一个多月时间，收到六百多封来信。这些来信，使编辑部的同志感到，在农村，青年问题是关系到农业现代化的大问题，对青年的教育是农村政治思想工作的一个重要方面。怎样把这场讨论引向深入？怎样卓有成效地对农村青年进行思想和前途的教育？编辑部经过讨论，认为还是要发动青年自己来回答，于是决定从十月一日起举办《我为家乡献青春》征文专题广播。征文启事播出后，吸引了千百万农村青年的关注。许多青年给编辑部写信、写稿，参加这次征文活动。他们热情赞颂党的十一届三中全会以来农村发生的巨大变化，表达自己投身新农村建设的高尚志向。不少高考落榜的回乡青年，还倾诉了自己由苦恼到乐观的生活经历，纷纷表示，要为建设自己的家乡贡献青春。在三个月时间内，编辑部收到四千多名青年来信来稿四千二百多件，最多的一天收到四百多件。写稿的人除安徽知识青年外，还有山东、江苏、湖北、贵州、四川、河北等十多个省的农村青年。对这些来信、来稿，编辑部一篇一篇仔细选稿、编稿。从去年十月一日开始，共播发了十八组八十九篇征文稿。

像柴月婚姻问题，农村知识青年如何发挥作用问题，当然可以用通讯加评论的方式进行宣传，告诉人们应当怎样，不应当怎样。但是，要从宣传效果来讲，采取群众讨论的形式，让许许多多人在广播中现身说法，摆事实、讲道理、谈经验、讲教训，就会使宣传更有说服力，群众更爱听，听得进去，受到教育。河南省沈丘县周营公社女青年黎华，被父母强逼换亲，父母要她嫁给比自己大十一岁的男人。正当她走投无路时，从收音机听到关于柴月婚姻问题的广播讨论。她在给安徽电台编辑部的来信中说：“每次讨论我都收听，都在我心里燃起希望的火花……四月十七号晚上，我索性把收音机搬到父母面前，让他们也听。当听到‘强扭的瓜不甜，包办的婚姻不美’时，父母的头低下去了。最后父亲痛心地说：‘闺女，我们不该逼迫你呀！’我万分感谢安徽电台开展这场讨论。我希望我的话也能上广播，来唤醒像我这样心灵受到创伤的姐妹们，唤醒那些满脑子门第思想的父母们。”柴月父亲柴继伟听了一遍遍语重心长的广播后，来信检查了自己的错误思想，表示以实际行动抚慰女儿、女婿心灵上的创伤。后来他主动向女儿、女婿道歉，并送去一百斤小麦和九十元钱。《我为家乡献青春》的征文广播也产生了巨大的社会效果。它像一股冲击波，震撼了那些尚在彷徨的青年的心灵，使他们去认真思索人生的价值，开拓生活的新路。许多青年向编辑部畅谈收听广播后的感想。肥西县董岗公社董岗大队女青年张锐敏来信说：“正当我感到人生没有意义的时候，青年朋友那一篇篇感人肺腑、催人泪下的征文稿，给了我振奋向上的力量，引起我心灵深处的共鸣。”固镇县王庄公社王南大队润新文来信说：“听了《我为家乡献青春》的广播，我这棵干枯的禾苗仿佛逢上了绵绵春雨，又萌发了嫩叶。我听到千百个青年的心声，他们都在家乡的土地上辛勤劳作，他们的事迹深深感动了我。我正当风华正茂之年，不能让青春白白消失。我要像老黄牛一样耕种土地，才能对得起家乡的人们。”

我们常说，要依靠群众办报、办广播，人民群众是广播的主人。安徽人民广播电台农村组的同志为办好农村广播节目确实在依靠人民群众上动了一番脑筋，而且确实使广播起到了组织、教育、激励、动员群众的作用。这使我们想到，报纸和其他刊物，经常地组织一些专题讨论，发动广大群众参与讨论的必要性。

（此文与王礼贶合作，发表于《新闻业务》1983 年第三期）

通讯的文学性

一篇优秀的通讯作品，常以其特有的魅力深深地吸引、感染和鼓舞着读者。通讯何以有如此巨大的力量呢？这是因为，通讯除了在内容上有新闻价值较高的事实以外，还在表现方法上，有较强的文学性。换言之，通讯的文学性是就表现方法而言的，即采用鲜明生动的形象、具体连贯的情节和各种精彩的描写等文学手法，来表现新近发生的真实的事件或人物。文学性应是通讯的基本特征之一。

通讯有没有文学性呢？这不能由人们主观认为而定，而要从客观存在的通讯写作实践中找答案。我们可以看到，任何成功的通讯作品都有比较多的文学表现手法。像《县委书记的榜样——焦裕禄》《人民的好医生李月华》等有名的长篇通讯自不必说。许多比较短的通讯同样具有较强的文学性。

以《故乡人民的笑声》续篇——《探亲记》为例。全文不到三千字。作者从近村、入村、进屋、串村等各个侧面勾画了一幅鲜明生动的丰收水墨画。那被扬长、热化了的秋声，被充实、彩化了的秋色，那充满浓厚乡情、乡音的亲朋故旧的谈话，那荡漾着丰收喜悦的亲人的笑脸，无不深深地打动着读者。特别是作者对他的哥哥命运中几个突变的刻画，活脱脱地展示了一代农民的典型形象。据作者张万舒同志说，这篇通讯《人民日报》原准备放在副刊上刊登的，后来总编室临时抽到第一版上。

再以通讯《“飞天”凌空》为例。这篇仅百余多字的通讯，只有三句叙述语言，通过大量的酣畅淋漓的描写，使跳水姑娘吕伟夺魁的场面跃然纸上。你看，她“轻舒双臂，向上高举……轻轻一蹬，就向空中飞去。有一瞬间，她那修长美妙的身体犹如被空气托住了，衬着蓝天白云，酷似敦煌壁画中凌空翔舞的‘飞天’。”你看，她“向前翻腾一周半，同时伴随着旋风般的空中转体三周，动作疾如流星，又潇洒自如，一秒七的时间对她似乎特别慷慨，让她从容不迫地展示身体优美的线条：从前伸的手指，一直延续到绷直的足尖。”你看，“还没等观众从眼花缭乱中反应过来，她已经又展开身体，笔直地像轻盈的箭‘哧’地插入碧波之中。几股白色的水泡拥抱了这位自天而降的仙女，四面水花悄然不惊。”

真是情景交融，声色双绝，惟妙惟肖。一位读者给刊登这篇通讯的《光明日报》写信说，他“连阅数遍，爱不释手”。

这就是通讯文学性的魅力。

像这样大量的文学表现手法在其他新闻体裁中是罕见的。诚然，消息写作也不排斥描写，也不排斥形象，但那只存在个别的点上，而不在事件的过程上，不在矛盾冲突的展开上，不在人物性格的发展上。消息主要告诉人们发生了什么新鲜事，通讯则要告诉人们这件新鲜事是怎样发生的。它是现实的当前情景的再现。

有的同志回避通讯的文学性，似乎一承认通讯的文学性大有失去新闻的嫌疑。这是不必要的。大胆地承认通讯的文学性，不但有大量的通讯写作实践作依据，而且只有承认它，才能使通讯写作获得更多的营养。只要内容真实，越采用文学的手法来写通讯，通讯越生动感人，就越成功。可以想象，排除了通讯写作中的文学手法，通讯作品岂不越来越干巴了。当前不少通讯作品公式化、概念化，大都与丢弃了文学性有关。读者都有这种体验：在读过的通讯中，印象最深刻的莫不是那些具体、形象的描写部分，而那些概括叙述的部分不久就淡忘了。这也正是通讯文学性生命力之所在。

有的同志也承认通讯要有形象性，可就不承认有文学性。其实，形象性就是文学性的重要体现。

穆青同志提出：“我们的新闻报道的形式和结构也应向自由的活泼的散文式的方向发展。”散文是文学的轻骑兵，比较自由，可记事，可抒情。通讯更要向散文式方向发展，这与通讯要有尽可能多的文学性是一致的。

那么，承认通讯的文学性，能不能说通讯就是文学体裁了呢？或者说，通讯就不是新闻体裁了呢？对这个问题，有的同志主张通讯不宜列入新闻体裁，明确提出：“通讯这种体裁不属新闻范畴，而是一种写实性的文学体裁即报告文学。”

我认为这种观点值得商榷。

有些新闻体裁的划分只不过是暂时的假定（比如特写、故事、访问记和通讯，是并列关系，还是统属通讯的包容关系），要分清确是不容易的。但是，一个基本的大的归属是不难确定的。

从写作实践上看，通讯是和近代新闻工具与生俱存的。17 世纪初，西方出现了近代印刷报纸，19 世纪 30 年代莫尔斯发明电报，通讯社相继建立。新闻报道的形式更加多样。由于人们不满足于只了解新闻事件的梗概，便出现了对新闻事件加以生动描述的“记事”“通信”。在这个基础上逐渐趋于定型，演变成一种独立的新闻体裁——通讯。19 世纪我国报纸便有通讯文体，辛亥革命后正式奠定了通讯文体的地位。一百多年来，国内外各家新闻工具都把通讯作为重要的新闻体裁加以广泛运用。

就是古代“新闻”的含义也绝非仅指消息。据有关同志考证，15 世纪以前，德语“新闻”主要指商人或旅行者传播的趣闻、轶事。我国“新闻”一词最早见于唐代，唐朝的尉迟枢把他听来的传说、故事写成书，书名《南楚新闻》。无疑，这些趣闻、轶事、传说、故事，同时具有消息和通讯的雏形。可以说，消息和通讯是新闻家族中的一对孪生姐妹。

再从新闻的基本特征看，时效性和真实性是新闻的两个最基本的特征。通讯也不例外。

通讯同样要求快。尽管它没有消息那样快，但它不可能是对历史事件的陈述，而只能是对新近发生的事实的报道。我们无法把“新近”一词的含义限制在多少时间范围内，有的事件在瞬间发生，有的事件却经历了数天、数月乃至数年。只要报道比较及时，能使人耳目一新，都可称作新闻。在时效性上，通讯和消息只有程度上的微小差别，没有本质上的不同。

就以通讯《焦裕禄》来说。《河南日报》《人民日报》在这之前先发了焦裕禄病逝的消息，时效性是强的。但焦裕禄的通讯发表后，并没有给读者过时的感觉，相反，其中大量为消息容纳不了的新鲜动人的事迹强烈地吸引和感染了读者。人们总是把焦裕禄作为最新的典型加以颂扬。同样，《为了六十一个阶级兄弟》《他用生命实践了入党誓言》等有影响的通讯见报前都未发消息，难道能说它们缺乏时效性而不成为新闻吗？

至于新闻真实性，有人认为通讯在细节上可以合理想象，因而不完全真实，进而推断它不属新闻体裁。这样把个别通讯的失实现象理解为通讯可以容许的原则，再把它排除出新闻的范畴，是不妥当的。通讯也好，消息也好，都必须绝对真实，哪怕一个无关紧要的细节也不容许虚构。这是一条铁的纪律，是无产阶级新闻党性原则最显著的标志。但是，正像消息写作难免出现失实一样，通讯写作也存在这个问题。尤其写人物通讯，由于采访不深入或事实本身的不足，写起来便可能有意无意地“合理想象”起来，正因为存在这个问题，所以要经常进行真实性的教育。笔者曾经参加李月华事迹的采访，写作过程中遇到过这类问题。

李月华作为死去的英雄，她的心理活动无法直接采访，只能从她的日记和亲人的回忆中了解一些。可是，她生命最后时刻的心理活动是无法了解的。

一九七一年八月二十七日，李月华病情突然恶化。为了抢救一位垂危的产妇，高烧四十度的李月华坚定地叫爱人扶她到手术室为产妇做手术。这时李月华怎样想的呢？如果不写点心理活动，觉得好像欠李月华一点什么。我们想起，李月华曾多次在日记中写下白求恩的精神如何鼓舞着她，此刻李月华也许还会想起白求恩吧。于是我们在初稿中写道："此时此刻，李月华心潮翻滚，她看到了白求恩同志冒着枪林弹雨在紧张战斗，白求恩同志不顾生命危险抢救伤员的情景，给了她无限的力量和信心，她再也躺不住了……"

这种"合理想象"使我们不安、内疚，觉得这样更对不起李月华同志。后来作了这样的改动："此时此刻，李月华心潮翻滚。也许，她又仿佛看到白求恩同志冒着枪林弹雨匆匆向她走来；也许，白求恩同志不顾生命危险抢救伤员的情景给了她无限的力量和信心；也许，病人家属恳切的话语仿佛战斗的号角在她耳边响起，她再也躺不住了。"

加上"也许"这一含假定意味的词，使我们心安理得一些。我认为这样的心理描写并不违背新闻的真实性。

以上试图说明，要大胆地承认通讯的文学性，但并不排斥通讯是新闻体裁。

同样，通讯也不宜列入文学体裁。如果说，通讯和消息的主要区别在表现方法上，那么，通讯和文学的主要区别则在内容上。

文学（主要有小说、诗歌、散文、戏剧）和通讯虽然都要真实，但遵循的是两种真实观。文学的真实指反映现实生活的合理性程度，内容愈合理，也就愈真实。它是通过对丰富的现实生活现象作典型化的塑造（即虚构）来实现的。我们叫它现实的真实。通讯的真实指所表现的生活现象是真有其人其事的，有一定典型意义的事实。它是通过对当前生活中的人和事作直接的反映来实现的。我们叫它事实的真实。人们可以为小说主人公的遭遇激动得热泪盈眶，但心里明白这是虚构出来的。没有谁会拿着《天云山传奇》去寻找冯晴岚的墓地。前些年报上报道了"梁生宝"的遭遇，这个"梁生宝"只是《创业史》中的模特儿，并非小说中真正的梁生宝。通讯则不然，如前所述，来不得半点虚假。

一九七九年七月十八日《解放军报》发表通讯《离奇而发人深思的事件》，写一个小骗子冒充高干儿子到处行骗的故事。可能是文学性太强了，通讯开头作了一番表白："这不是一篇虚构的小说，而是一篇真实的报道……"这番表白既说明了通讯和文学的形似，又说明了它们的质的差异。

说到这里，提一下报告文学。有些同志一看到"文学"二字，就认为不得了，要把报告文学也赶出新闻家族，不承认它和通讯的亲缘关系。

报告文学首先是报告，报告是内容，文学是形式，指文学的表现手法比较完美。我想，如果当初人们叫它"文学报告"，可能就没有那么多争论了。也正因为报告文学比较特殊，所以它既可作新闻体裁，又可作文学体裁。报告文学和通讯一样，真实是它们的生命，只不过报告文学的文学性多一些，通讯的文学性相对少一些，它们之间没有一个严格界限，只能是暂时的假定。可以说，报告文学是通讯的高级形式。虽然如此，但在归属上，通讯只宜列入新闻体裁，而报告文学则具有新闻体裁和文学体裁的双重性。

通讯和文学的关系不妨这样来理解：如果说通讯是新闻百花园中的一朵鲜花，那么它是用文学的养料培育起来的。因此，只能用文学的手法来丰富通讯写作，而不能把通讯这朵花移植到文学的园地里。

基于这种认识，当你用通讯的形式去报道某一真人真事的时候，切记：调动一切文学手段把它写得具体、形象、生动、感人；当你用文学的手法去具体描写的时候，切记：千万不能为了追求文学性而对事实作丝毫的歪曲、虚构和粉饰。要力求做到通讯的新闻性和文学性的高度统一。

（《新闻业务》1984 年第 12 期
《中国新闻年鉴》1985 年版）

时刻想着读者

在编辑部，同事们时有发问：“这条消息体现民意，老总敢不敢签发？”“这是热点问题，老总不会避开吧？”我还经常听到来自读者中的类似的问题。今年春节刚过，一位不愿透露真实姓名和地址的安庆读者给我和副总编辑写信，反映一些企业里经营者比工人多拿十几、二十几倍年终奖金，引起工人愤慨。他信中也将了我们一军：“你们工人报敢于把我这封信公开发表吗？”

每当遇到这种诘问时，我一方面为读者、记者的热望得不到满足而感到心情沉重，另一方面也为总编辑所处的特殊境地而感到难办。从报纸工作角度来看，总编辑处在上下左右矛盾的交叉点上。在当前改革形势下，新旧体制交替，多种经济形式并存，社会各方经常产生利益差异和矛盾，反映在报纸上颇难处理。新闻实践告诉我们，在我们国家，报纸的“党性”和“人民性”既统一又不易统一。报纸照顾了下情，上边往往不满意；跟了上头，读者常常不屑一顾；为甲方鸣不平，可能得罪了乙方，于是状告到报社主管机关，告到省委，甚至闹到公堂。你说难办不难办？

在这个难题面前，我是这样对付的：一、保持清醒，二、难得糊涂。所谓清醒，就是分清是非，坚持原则。当职工利益和社会各方利益发生矛盾的时候，报纸要理直气壮地依法维护职工的具体利益。此如。一家工厂因保卫失职而被盗，厂方却要工人平摊损失，我报便予以公开披露。老工人穆庆引因承包人数月不开工不发工资，于贫病交加中坠楼身亡。我报则在一版头条为之鼓呼。本文开头所述那封来信，我们不但全文刊登，而且加按语发动读者展开讨论。所谓糊涂，就是当上头发一些不合时宜的指令干预报纸时，总编辑要善于周旋、敷衍、糊过去，不可盲从，也不可顶撞。这方面的例子就不多谈了。

经历了 1987 年的报刊整顿后，1988 年报纸应以什么面目出现在读者面前呢？想来想去，我给自己、也给全体编采人员出了个题目：假如我是读者。要求从这个角度出发，去考虑新的一年的编辑工作方针。大家讨论认为，我们工人报，任何时候也不能忘记职工群众，丢掉了这个基本读者群，也就是失去了报纸存在的基础。总结经验教训，我们工人报的长处就在于敢为工人说话，短处也就在于为工人说话办事还不够。职工群众所想、所虑、所求、所喜、所忧，都要诚实地体现在版面上。综合大家意见，我概括了“求实、写真、匡正、布新”八字编辑方针，登在1988年元旦这一期的报眼上，后来就固定登在每一期报头下面，以时时警示自己，接受读者监督。从那时起，每期一般都有一两条反映热门话题的文章，一两条反映职工呼声的文章，一两条监督性的报道。

去年9月的一天晚上，二位青年职工朋友来我处玩。听说《安徽工人报》将从10月份改出对开版，他们十分高兴，也希望改版后的工人报更具特色。听着，听着，我心里怦然一动：在我面前的是好老师啊！于是我当即给他们出了一个题目：假如你当总编辑。三天后，他们真的以合肥市四建公司机关工会的名义交来一篇《假如我当总编辑》的文章，后登在《安徽工人报》1988年10月4日（即改版后第一期）一版上。文章写道：“假如我当总编，一定要改变目前报纸上流行的教师爷面孔和教训人的口气，多采取反馈式、讨论式、探索式、反思式的报道。”“工人报就要为职工说话，回答职工关心且疑虑的问题，如物价、工资、住房、优化劳动组合、厂长和工人地位关系、选择企业领导人，等等。对此作一些深入报道，使职工从一桩桩生活事件、社会事件的透视中了解我国改革的进程……”

可以说，这篇文章成了我们办报的重要精神财富。改版时，我们把原来60来个栏目扩大到140多个；把原来一锤定音的“职工论坛”改为供大家平等讨论、对话的“职工圆桌”；把原来的内部刊物《编通往来》改名为公开见报的大版块“编读往来”。还增设了“社会监督岗”专栏，不定期反映人们关注的社会问题。我们进一步调整了版面结构，多侧面、多层次满足读者需要。

当然，心系读者，竭诚为读者服务，这是总编辑永远不能得满分的题目。我将不懈地做下去。

（《新闻世界》1989年第二期）

立规建制　清除“有偿新闻”

党的十四届六中全会《决议》明确指出：“严格禁止有偿新闻、买卖书号、无理索取高额报酬。”把禁止“有偿新闻”正式写进中央全会决议中，尚属首次。可见党中央对这项工作多么重视。当前，我们要抓住贯彻六中全会精神，加强职业道德建设，深入开展反腐败斗争的极好时机，切实清除“有偿新闻”。

首先要在理论上认清“有偿新闻”的谬误和危害。其实，“有偿新闻”不是新闻，也不是发展社会主义市场经济的应有之义。相反，它是市场经济还不成熟的特定条件下的传媒衍生物，是以“权钱交易”为主要特征的以稿谋私、以报（台）谋私行为，是一种“癌变”的新闻垃圾。

其次，要立规建制，切实清除“有偿新闻”。立规，就是严肃纪律。别看“有偿新闻”很臭，时至今日，搞“有偿新闻”对于某些新闻单位和个别记者来说还习以为常。某些企业也乐于花钱买新闻，买表扬。因此，禁止“有偿新闻”，一方面要严肃新闻单位内部的纪律，制定切实可行的措施，并接受社会公开监督；另一方面对那些花钱买表扬的也要给予必要约束。无论内部外部，谁违反纪律，就严肃查处谁。

建制，就是建立一种既能发扬新闻工作优良传统，又能使新闻单位在市场竞争中赖以生存的机制。这里关键是要分清“有偿新闻”和正当经营（广告）的界限，当禁则禁，当行则行。既不能对“有偿新闻”迁就，又不能把合理的经营与广告收入当作“有偿新闻”加以禁止。这里有两种情况需要搞清楚，一种是纯商品广告，处理时比较好办一些，另一种是开辟专版收取费用，也属于广告，处理不好就是“有偿新闻”。我报（《安徽工人报》）及不少报纸对此的处理办法是，必须有一个“广告”标识，凡无“广告”标识的，一律不准收费。同时这种广告文章不准使用新闻体裁，不准使用“记者”称谓，以免引起误解。这种做法是符合上级文件精神的，也得到了工商部门的认可。

立规建制，既堵又导，“有偿新闻”也就不难清除了。

（《安徽宣传》1992 年第四期）

画好点睛之笔

——新闻标题的美学思考

标题，犹如文章的眼睛；作题，可谓画龙点睛。

读者打开报纸，总是先瞄一眼标题，如果标题醒目传神，定会一下子抓住读者兴味。

怎样为新闻作品画好点睛之笔，使之眉目传神、频送秋波呢？

联系本报（《安徽工人报》）近年评选好标题所遇到的问题，我认为，从美学意义上讲，应当在“形、声、意、神”四个方面下功夫。

造形调声

所谓形，即标题的形态、构成方式，以长短适度、结构匀称为好。文学作品常见一字题，新闻作品虽说少有一字题，但切忌冗长繁杂。一般不要超过10字，删至不能再删一个字为止。

有这样一个标题：《国家出台银行支持国有困难企业新的政策》（1997年10月28日），长达18个字，完全可以精简成11字题：《银行支持国有困企出新策》。

从构成方式看，新闻标题可陈述，可祈使，可诘问，可比拟，可对仗，可排比，可夸张。

对仗继承了古典小说作题分回的手法，发挥了汉语言的独特功能，给人以形、声俱佳之感。如《寒来暑往忘不了拳拳学子心，地北天南隔不断悠悠师生情/千里寻师记》（1996年9月14日）；《厂长霸道激众怒，职工签名求罢免/淮南蓄电池厂厂长“刘一刀”被撤》（1997年11月29日）。

结构匀称是标题形式美的重要体现。构架标题时要注意修辞，特别要善用动词，使标题活起来。比如：

《500万张彩票撕开几多神话》（1995年11月4日）。一个“撕”字多么贴切，大大加强了“神话”的意蕴。君不见，街头大凡买彩票者，第一桩事就是撕兑奖号码。撕时心情最紧张，伴随那“刺拉、刺拉”的撕票声，一个个“神话”就诞生了：有的几块钱撕出一辆“夏利”，狂喜得发晕；有的撕了

888 下，一无所获，差一点要跳楼。如果把这条新闻标题改成《彩票 500 万，神话有几多》，对仗工整且更简练，未尝不可。但相比之下，动感不强，不如“撕出几多神话”更鲜活。

再比如，《合九铁路铺轨已冲出安徽》（1995 年 1 月 5 日）。一个“冲”字多么豪迈。如改成“修出”“越出”“伸出”，可以吗？当然不如“冲出”好。就像当年毛泽东写《人民解放军横渡长江》，其中“横渡”不能改成飞渡、越渡、强渡、巧渡一样，唯其“横渡”才能展现“千军万马如卷席”的壮阔气势。

不过这条标题因不够简练终未入选。题中“已”字显然多余；“合九铁路铺轨”也太详尽。如改成《合九铺轨冲出安徽》更简洁明了。

所谓声，即标题字词的声调。报纸是给人看的，不像广播、电视那样讲求声韵，但也不可小视。这是因为人们看报实际上是在默读，一人读大家听也是常见的。

做到标题声韵美，特别要注意字声的平仄关系，虽然不能像旧体诗词那么严格，大体平仄相间就可以了，读起来抑扬顿挫，朗朗上口。假如标题十几个字全平全仄或孤平孤仄，读起来肯定费劲、拗口。下面几条标题字声比较讲究：

— — | — | — — — | —
《蒙城县扬起牛头撑起天》（1995年1月19日）。

| — — | | — |
《喜忧参半六千万》（1995年10月21日）

| — — | | — |　— | — — | | —
《墨泼淋浪展风采，焦聚豪情颂主人》（1997年2月1日）。

炼意赋神

所谓意，即题意、意蕴、主旨。

炼文意难，炼题意更难。作题，首忌平庸。世人不可能千人一面，但报纸上常常千篇一题，多为标语口号式的空话、套话、老话。什么《XX 厂加强管理成效显著》《改革迎来新面貌》《大火（洪水）无情人有情》《不用扬鞭自奋蹄》《XX 厂认真贯彻十五大精神》《XX 怎么啦》，等等，你套过来，他套过去；昨天这般，今天依旧。对此，我们只能说声“臭题”。

炼意的关键是挖掘新闻事实的个性，找出新特点、新角度。

共性寓于个性之中，有个性才不雷同，才能更准确地表达主旨。

读了《圆明园，你不该向游人邀宠》（1995 年 11 月 4 日），仿佛使你置身于古园的残碑断碣之中，面对那花样翻新的愉悦游人的赚钱项目，不得不发出如此深沉的历史慨叹。

再以评为安徽省好新闻一等奖的通讯《人民怎么信任你们》（1995 年 9 月 23 日）为例。这本来是通讯中一位餐厅服务员责问那些大吃大喝的参选副厅干部们的话，可这话代表了人民的声音。最初这篇通讯曾想用《自助餐的闹剧》《本来不该发生的事情》这样的标题。总觉得不能尽吐胸臆，远没有《人民怎么信任你们》这一断喝更能触动那些高级“举子”们的神经，更能拨动读者的心弦。

《喜忧参半六千万》说的是 1996 年 10 月 17 日零点安徽出生了第六千万个婴儿，副省长到产房看望、慰问，手捧鲜花，面带笑容，可笑得那么苦涩。安徽人口达 6000 万，喜耶，忧耶？这个标题留给人许多沉思。试想能从其他方面立意吗？

《拍卖，凤阳敲出新鼓点》（1997 年 7 月 10 日），“敲出新鼓点”别致而准确地表现了花鼓故乡凤阳人民由过去敢“包”到现在敢“卖”的改革风姿。

题意不明也不好。如《合肥买水有几多》，说的是合肥自来水水源被污染，国家花钱从淠史杭灌渠买水供应自来水厂制作自来水。乍一看题，会误认为合肥市民不敢饮用自来水，而纷纷买水。这条标题不如改成《沽来清泉水，合肥福几多》更准确。

所谓神，即标题的神韵、灵性、风格，或豪迈雄奇，或敦厚朴实，或潇洒飘逸，或秀丽端庄，或沉郁凝重。试看：

《两“口子”这样成一家》（1995 年 1 月 17 日），报道淮北两个“口子”酒厂化“敌”为友，侃侃而谈，朴朴实实；

《徐虎——晚上升起的太阳》（1996 年 4 月 25 日），诙谐而不失庄重；

《圆明园，你不该向游人邀宠》《人民怎么信任你们》，深沉凝重；

《我省下岗职工免费培训铃声再起》（1997 年 10 月 14 日），《扩刊改版问计，编者读者共商/本报试刊街头亮相》（1997 年 10 月 22 日），显得端秀清丽；

《蒙城县扬起牛头撑起天》，养牛大县的气势跃然纸上；

《今天我穿黄马甲》（1997 年 10 月 15 日），写记者体验当环卫工，几分豪迈，几分潇洒。

无神则滞，千万不要把标题捏成死鱼的眼睛。

和谐统一

以上所说新闻标题“形、声、意、神”的美学四原则又是紧密相连的。

形、声属表象，意、神属内质，内质通过表象展示出来，形成标题形式美和神韵美的和谐统一体。

平庸的画师只能做到形似，高明的画师追求神似。达·芬奇笔下的《蒙娜丽莎》流溢的是永恒的微笑。作标题就像绘画一样，追求形神兼备，先炼意，再赋神，再造形，再调声，以期达到意味深长、出神入化、赏心悦目、娓娓动听、耳濡目染皆为美的境界。

笔者有个习惯，无论写通讯、消息、言论，喜欢先拟题，再行文，起码也要把标题大体确定下来，不然简直无法下笔和收笔。说来也巧，一次在朋友家请著名画家戴维祥为笔者画仕女，我发现戴老居然先画人的眼睛，后画人的面庞，很快一幅翩若惊鸿的仕女图便告成功。我想先作标题后行文，更能使题文相扣。不要图快，漫无边际写下来，再草草成题。

为 1991 年安徽抗洪救灾电视系列片命题是个典型例子。省委书记卢荣景指示电视片要像史诗一般，具有强烈的感染力，达到高度思想内容和完美表现形式的统一。具体策划时有十多人参加，大都是总编、台长、名记者、作家。为了一个总标题讨论了近两个小时，提出 10 多个标题，什么《江淮抗洪图》《在百年不遇的洪水面前》《’91 安徽抗洪纪实》等，有的显空泛，有的似流俗，有的太平实，都不尽人意。笔者沉思良久，提出以《大浪千叠镌丰碑》为题，立即吸引了大家的注意。大家认为这个标题形神兼备，厚重雄奇。在此基础上，大家又进一步磨练成《大浪镌丰碑》——《大浪·丰碑》——《大浪丰碑》。这样更简洁、更富联想。后来卢书记在听取策划汇报时说：“《大浪丰碑》这个标题好，既反映了安徽水灾严重，又展现了安徽人民的抗灾壮举。”接着卢荣景同志请江泽民总书记为《大浪丰碑》题写了片名。

标题不怕千般磨，磨练标题是很痛苦的，有时如痴如狂，食不甘味，卧不安席。一旦磨炼出一个好标题又是那么兴奋不已。正所谓“为伊消得人憔悴”“蓦然回首，那人却在灯火阑珊处”。

让我们的报纸上多一些动人的眼睛。

（《新闻世界》1998 年第三期）

敢言善言话监督

毛泽东在延安与黄炎培的谈话中有一句名言："让人民起来监督政府，政府才不会松懈；让人民起来负责，才不会政息人亡。"新闻舆论监督正是人民群众监督的组成部分，是社会主义民主政治建设的重要内容，实质上体现了人民群众对国家和社会管理的知情权、发言权和监督权，对促进两个文明建设具有重要意义。因而它是党赋予新闻工作者的光荣使命，并多次写进党的重要文献中。

然而这个老题目又是一个新课题，这是因为实行舆论监督还有许多问题没有很好地解决。它既令人跃跃欲试，又令人避之不及，这是因为它太敏感、太棘手，弄得不好会引火烧身。

对本报而言，使命感多于回避。这是工人报的性质决定的。

党中央赋予工会组织的首要职能：在维护全国人民总体利益的同时，维护职工群众的具体利益。

作为安徽省总工会机关报和全省500万职工喉舌的《安徽工人报》，从一开始就把"为职工代言"旗帜鲜明地写进办报宗旨中，并体现在见诸每期报头的"求实、写真、匡正、布新"八字编辑方针中。

粗略统计，本报创刊10多年来1600多期报纸中，刊登舆论监督稿件千余篇，产生较大社会反响、被评为本报优秀稿件的100多篇。

围绕重点，集中监督

——抓住改革这个主题，排障、撑腰、开道。

新旧体制的交替，利益格局的变化，思想观念的冲突，要求新闻媒体对长期存在的"左"的观念、守旧势力和形式主义进行必要的曝光，排除干扰，为改革者撑腰壮胆，维护他们的合法权益。

如《个人花6800元为公家省下100多万元/厂长宋俊夫该不该受处分》，以大讨论的方式进行监督，引起有关方面高度重视，撤销了对宋的处分决定。

1993年春，合肥标牌厂聘用厂长张自闩依靠职工办企业，将一个濒临倒闭的工厂扭亏为盈，日渐红火，却突然被主管部门免去职务，受到广大职工的抵制。本报及时进行调查报道，促成张自闩成为民选厂长。

1997 年秋，随着新一轮思想解放，全国掀起了改制热，股份合作制遍地开花。但是不少歪嘴和尚念歪了经，大搞翻牌公司，强迫职工入股，不交钱就下岗，正所谓“掏票子，翻牌子，还是那几个熊孩子”，严重地挫伤了职工积极性。针对这一现象，本报于 9 月 9 日一版头条在“职工热线”专栏，旗帜鲜明地提出“职工入股应自愿”。这在全国报刊不敢说是第一家，也是很早一家，产生强烈的社会反响，许多企业职工拿着报纸找领导，及时纠正了强迫入股作法。

——抓住维权这个根本，为职工代言。

除了经常大量维护职工具体物质利益之外，更重视维护职工的主人翁地位，维护职工参与企业和社会管理的民主权利。

合肥砂轮厂原厂长王光金，无视职工的反对，不经职代会擅自将企业技改资金拿来为自己买住房，激起全厂公愤。本报经深入调查后，以通讯、消息、言论等体裁多次进行监督，引起主管部门高度重视，召开职代会罢免了其厂长职务。

淮南蓄电池总厂原厂长刘玉振，自称“刘一刀”，扬言“职代会算什么，我三分钟可整倒一个人”。他长期骑在工人头上作威作福，激起众怒。300 多名工人将他围起来，搜去小车钥匙，将他轰出工厂，并联名上书要求罢他的官。省总派人调查后，本报 1996 年 11 月 19 日及时进行报道。《报刊文摘》和《羊城晚报》转载，《羊城晚报》加评论《狗官，狗官，罢他的官》。报道引起省纪委重视。1997 年春，本报又以通讯形式详细报道刘玉振如何被职工轰下台。

蚌埠火柴厂不经职代会擅自出台一部有悖法律法规的厂纪厂规，以罚代管，保卫科长随意体罚、殴打工人，激起公愤。《工人日报》率先监督，本报紧密配合，从 1997 年 12 月至 1998 年 2 月先后发表《蚌埠火柴厂：你理睬不理睬》《岂容“厂规”践踏法律》《耳边常响法制钟》《蚌埠火柴厂侵权事件终获解决》四篇报道，促成问题解决，有效维护了职工权益。

——抓住反腐这个难点，反映民声民意。

多年来本报一直把舆论监督的目标瞄向公职人员的腐败和一切有悖于法律、道德的丑恶行为。

1992 年 12 月 25 日，本报首次报道我省第一家国有预算内企业合肥好华食品厂申请破产的消息，犹如一次“经济地震”，震惊了厂内外。记者深入该厂职工调查，发现造成“好华”破产的主要原因正在于管理层的腐败：十年换了九任厂长，他们出国观光，老婆调进城，私盖小洋楼，盲目引进，最后易地作官。1993 年 1 月 16 日，本报以《“好华”头上昏鸦飞》为题，揭露了这些“昏鸦”，引起广泛关注。

1995 年 9 月 23 日，本报以《人民怎么信任你们》为题，以记者现场目击的形式披露了参选副厅领导干部的某地一些处级干部违规吃喝、激起餐厅服务员义愤的事件，引起省纪委主要领导和地区党委高度重视，进行了严肃查处。该地区组织部长亲临报社道歉。这篇通讯获当年度全省和全国工人报好新闻一等奖。

1997 年 3 月，本报收到芜湖苎麻厂部分职工来信，反映该厂原厂长牛和云涉嫌受贿，却被调进另一家工厂当厂长。经初步核查，本报以《蛀虫为何再任厂长》为题刊登了职工来信。当地有关主管部门并未引起重视。接着记者前往调查，又以《蛀虫再任厂长前前后后》为题进行再监督，引起有关方面高度重视，查证这个所谓的“能人”，原是个鲸吞公款 16 万余元的贪污犯。今年 2 月 26 日本报以《蛀虫牛和云终落法网》为题作后续报道。

多种形式，有效监督

为了增强舆论监督的社会效果，必须调动各种形式和手段进行监督。

——选准典型，造成声势。上述关于宋俊夫厂长该不该受处分、厂长王光金买房风波、蚌埠火柴厂厂规大于法、蛀虫再任厂长等，事先都作了必要的调查，当作典型进行连续报道，一抓到底，促成问题圆满解决。

——开辟热线，经常监督。本报于 1995 年 7 月 20 日创办了“职工热线”专栏，公开主持人的姓名和电话号码。两年多来先后受理职工群众电话、来函、来访等各类投诉 200 多起。其中大多数通过信函、电话等方式予以回答，反映的大部分问题得到合理解决，其中 60 多起较有典型意义，为职工普遍关心的热点、难点问题直接刊登在“职工热线”上。采取热线答疑、热线监督、热线追踪、热线聚焦、热线服务等五种方式使“职工热线”办得越来越热。读者反映，这个专栏成了党、政府和广大职工的“连心线”，维护职工合法权益的“专用线”。

——横向联合，加强力度。有些问题的监督难度相当大，一家媒体单枪匹马难以奏效，咱也来个横向联合，统一战线。1996 年，省城一位交警叫童建强，见义勇为，中弹致伤，却受到公安内部个别人的刁难、敲诈、勒索。真正的凶犯逍遥法外。因牵涉个别执法人员的腐败，监督的难度相当大。经过精心策划，本报与《安徽法制报》联手，集中版面，集中时间，采取连续报道方式进行监督，加上新华分社发内参，引起省委和中央领导同志高度重视，得以圆满解决。在这一横向联合行动中，本报发了《好市民身边的立体人生图》上下篇、《案惊中央》及大量读者来信和座谈纪要等两万多字的稿件。

——内外结合，促使转变。我们进行舆论监督目的是促进矛盾向好的方面转化，不是故意给被批评者难看，不能图一时之快。这里有三种情况：一是内部解决。许多问题由于在见报之前编辑记者做了大量工作，使矛盾基本得以解决就不需要见报，即使见报也非原先纯批评的角度了。二是先打招呼。有些问题应当解决但对方拖着不办，对此，我们就采取打招呼的办法。比如某县拖欠教师工资数月不发，本报以编辑部名义函告对方，再不解决就立即见报。对方马上回函，说正在解决，千万别登报。我们也就不登报了。三是发内参。不少问题拿不准，或不宜公开，以免引起不必要的负面影响，就采取内参形式。

积极审慎，保证监督

舆论监督是报纸的主要职能之一，但由于它触及被监督方的切身利益，并且现阶段又缺乏法律对监督的有效保障，因而在实施这一职能的时候难度较大，必须既积极又审慎，力求客观公正。

审慎主要体现遵守宣传纪律，把握监督的量与度。在敏感时刻、敏感的问题上，要控制批评报道的数量，不能打开报纸整版都是批评揭露报道，必须以弘扬主旋律为主，增强版面的亮色，以不诱发社会震荡为原则。如宗教一类的问题最好不要去碰它。还要尽可能减轻批评报道的伤害度，大量问题属人民内部矛盾，批评的目的是帮助人家改正，能不公开点名的就不点名，见好就收，有的还应允许人家在报上申辩。

审慎的另一层含义是一定要保证事实准确。如果说公正的尺子是政策、法规，那么客观的基础则是事实准确。主要事实不准确，偏听偏信一面之词，往往带来舆论监督工作的被动。要知道，被监督方可是一个字也不放过，恨不得把每一行每个字掰开来找我们的碴儿。

与审慎相比，积极更重要。现在的问题是审慎有余，积极不足。报社老总普遍存在一个“怕”字，怕弄不好吃官司、丢帽子，因而多一事不如少一事，打苍蝇不打老虎，打死老虎不打活老虎，上头要我监督我再监督，等等。

我们体会积极的舆论监督须做到以下几个方面：

——报社腰杆要硬。在舆论监督面前，必然有人笑，有人叫，有人恼，有人跳，有人深思，有人开窍。告状者说情者纷纷找上门来。他说情，我说理；他告状，我陪到底。当初通讯《厂长买房风波》见报后，厂长王光金亲自找上门，与本总编交朋友、套近乎，什么都好说，就是不能见报。我说，不见报不行，你改了，我再正面报道。他脸一变："法庭上见。"见报后，他真的一状告到法院，说安徽工人报社侵权。法院初步调查后认为他告不赢，建议他撤诉，官司才未打。像王光金这样的例子，我们常碰到，对方甚至跑到省总机关从楼上叫到楼下，说工人报社造谣，扬言要与工人报打官司。但结果官司没打起来，对方就受到法律的制裁。的确，我报也被正式拖进两起因舆论监督而引发的所谓"侵权"民事官司中，因本报监督有据，事实准确，都未败诉。

——报社后台要硬。就是说上级有关部门要为报社撑腰。一是不能求全责备。"君子之过，如日月之蚀。"报上的文章哪能都是金口玉言？新闻工作不同于法院审理案件，没那么多时间，能做到主要事实准确就可以了，苛求一字不错无异于取消舆论监督；二是放心放手。不要听到点反映，就忙下禁令，那还搞什么监督？去年，本报头版刊登《疏于防范罪犯逃脱，对抗监督节外生枝/芜湖人大严处法官渎职》的消息。被迫辞职的中院院长和免职的副院长以"渎职"二字是报纸"妄加"为名，跑到省总，要求公开澄清，不然上法庭。我听说后说："叫他们来找报社，我们奉陪到底。"接待他们的省总领导顶住压力，为我们撑腰，让我们放开手脚，理直气壮地监督。

——呼唤提供法律保护。积极也好，审慎也好，这都是新闻工作的主观行为。就舆论监督的客观可行性而言，必须要有法律的保护，不然监督总是比较脆弱的，总是令新闻工作者担惊受怕。党的十五大报告中明确提出依法治国。作为党的生命的一个重要组成部分的新闻工作，热切地呼唤，尽快出台一部具有中国特色的社会主义《新闻法》。我们相信，随着政治体制改革的加快，这一天不远了。

（《工人报刊研究》1998 年第七期
《新闻战线》1999 年第五期）

农业生产责任制'79　'80舆论冲击波

以家庭联产承包为主的农业生产责任制，为祖国大地带来欣欣向荣的局面，成为我国现阶段农村的主要生产经营形式，并作为中国农民的伟大创造彪炳史册。它是于党的十一届三中全会前后，伴随一场伟大的思想解放运动，首先在安徽应运而生的。其孕育过程中，我们的广播宣传起着巨大的舆论导向作用。20年后的今天，回想起来，往事仍历历在目，耳边似乎还回荡着历史前进的脚步声，令人感奋不已。

倾听群众实践的呼声

1978年，当时我任安徽台农村组副组长。多年的农村宣传工作，使我对农村的真实情况、农民的愿望和要求比较了解。经过多次折腾，特别是十年动乱，农村凋敝了。农民朝思暮想的是能吃饱肚子，有点零花钱。而1978年的一场大旱，更使农民苦不堪言。在这种严峻的形势下，中共安徽省委及时发出了关于农村经济政策的六条规定。“六条”批了极左，明确提出要以生产为中心，强调生产队的自主权和按劳分配原则。“六条”虽没有提出联产责任制问题，但是它点燃的思想解放之火在安徽广大农村蔓延开来，农民群众挣脱种种束缚，积极探索摆脱贫困的门路。

这年10月份，我们收到定远县农村基层干部要求包产到组的来信。信中以痛切的教训，说明大锅饭越吃越穷，大呼隆越搞越空，要想农民生活好起来，一定要搞包产。不久，记者又带回来安县魏郢生产队包产到组的调查材料。

来信和材料对我们农村组的同志触动很大。当时正值全国开展轰轰烈烈的关于真理标准的大讨论。我们认为，搞社会主义，就是要让大家富起来，过上好日子。如今农民兄弟在实践中找到了包产到组这个治穷妙方，虽然文件中还尚未作具体规定，但它代表了亿万农民的愿望，符合科学社会主义的基本原理，我们新闻工作者应当坚持实践是检验真理唯一标准的马克思主义原理，站在思想解放的前沿，倾听人民群众社会实践的呼声，以负责的态度予以宣传。

我很快编好这封来信。但是谁来签发？我们组里的头头只有初审权。分管我组的电台编辑部副主任心里支持但不敢做主签发；主持编辑部工作的领导同志也下不了决心；稿子送到分管宣传的省广播局副局长那里，他认为事关重大，须一把手表态；稿子转到局主要领导人手中，也许是因为时机不到，压了两个来月无声无息。1979 年 1 月 20 日（星期六）早晨，我从中央台新闻节目听到类似报道，上班后即找到局一把手。听我们说明情况后，他认为可以宣传，当即签发了稿件，安排在 1979 年 1 月 23 日 19 时 30 分的《对农村广播》节目中播出，同时播出的还有安徽部分社队包产到组见闻。这是安徽省农业责任制的第一组广播报道。

接着，我们又连续广播了来安县魏郢生产队和凤阳县马湖公社包产到组的调查材料。这一连串的报道在广大农村引起强烈反响。一位听众来信说，包产到组的广播说到了点子上，并把这组广播誉为人民广播“三十年来第一声”，要求重播。这年春节期间，党的十一届三中全会通过的两个农业文件传来了，上面明确规定可以联产计酬，这更加坚定了我们宣传责任制的信心。在安排重播的同时，全组同志共同努力，根据两个农业文件的精神，又连续编发了 6 组广播对话。

敢说农民心里话

广大农民落实三中全会精神的热潮来势甚猛，冲得有些人受不了，甚至不少地、县领导同志对包产持否定态度，电台内部也有不同看法。在这当口，《人民日报》于 1979 年 3 月初在头版头条加编者按发表了张浩的来信，明确提出搞包产是历史的倒退。这封信在广大农村引起极大的思想混乱，一些基层干部认为这是从上头来的风，忙跟着吹起来，对我们省台前一阶段有关责任制的报道也提出了非议。一位公社书记对我说：“一听到王郁昭（时任滁县地委书记）在广播里讲包产，我就头痛。我这张嘴哪能说过你们那张大铁嘴（指广播喇叭）呀！”

一次下乡，一位县委机关干部告诉我，农村干部对包产意见可大了，不信去看看吧。好，看就看，当天晚上我就到城郊一个公社去访问，公社书记首先试探我的口气。我不先入为主，对他说：“没有帽子，没有棍子，撇开文件和各级领导同志讲话，只从这儿的实际出发，你认为怎样才能尽快把农业搞上去？”这位公社书记说：“我也不怕帽子、棍子，不过干了二十年公社书记，想来想去，搞包产是条好路子。”这位公社书记的话深深感染了我。风向有些不对头，我们广播的调子就要变了吗？就可以说假话了吗？或者可以对农民关心的责任制问题暂时避避（这是我们过去常用的方法）吗？这些问题终日困扰着我。我和同志们交换了意见，决定在全组开展讨论，统一思想。讨论是热烈的，结论是一致的：三中全会刚开过，责任制的宣传才开头，根本不是过了头，更不是倒退。张浩的信不能代表人民群众的意愿，个别地方出现的毁坏农具、乱砍滥伐等现象，也不是落实三中全会精神带来的，相反正是某些干部对责任制有抵触情绪而撒手不管的结果。继续宣传受群众欢迎的包产到组责任制是人心所向，在这个根本问题上不能人云亦云，看风使舵。如果今天说它好，明天又说它坏，那么我们的广播还有什么威信呢？

对这股风我们顶了一下。除及时广播了滁县县委书记冯骏热情支持联产责任制的讲话稿外，我还赶写了一篇文艺性广播对话，以一知青向一老农问路为线索，运用一连串的“误会法”，借老农之口酣畅淋漓地讴歌了责任制。为了更好地用事实说话，我与省农委领导同志联系，请他们提供两个县作重点采访对象。他们说江南的宣城、淮北的颍上较典型。于是我们兵分两路，南下北上，主动出击。5月初，我和组里的焦福伦同志赴宣城。县委书记朱景本一见面就说：“张浩那封信给我的压力很大，你们来得正好，给我解解围”。一星期的采访，所到之处，没有不说责任制好的。我们所写的宣城农村见闻《在新情况新问题面前》，5月中旬在《对农村广播》节目播出后，又在《安徽日报》上发表。北路王传寿、梅昌龙、王建华合写的颍上县委副书记刘耀华领导农民搞包产的广播讲话在6月中间播出后也引起了较大反响。

为了造成更大的舆论优势，我们还分别于1979年3月和7月两次召开全省地、县通讯员会议，让大家摆农村的实际情况，有的放矢列选题。7月份的庐江会议提出，哪里包产有阻力，需要舆论支持，我们的通讯员、记者就应出现在哪里。从此，大量的通讯员来稿，说明政策落实粮满仓，包产到组得人心。

1979年秋天，听说和县沈巷区委书记周良福因坚持包产到组被压得日子不好过。闻讯后，我和组里的王小戌同志一起赶去采访，写成通讯《当官敢为民“作主”》，以丰收的事实回答了一些人对包产到组的非议。通讯写好后请县委书记审阅，可那位书记当时思想接受不了，拒不审阅。你不审，我负责，我照播。这篇通讯于11月先后在省台和中央台播出。这一来，不但沈巷区搞包产胆子更大了，还一下子波及大半个县，捂也捂不住。

正确引导农民前进

实行农业生产责任制，这是我国农村经济体制的根本性变革，是社会主义生产关系内部的一项重大调整。在实践过程中必然会遇到各种各样的问题，甚至可能走弯路。我们的广播宣传必须从维护农民群众的根本利益出发，按照党的政策，积极正确地引导农民前进。

1980年上半年，不少地方在包产到组的基础上，创造出包产到户、包干到户的新形式。这种形式比包产到组更简便易行。农民群众说："大包干好！交够国家的，留足集体的，剩下都是自己的；一年饱，二年富，三年就要盖仓库。"但是饱受政策多变之苦的农民担心好景不长，政策会变。实际上一些地方已经分分合合，变来变去。对"双包"责任制，社会上更是褒贬不一。特别是这一年省委书记有变动，有人说，一个将军一道令，又该变了。其实张劲夫同志来安徽后多次强调，农村政策要稳定，各种形式的责任制都要稳定。他曾风趣地说："怎么办？前边的乌龟爬出一条路，后边的乌龟跟着爬。"这里讲的就是政策的连续性和稳定性。

当时我们一方面热情宣传"双包"责任制的优越性，另一方面对实行这种办法出现的问题也不回避，并用典型引路的办法加以正确引导。1980年春天，包产到户刚在肥西县山南公社出现，我们就组织包括播音员在内的编辑部大部分同志到山南实地考察。这年秋天历史上以讨饭闻名的凤阳县包产到户全面推开。我前去采访，与县委通讯组的同志一起，不要向导，坐吉普车到处跑，到处看，到处问，掌握了大量的第一手材料，心中有了底。然后找到县委书记陈庭元，向他提出包产到户后扶贫、征购、集体提留、公共财产、科学种田、农田水利、社队企业等十个怎么办，请他答记者问。这十个问题都是人们普遍关心的，有些地方就因为没有注意解决这些问题出现了混乱，成为某些人反对包产到户的借口。在话筒前，陈庭元同志以铁的事实、有力的立论回答了这些问题。广播后立即引起强烈反响。一位江苏听众来信说："凤阳十问十答说到我们心里，我们真羡慕你们安徽，我们这里也能包产就好了。"还有的来信反映，这十问十答为农村实行责任制提供了新鲜经验，使一些地方少走弯路。

在党的十一届三中全会精神鼓舞下，安徽台《对农村广播》为大力促进农业生产责任制在全省的形成、完善和稳定鼓与呼，发挥了巨大的舆论引导作用。到1982年，包产到户已经成为普及全省的主要农业生产责任制形式。这段难忘的求索岁月永远留在我的记忆中。

（《新闻世界》1998年第12期 《当代中国广播电视回忆录》标题改动）

突出特色 嫁接优势

——工人报发展新路初探

工人报纸，作为党和人民的喉舌，作为工会组织机关报，作为党、政府联系职工群众的桥梁，担负着光荣而重要的使命。怎样才能不辱使命，发挥好工人报的作用呢？除了要牢牢把握好舆论导向以外，在市场经济条件下，还必须敢于参与竞争，更深地扎根工会，扎根职工，突出特色，以报纸的高质量赢得读者，以经营的高效益发展自己。

面对市场，把挑战变成机遇

（一）中国报业市场走势

如果说，在20世纪80年代计划经济体制时代，我国报业发展格局可用“各安其位，各司其职”来形容的话，那么在90年代末向社会主义市场经济全面转轨的时期，报业竞争则可用“群雄争霸，硝烟弥漫”来形容了。

据统计，现在报纸的品种比1978年增加了12倍，而总印数、总印章只增加约1倍。换言之，一只“蛋糕”20年体积增加约1倍，而参与瓜分者却多了12倍。随着报业“买方市场”的进一步完善，报业竞争将越来越趋白热化，所有报刊将不可避免地主动或被动推向市场，并在市场激烈竞争中优胜劣汰。

在报纸发行的两个市场中，以征订发行公费市场为主的机关报，经过多年惨淡经营，其公费征订发行量已趋饱和，读者层基本稳定，很难再有大的扩展；而随着经济的发展和城市化程度的提高，以市民为主要对象的晚报、都市生活报、晨报等快速兴起并显示出较强生命力。这类报纸面向自费市场，以零售为主，潜力和发展空间很大。如华西都市报创刊不到5年，日发行50多万份，年广告上亿元。另外，报业集团在竞争中崛起，特别是一报为主、多种子报共存 ，一业为主、多种实业并兴，令人刮目。其集团效应和雄厚的实力极具市场应变能力，并收买、兼并竞争中的失败者。

新一轮报业竞争是全方位展开的，主要表现在新闻竞争、发行竞争、广告竞争和报社实力竞争四个方面。如果工人报总是不能正确定位、抢滩市场，就难以走出总体上“发行量小、广告少、经济实力弱”的怪圈，总有一天要被淘汰出局。

（二）工人报到了最危险的时候

当前工人报面临的基本矛盾是：显性为读者多重需要与机关报功能较单一的矛盾；隐性为市场经济条件下报业竞争机制与计划经济模式下机关报僵化体制的矛盾。

20世纪80年代初在计划经济体制基础上创刊（复刊）的工人报中，相当一部分在90年代市场竞争中风雨飘摇，苦苦支撑。公费订阅日渐萎缩，发行和广告举步维艰。由于机关报的面孔难改，不能全方位满足各层次职工读者多种需求，自费订阅市场很难打开。目前报业市场瓜分未定，多数工人报尚能在各省（市）专业报中称“龙头”，但靠“红头文件”订阅越来越不灵，最终难免沦为“支流报”，被边缘化。

（三）在竞争中求生存求发展

当前工人报迫切需要来一次思想观念大解放，承认报纸的商品属性，把报业生存立足点转至市场竞争上，变自发为自觉，变被动为主动，变消极为积极。

要探索适应市场的报业生存发展机制。从自身实际出发，学习借鉴外地经验，使其具备能激活报业活力，增强报业实力，争夺发行阵地，抵御市场风险等优势。这种探索从认识报纸商品属性开始，从认识读者定位开始。

正确的读者定位是成功之本

本报（《安徽工人报》）自1985年创刊14年来发展大致历经三个阶段。一是1985年至1993年计划经济阶段。报纸由周一四开变为周二对开报。这期间受体制影响，很少考虑到报纸的商品属性，尽管国企改革和职工维权报道很突出，但灌输式宣传味浓，信息量少，服务性差，一般化长篇累牍会议报道、领导讲话、一厂一店工作总结报道充斥版面，整体显得单调乏味。好在那时国企“腿粗”，“红头文件”发行还很管用。二是1993年至1997年市场机制初探阶段。这期间全国卷起一片“周末”潮。本报扩为周三刊时推出周末刊《展望》，作为新闻改革、走向市场的尝试，以“高品位、大视觉、独家稿”等特色赢得广泛声誉，数年间便有300多篇被海内外传媒摘转，并主办了首届全国工人报周末刊研讨会。虽吸几口市场经济新鲜空气，也略尝海水咸淡，终因体制原因，对报纸整体改革拉动不大。三是1997年8月至今，市场竞争加剧阶段。本报在省总党组大力支持下，进行了创刊以来首次以聘任制为核心的改革，初步建立了内部激励机制和约束机制，报纸成功地由周三刊扩为周五刊并全面改版。

这次扩刊改版明显增强了读者意识、市场意识。注意到现今工人报读者已呈多样性：多行业、多阶层、多种所有制，不再局限于产业工人和工会。认清了工人报读者的二重性：生产、工作属性，这是过去强调的所谓主力军；还有家庭、社会属性，这是过去未予以重视的，他们构成了城镇市民的主体。第二种属性也恰是被晚报、都市报做足文章并获巨大收益的。简单推论，工报至少应在作为市民主体的职工中与畅销的晚报、都市报有同样的生存发展空间。

扩刊改版后，“求实、写真、匡正、布新”的编辑方针与“鸣时代旋律，展主人风采，替职工代言，为各界服务”的办报宗旨不变，更加重视职工作为市民的家庭、社会属性，侧重关注职工的“生活空间”，满足传统的职工读者需要。定位的自觉转变，顿使办报天地宽，可自如全方位嫁接市民生活报及各类畅销报的种种优势。按常理畅销+畅销=更畅销。只要职工关心的，大到重要政策、改革举措、巨大成就、重大典型和国内外要闻，小到衣食住行、生老病死、市井风俗、水电气供、气象、交通、求职、就业等服务信息，均可登堂入室，全面满足读者的知情、参与、监督、求知、欣赏、娱乐、生活服务等需求，且都有职工的角度。要求各版块都有直接为职工服务和读者参与的栏目，如“职工热线”“牵线搭桥”“市民备忘”等。

实践证明，改刊后的报纸受到读者青睐。去年本报由周三扩为周五刊后，报纸定价几乎翻一番但发行量基本持平，今年上半年每季还稳中有增。而这一时期，省内九成以上报纸发行大幅下滑。完成了“惊险一跳”，我们收到许多读者赞誉的来信来电。

突出工人报特色是赢得读者的关键

明确读者定位之后一个顺理成章的重要命题就是突出工人报特色，唯其独具特色，才能真正赢得读者。

（一）从工人报读者的广泛性、多样性、二重性确定其群众性特色

工人报是办给广大职工群众看的，要善于抓住职工读者群的阅读兴奋点。有道是：“知屋漏者在宇下，知政失者在草野，知经误者在诸子。”对于报纸来说，最有发言权的莫过于读者了。我们改版之初对读者做过问卷调查，结果表明：作

为一张读者喜欢的报纸，它首先应“报道紧扣社会关注的热点”（占 49%），其次是“内容丰富、信息量大”（占 40%），“知识含量大、有保存价值”（占 37%），“目光敏锐、见解独到”（占 35%），“贴近生活、实用性强”（占 34%）。

综述之，一张兼具“重要”“好看”“有用”三个基本要素的报纸才具“必读性”。仅有可读性的报纸，只是一张可读可不读的报纸。由此确定强综合性、大信息量、广服务性版面特色。

改版后的《安徽工人报》强化了新闻功能、代言功能和服务功能，针对不同读者层开辟了 50 多个栏目，同时加强时效性，力求让职工“一报在手，尽知家事国事天下事”。

（二）从工会组织的首要职能，确立维护特色

“维护”是工人报最好最根本的服务，是其他报纸无法比拟的最显著特色。在保持稳定的前提下，工人报要唱响维权主调，围绕职工群众热切关注的热点、难点和疑点问题，实施正确的舆论监督。这是提高报纸总体水平，加强权威性、可读性、服务性的重大课题之一。这方面本报在省内有“敢碰硬、善监督”之誉。除主要监督报道外，版面上还开辟“职工圆桌”“职工之声”“职工热线”专栏。报社大力倡导让“职工圆桌圆起来，职工之声响起来，职工热线热起来”。在省委宣传部、省记协去年举办的全省总编研讨班上，指名本人做典型发言。《新闻战线》《新闻世界》《中华新闻报》等报刊也作过专文推介。

以“错位”宣传艺术赢得发展空间

传媒成功定位的秘诀在于讲究“错位”战术，以“人无我有，人有我优；长人之所短，略人之所长”的价值特色赢得一方属于自己的发展空间。《孙子兵法》曰：“不战而屈人之兵，上上也。”传播竞争中的“错位”讲求的就是这种“不战之争”。

（一）拓展新闻传播空间

应该说，无论传播竞争多么激烈，传播格局的现实对有心者来说总是“疏而有漏”的。这种现实的“疏漏”就是传播市场上的所谓“空档”，即多数传媒疏于经营或没有发现的传播“盲区”。譬如，当别人都去追逐社会热点、名人明星时，我偏偏弃之于不顾，把力气下在那些一般人较少关注的社会生活的“冰点”层面，或普通人的情感世界、生存状态。以此“错位”能获得意想不到的成功。如本报发起省城四家媒体组织“再就业报道小分队”“走进特困职

工家庭”系列报道和“为百户特困职工送年饭”活动，都很有社会影响。

（二）挖掘新的传播层面

一个领域、一个人物、一个事件的意蕴和内涵往往是多层面的。挖掘新的传播层面对于传播空间的拓展而言，也是一种传播“空档”的寻觅，只是表现为在热闹的“平面式”竞争格局下向报道深层次开掘，这是一种相对的传播“空档”。要做好这点，须有见人所未见、言人所未言的功力。无论是对原因的追寻、对背景的交代、对后果的预测，还是对同类的比较、对意义的挖掘、对现象的透视，等等，都可能成为传播层面开发的“生长点”，抓住这点做文章，就能做出不凡反响。如本报抗洪题材冷点报道《三座江城为何两样景观》即是。

（三）推出新的传播形式

中国曾是不太讲究包装的国度。其实，用辩证法观点看，形式有时就是一种重要又不可替代的内容。“横看成岭侧成峰”，观察视觉的转换难道不能给我们带来新的信息吗？纵观传播实践，传播形式的每一次出新，都不仅仅是“包装”形式范畴内的改进，同时也是传播内容的品质提升。如本报推出的《今天我穿上黄马甲》（记者当城市清洁工）等系列体验报道、暗访报道，都颇具形式创新。

近两年，本报数喜临门 。不久前又获国标一级“省优报纸”称号。这是自1996年以来再次蝉联这一称号。去年还被评为“安徽省报业管理先进单位”；从1994年起，本报连续五次获“中国五一新闻奖”“全国工人报刊好新闻一等奖”和连续四次获“全省好新闻一等奖”。

虽取得一些成绩，但我们还觉得危机四伏，报纸的运行体制、管理水平、发行和广告经营，与兄弟工人报相比还有许多不足，距市场化要求还有很大差距。

就安徽而言，毕竟我们有500万职工作为强大后盾，有庞大的其他任何组织不可比拟的工会组织网络，这是我们的独家优势。关键是要把报纸办成独具特色的、职工群众不可替代的精神食粮。“独具特色”“不可替代”便是工人报的出路 。下一步，我们将围绕深化内部聘任制，健全激励、制约机制，建立高效运行机构等方面，深化改革，夯实基础，尽快形成适应市场竞争的报业运行机制和报纸规模。计划将在明年迎接新世纪的曙光中推出周六刊《安徽工人日报》。

（本文由作者在1999年全国工人报刊会议上的发言稿改写而成）

前郢，中国包产到户第一村

多年来，特别是开展纪念改革开放20周年活动以来，各种媒体已把凤阳县小岗村炒得火热，似乎小岗村作为中国第一个包产到户的生产队，作为中国农村改革发源地，已成定论，载入史册。此类报道看得越多，记者心里越不能平静。现在当纪念活动告一段落时，我们终于可以冷静下来思考。一种职业责任感促使记者拿起笔，作一个历史的注脚：

安徽省来安县前郢生产队是中国第一个包产到户的生产队，安徽省来安县委书记王业美是中国领导农民包产到户的第一个县委书记，安徽省凤阳县小岗队是中国第一批包产到户的生产队之一。

一段难忘的回忆

1981年春，记者（时任安徽人民广播电台农村组组长）在来安县一个多星期的采访，有幸结识一位和农民心心相印、肝胆相照的县委书记，和他多次深谈，和他一起走访农户，又沿着他的足迹追踪采访一些社队。在记者的采访记录中，来安县委书记王业美上任两年多，走遍全县27个社镇几百个生产队。踏过多少人家的门槛，结识了多少农民朋友，他自己也说不清。这里头，有种田的老把式，有各种能工巧匠，有五保户、下放知青、生产队长，也有失足转变的青年。时年58岁的王业美，像仁慈的兄长关怀着他们，一心一意为他们谋利益。工作在机关，三天两头有农民来找他，有的托他买件农具，换点种子；有的找他陈述委屈，求他做主；有的来告诉他村里出了什么新闻；还有的干脆趁赶集来看望他的。对于来访，他有问必答，只要是正当、能办到的，他都尽力办到。尤为令人击节的是他带领农民探索致富之路，实行包产到户的改革胆识和求实品格。采访结束，我执笔写了一篇通讯《我爱农民兄弟——县委书记王业美情结解密》，先后在安徽台和中央台《对农村广播》节目中播出，后在《安徽日报》发表（标题有变动）。文中第一部分记述了王业美领导包产到户的壮举。为了再现历史的真实，现将此部分摘引如下：

1978年秋天，新上任的县委书记王业美，翻开来安历年统计表，吃惊地发现，这个仅40万人口的县，不到10年就用去国家救济款200多万元，吃返销粮 1.15 亿斤。他心里很不安。

一天，他来到十二里半公社前郢生产队调查，进村访问的第一家，是上海下放知青张九妹，只见两间破草房顶上漏个大窟窿，两个孩子裹在一条烂棉絮里。

王业美问九妹："有被子吗？"

"有一条，"九妹回答，"叫孩子爸拿到牛屋去了。"

王业美又问："日子过得怎么样？"

张九妹一把拉住王业美的手，呜呜咽咽哭着说："这日子没法过呀！饿肚子的滋味你们不知道呀！"

九妹的哭诉勾起了王业美痛苦的回忆：旧社会，他从小讨饭、帮工，饿肚子的滋味尝够了。现在，自己当了县委书记，而父老兄弟姐妹还吃不饱，穿不暖，这是多么不应该有的事啊！人们要问，你这个县委书记是怎么当的？我怎么回答呢？

这天他接连访问了四户，都是要救济的。

总得为他们谋条生路。王业美找到公社书记王永明，问他前郢队怎么办。

王永明沉吟半晌说："看来，前郢队只有走'独木桥'这一条道。""独木桥！"王业美明白这是什么意思。

他知道这事关重大，又来到前郢队同社员们商量。社员们都说，前郢队只有包产到户才有救，就怕你县委书记不敢批准。王业美又问拉扯两个孩子的寡妇张福勤："你看包产到户行不行？"张福勤说："一个蚂蚱还能啃动一棵草呐，我娘仨种不多，可以少种一点，也比现在大锅饭饿肚皮强。"

看到这情景，王业美深深感到：农民多么可爱，他们最穷，他们不怕苦，只怕饿。我们共产党的干部不就是为他们谋利益的吗？不然，要我这个县委书记有什么用呢？他当即表态说："只要包产到户能使大家吃饱饭，我同意你们试试，不过暂时不要声张。"

1978 年 10 月，第一个包产到户就这样合乎民意地在来安县一个穷村庄出现了。

没有不透风的墙。只几个月，全县就有 78 个生产队也偷偷包产到户起来。对他们，王业美从不责怪，都积极引导。1979 年秋后的统计表明：78 个包产到户的生产队，队队丰收、户户增产；前郢队增产 43%，解放 30 年来第一次完成了国家征购任务。1980 年包产到户一下子普及到全县 94%的生产队。这一年全县粮食生产创历史最高水平。

王业美这位说话和气的县委书记成为进出农民家的常客。单是前郢队他一年就走了九趟。1980 年底，他又来到前郢。这个队 22 户人家几乎家家都住进了新瓦房，张福勤也找了对象，建立了新家庭。九妹家两间破草房不见了，代替它的是三间土墙瓦顶的新房。床上醒目地叠了三床花被子。九妹一家要留王业美吃顿饭，王业美风趣地说："不行呀！你不再唱甩鼻涕歌给我听就算好的了。"九妹笑着说："如今鸟枪换炮了，谁还哭鼻子呀？"王业美说："不要言过其实，只能说有所改善，但还不够富裕。要把多种经营搞起来，明年再来个大丰收，春节我到你家过个肥年！"

文中唯一遗漏的是王业美所经受的压力。当时中央文件中虽然规定"也可以"联产计酬到组，超产奖励，但又明确规定"不准包产到户、分田单干"。1979 年春天，县委机关有人写信举报王业美大刮单干风。王业美无怨无悔，坚决站在领导前沿，带领农民坚持包产到户。考虑到当时的历史条件和县委机关的团结，记者未予公开报道。

当时记者没有意识到，前郢队可能会是中国包产到户的源头，更没有意识到它的深远意义。四年后的 1985 年初我即调到安徽工人报社，与农村联系越来越少。随着时间的推移，媒体的视线集中到小岗村，把小岗村报道成中国包产到户第一家。但是综观这些报道可以看出，小岗村 18 户农民按手印暗中搞包产到户（或曰大包干）是在 1978 年 12 月份，这比前郢队晚了一个多月。当小岗队实行包产到户的时候，来安县在前郢队的影响下，已经有几十个生产队包产到户了。

两个有力的佐证

经过媒体报道宣传，小岗村名闻国内外。记者虽时有行文质疑的念头，终因事关重大而不敢贸然提笔。1998 年 8 月，我在报社谈改革开放 20 周年宣传构想时，首次向报社同仁公开了自己的观点，并打算进行一次实地考察，可惜一直未能成行。直到 1998 年 12 月中旬，在一次会议上遇到新华分社社长沈祖润，他曾多次采访小岗村。作为老朋友，我坦率地谈了自己的看法，并征求他的意见。他说："从时间上看，前郢队的确比小岗队包产到户早一两个月，王业美活着的时候（1988 年逝世）曾向我表述过，但小岗已名声在外，不好改变，就像工商注册一样，前郢队晚了一步。"

今年元月 23 日，记者在一次朋友聚会中巧遇省人大原副主任陆子修（他曾任滁县地委办公室主任、地委书记），多年未见，一见面我就对他说："早就想向您核对一个历史事实，第一个包产到户的队究竟是凤阳的小岗还是来安县的前郢？"陆老哈哈一笑说："当然是前郢队啦！我前天在《安徽日报》发文谈了这段公案，前郢是县委书记王业美领导、支持农民干起来的，比小岗包产到户早一个来月。”

从记者亲身采访，从沈祖润和陆老的谈话、文章中可以得出结论：中国20世纪70年代末包产到户源于来安县前郢村，凤阳县小岗村是第一批包产到户生产队之一。

小岗、前郢相映生辉

那么，肯定了前郢队在中国农业生产责任制发展史上的源头地位，是否意味着小岗的黯然失色呢？绝不。记者认为，前郢、小岗包产到户虽有早晚月余之别，但都是当代中国农民改革创举中千古流芳的典范，犹如双星并照，相映生辉；犹如两花齐放，争奇斗妍。

小岗的特色是，农民在暗中先干起包产到户来，然后被领导发现、承认、支持、推广。18个农民按手印，天塌下来大家顶，已成为当代中国农民改革精神的生动写照。何等壮烈，可歌可泣！

前郢队的特色是，县委书记主动带领农民探索改革、致富之路，冲破“两不准”的禁令，无怨无悔，敢作敢为，大胆领导农民实行包产到户，体现了共产党的一级组织在这一伟大变革中的重要作用。何等美丽，可钦可敬！

（1999年3月28日《安徽工人报》,《合肥晚报》周末刊）

删繁就简　继承发展

——旧体诗改革之断想

自齐梁沈约、周颙等创立声律说，与晋宋诗的对仗形式有机结合催生了格律诗以来，已逾千五百年。经过漫长历史风雨的洗磨与锤炼，旧体格律诗成为光耀我国诗坛和中华文化宝库的一颗璀璨明珠，显示了其顽强的生命力和艺术魅力。但是，由于这种诗体产生的时代距今比较遥远，由于其比较复杂严密的格律形式，由于其受时代地域所限带来的声韵差异，这种诗体不易被今人掌握，并对今人诗歌创作具有一定的束缚作用，因此必须改革。这里仅就格律诗体改革谈几点断想。

改革之路

五四运动迄今百年。旧体诗伴随社会的变迁，经历了一条曲折艰难的延续和改革路程。

（一）鄙视取消期

五四新文化运动高举反封建大旗，对腐朽没落的封建文化发起猛烈的攻击。但是打击面宽了，在这股潮流的猛烈冲击下，旧体诗词也成为被批判、打倒的目标。舆论冷落、鄙视它，不加分析地给它扣上“封建文学、贵族文学”的帽子，甚至视格律诗与裹小脚为“同等的怪现状”，主张将格律诗通通废止，以自由白话诗取而代之。

著名新诗人、爱国诗人闻一多说过，写旧诗的人，多是遗老遗少，甚至是汉奸如郑孝胥之流。

著名旧体诗人、南社创始人柳亚子 1942 年发文称：旧体诗 50 年后一定绝迹，因为 50 年后连平仄也没人懂，怎样作旧诗呢？

这个时期一直延续到新中国成立前夕。自由白话诗一跃成为我国诗坛盟主，旧体诗被放逐边缘，并从我国现代文学史书上销声匿迹。

（二）改革探索期

旧体诗的生命力并未因一场运动的冲击而完全丧失，而是以自己独特的方式顽强地延续，并在某些特定时期出现创作的波峰。如抗日战争时期的抗战诗，“文革”中牛棚诗、忧愤诗乃至天安门广场诗等。特别是像鲁迅、郭沫若等大文学家和毛泽东、陈毅等一批著名革命家都写出许多脍炙人口的旧体诗。因此，尽管旧体诗处于被放逐诗坛边缘的地位，但却是一个不容忽视的客观存在。新中国成立后，有人主张在肯定旧体诗的同时，对其进行必要的改革创新。这方面有三点值得重视。

（1）主张向民歌靠近。特别是1958年大跃进时期，民歌创作掀起高潮。有人主张旧体诗向民歌靠近，只要朗朗上口、五七言形式就行。毛泽东当时说过：“中国诗的出路，第一条是民歌，第二条是古典。——现在的新诗不成型，没人读。反正我不读新诗，除非给我一百大洋。”直到今日，广西诗人林丁冬先生提出“歌诗相容说”，正在探索格律诗与民歌融合之路，正所谓“刘三姐嫁王力”。

（2）主张新格律诗。意即吸收旧诗的某些格律形式创作新诗。早年闻一多就提出过新诗格律化。20世纪50年代末，著名诗人、诗论家何其芳提出“现代格律诗”，主张借鉴五七言诗的顿数和押韵的规律化，而不是照抄旧体诗句法。在笔者印象中有这样一首诗颇具代表性：

蓝天罩着大海，
黑水托着孤舟。
远，看不见山——天边只有云头；
近，看不见树——水上只有海鸥。

此乃新诗但又具鲜明的句式对仗和韵律：蓝天对黑水，大海对孤舟，远对近，山对树，天边对水上，云头对海鸥；上下句基本平仄相对；全诗押一个平声韵。

（3）主张新诗韵。鉴于旧诗韵产生于当时历史条件下受地域语音的限制，没有统一规范的标准语音，对于以普通话为主要语言交流方式的今人来说，旧诗韵显然不适应了。所以不少诗家、学人主张旧体诗改革首先从声韵开始，以普通话诗韵取代旧诗韵。这一工作卓有成效，突出表现在20世纪60年代编辑出版了《诗韵新编》，发行数十万册。

（三）复苏回归期

从“文革”结束至今，虽说旧体诗的改革探索并未停止，特别是近年来这方面的论述明显增多，但从总体上看，这20多年应是旧体诗的复苏回归期。或许一些诗家以为，反正旧体诗改革尚未取得共识，不如仍照旧章，“勒马回缰写旧诗”（闻一多语）。此间全国各地的诗协、诗社、诗会如雨后春笋，旧体诗刊物也大量涌现，旧诗词创作空前繁荣，单从数量上看大大超过全唐诗；

创作队伍达数万人，队伍的主体是受旧体诗教较深的老年人，也有部分中青年加入。作者大都依照旧格律，有的同志甚至对新诗韵不屑一顾。所以这个时期的旧诗创作繁荣有余，改革气氛不足。

改革方针

可将旧体诗改革概括为“删繁就简、继承发展”八字方针。

我们注意到，即使在鄙视取消期，也有一部分人坚持写旧体诗，并取得辉煌成就；我们也注意到，即使在复苏回归期，青年一代写旧体诗的也为数甚少。这就告诉我们，旧体诗一方面要继承，一方面要改革。

对旧体诗必须继承，不能排斥，更不能取消。植根于厚重中华文化土壤中的格律诗所独具的声韵美、形式美、意境美、灵性美，是其他诗体无法取代的。正如毛泽东同志 1965 年所说：“旧体诗要发展，要改革，一万年也打不倒。”对这一中华文化瑰宝我们要十分珍惜，只能继承，在继承中改革，在改革中发展。所谓改革、发展，不是改出一个根本别于旧体诗的新体，而是在不触及旧体诗基本形式前提下，将其改造得便于今人（特别是青年人）所掌握，从而壮大创作队伍，推动创作更加繁荣。

就诗体而言，改革之要是删繁就简，即将旧诗韵按普通话语音并声并韵，将旧格律形式的复杂规定适当删削，使之便于今人运用和诵读。

改革重点

（一）声韵从新

诗除了供作者自娱自遣外，主要是供人诵读的。今人诵读当用普通话。旧诗韵产生的时代不可能有全民族统一规范的标准语音。声韵逐步走向统一这是历史的必然。旧诗韵也是由切韵—唐韵—广韵—集韵—平水韵一步步演进的，由原来的 206 部并为 106 部。普通话只有 35 个韵母。诗韵若能与普通话的声韵同步，当是历史的进步，文明的进步。

如今能按旧韵写又能按旧韵吟的人不多了。

朱雀桥边野草花，乌衣巷口夕阳斜。旧时王谢堂前燕，飞入寻常百姓家。

“斜”普通话读阳平 xie ，旧韵读阳平 xia 。

“文革”中，广播、电视里播送毛泽东诗：“一从大地起风雷，便有精生白骨堆。僧是愚氓犹可训，妖为鬼蜮必成灾。金猴奋起千钧棒，玉宇澄清万里埃。今日欢呼孙大圣，只缘妖雾又重来。”无一例外，播音员每次都把“雷”

“堆”按普通话读 ei 韵，与“灾”“埃”“来”的 ai 韵相去甚远，听起来别扭。

这样的例子太多。看来声韵必须从新。以平声韵为例，旧诗韵中的东—冬、鱼—虞、真—文、萧—肴—（豪）、庚—蒸—青、覃—咸—寒—删—先—盐，等等，都可合并。在旧诗韵的某一韵部里，也有许多字与今普通话读音不同，应分别按普通话声韵归属。旧韵入声字则分别纳入普通话四声。这方面《诗韵新编》值得推行。近年《中华诗词》致力于声韵改革卓有成效，在《中华韵府》《中华今韵》基础上，编印了《中华新韵（14 韵）》。这种新诗韵连三年级小学生也不难掌握。

（二）韵脚分明

无韵非诗。韵律造就了旧体诗独特的音乐美。即使新诗，没有韵人们也不敢恭维。旧诗不管怎么改，押韵是必须继承的。第二、四、六、八句尾必须有一个鲜明的韵脚。阴平、阳平可以平韵通用，但在同一首诗里平仄韵不能混。不过句内避免同韵字的规定（即大韵、小韵）没有必要。如白居易：“远芳侵古道，晴翠接荒城。”晴、城同韵有何不可。

（三）平仄相间

句内字声的平仄相间也是格律诗用字一大特色，可达汉语四声之抑扬顿挫、婉转和谐之妙。但古人对此又定了许多复杂规矩，什么三平脚、三仄脚、孤平、蜂腰犯忌，四声递用等。不必这么讲究，句内一、三、五字平仄不论，二、四、六字平仄分明就可以了，也就是说一句诗里第二、四、六字平仄相间，仄—平—仄或平—仄—平。

古人作诗也不是那么拘泥于规定的。

　　　　　—｜｜｜｜
孟浩然：“人事有代谢，往来成古今。”一平四仄。

　　　　　｜｜—｜｜
白居易：“野火烧不尽，春风吹又生。”孤平。

　　　　　｜｜｜｜｜
李商隐：“向晚意不适，驱车登古原。”全仄。

（四）大体粘对

格律诗十分讲究上下句的平仄相对和前后联的平仄粘连，规定也十分具体，不能出现平头、上尾、鹤膝等。其意在避免句式声调呆板，造成律动变化、回还往复之美。诚然，如能按粘对规则作诗很好，但也不能苛求。大体上，律诗中间应是起着承、转作用的两副对联，这一基本形式不要变，联内词语宽对即可。无论律绝，上下句平仄能对则对，失对无妨；前后联能粘则粘，失粘无碍。古人也不乏先例：

骆宾王　于易水送人

｜｜｜——　｜｜｜——　｜——｜｜　—｜｜——

此地别燕丹，壮士发冲冠。昔时人已没，今日水犹寒。

一二句失对，二三句失粘。

崔颢　长干曲

———｜｜　｜｜｜——　——｜｜｜　｜｜｜——

君家何处住，妾住在横塘。停船暂借问，或恐是同乡。

二三句失粘。

孟浩然　春晓

——｜｜｜　｜｜——｜　｜——｜—　—｜——｜

春眠不觉晓，处处闻啼鸟。夜来风雨声，花落知多少。

二三句失粘。

王维　送元二使安西

｜——｜｜——　｜｜——｜｜—　｜—｜｜｜—｜　—｜———｜—

渭城朝雨浥轻尘，客舍青青柳色新。劝君更尽一杯酒，西出阳关无故人。

二三句失粘。

李白　金陵凤凰台

｜——｜｜——　｜｜———｜—　———｜——｜　｜｜———｜—

凤凰台上凤凰游，凤去台空江自流。吴宫花草埋幽径，晋代衣冠成古丘。

——｜｜——｜　｜｜——｜｜—　｜｜———｜｜　——｜｜｜——

三山半落青天外，二水中分白鹭洲。总为浮云能蔽日，长安不见使人愁。

二三句失粘，四五句再失粘。

白居易　浪淘沙

｜｜——｜｜｜　—｜——｜｜—　—｜｜——｜｜　——｜｜｜——

借问江潮与海水，何似君情与妾心。相恨不如潮有信，相思始觉海非深。

一二句失对。

以上举例都是著名诗人的著名诗篇。如此出格也丝毫未影响其成为名作，照样为千古所传诵。今人又何必拘泥于那么多粘对的规定呢？

曹雪芹在《红楼梦》中借林黛玉之口表达了其对格律诗的重要观点："……不过是起、承、转、合，当中承转，是两副对子，平声的对仄声，虚的对实的，实的对虚的。若是果有了奇句，连平仄虚实不对都使得的。""词句究竟还是末事，第一是立意要紧。若意趣真了，连词句不用修饰，自是好的：这叫作‘不以词害意’。”且《红楼梦》开篇绝句“满纸荒唐言，一把辛酸泪！都云作者痴，谁解其中味”中，一二句失对，二三句失粘。

曹雪芹的观点具有改革精神。所以说，今天作旧体诗，重在意趣，形式上大体依格依律就行了。仅就诗体形式而言，改革重点归纳为四句话：声韵从新，韵脚分明，平仄相间，大体粘对。当否？求教于各位诗家。

（《安徽吟坛》2007 年第 29 期）

写真编

濡毫着意写春光

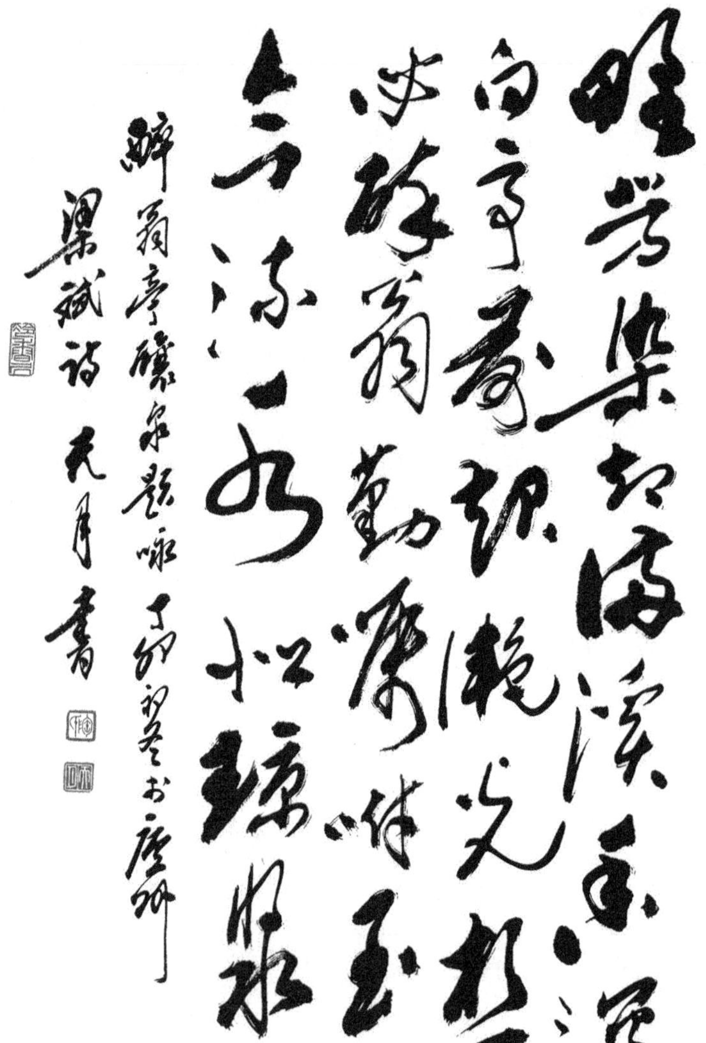

【通讯】

健康·友谊

——亚非学生疗养院散记

朝霞洒遍北京秀丽的西山，山脚下一片宫殿式的建筑沐浴在橙色的霞光里，飞檐上的琉璃瓦反射出珍珠似的光彩。雕在屋顶上的一只只健美的和平鸽展开翅膀，迎着漫天的红霞，好像要腾空飞翔，把健康和友谊的信息传向四面八方。走进正门，可以看到一个栩栩如生的少女塑像——这少女也仿佛是用朝霞做成的——她高举鲜花，热情地挥舞着，欢迎那来自远方的客人。

这就是国际学联亚非学生疗养院。

亚非学生疗养院是国际学联委托中国学联建立的。这是一所拥有 288 个病床的结核病疗养院，每间病房有两张舒适的床位，所有的病房都向阳。早晨，疗养者可以步上阳台，呼吸新鲜的空气；傍晚，可以凭栏远眺，欣赏那西山的翠林。从 1954 年建院以来，已经接纳亚非十九个国家两千多名学生前来疗养，有一千九百多名已经带着健康的身体和中国学生及医务人员的深情厚谊回到了学习岗位。

亚非学生疗养院是健康和友谊的乐园。

生命的恩人

“你们是生命的恩人!”朝鲜学生这样称呼疗养院的医务人员。“生命的恩人”这也是每个疗养者深切感受到的。中国大夫和护士们把病人的生命看作自己的生命，自愿地把自己的血液输给外国朋友。他们的鲜血流入蒙古学生西尔奥特的血管二千一百毫升，流入印度学生留波伊的血管八百毫升。鲜血凝结着友谊。

留波伊的父亲来信说：“我感谢你们对我儿子的治疗和亲切关怀。我对中国人怀有高尚的想法，寄予很大希望。这并不仅仅有亲友在中国的印度人有这种感受，就是一般印度人也都有这种感觉。不管在什么情况下，这种兄弟般的感情都不准遭到任何破坏!”

另一个印度学生米兰在输血的当天晚上就给疗养院里的中国学生写了友好

的书信。他在信中说：“现在我的身体里已有中国友谊的血液在流动了。我很感谢中国的朋友们，如果将来我能做点事情的话，我将为加强中印两国人民的友谊而努力。”

护士是疗养者的姐妹，外国同学从来不称呼她们“米斯”（护士小姐），而称呼“西斯特尔”（护士姐妹）。清晨，当病房还悄无声息，疗养者刚刚睁开蒙眬的眼睛，便可以听到护士姐妹熟悉的脚步声。“你们好！”护士为他们送来了新的一天第一声亲切的问候。晚上，患者已沉入睡乡，勤恳的护士轻轻地从一间病房走到另一间病房，给他们盖好被子，放下蚊帐，然后再熄灭房间里柔和的灯光。进餐时间到了，护士姐妹为各国学生送来适合他们口味的民族饭菜。遇到重病号，护士常常彻夜不眠，守在病人身旁。在中国姐妹的亲切护理下，瘦的变胖了，胖的变结实了。尼泊尔学生克拉刚入院时，瘦得皮包骨头，体重不到四十六公斤，每天都发烧到38℃以上。经过两年的疗养，他治好了病，长胖了，体重增加到六十公斤。出院那天，原来的裤子怎么也穿不上，疗养院还特地为他制了一身新衣服。临别时，克拉紧紧拉住一直护理他两年的护士哭了，他用不熟练的中国话呜呜咽咽地说：“有些护士把病人当作废物修理，而你们……你们像亲姐妹一样疼我，爱我……”

当那西山的晚霞消失，常常可以看到护士伴陪着病人在花园里或林荫道上散步。这时候，护士便唱起自己编的歌：

我们是白衣战士，
来自中国的四面八方。
为了亚非青年的健康、友谊，
献出我们的青春和力量。

是的，正是这些白衣战士日夜辛勤的工作，使疗养者恢复了健康。她们是生命的恩人！

友谊的鲜花

疗养院的花园里盛开着各种鲜花，而鲜花、垂柳、绿瓦又把疗养院打扮成一座美丽的大花园。有人用诗歌赞颂它，有人用摄影机把美好的镜头留下来；而来自非洲的学生阿达姆却要用他神奇的画笔把疗养院的美表现在纸上，他说只有绘画才能饱和他内心的感情。但是阿达姆开始不会画。有一天，护士给他送来了两瓶蔷薇花，供他素描，还向他介绍了一位也在疗养的中央美术学院的学生。从此，阿达姆天天向他的中国朋友学习画花草，不到两个月就画完了两本画卷。疗养院赵云清院长参加第七届世界青年与学生友谊联欢节从赫尔辛基回来后访问了阿达姆。赵院长看了他的画，夸赞他画得很逼真，还送给他一枚联欢节的纪念章。阿达姆指着自己的画和两瓶鲜艳的金蔷薇说："这不是普通的花，这是联结我们的友谊之花！"

是的，友谊这朵永不凋谢的鲜花到处开放。

友谊的鲜花开放在朋友之中。在这里，每个外国同学至少都有一个中国朋友。法尔曼这样谈到他和中国朋友的友谊，他说："有些作家认为爱人之间的友谊是最纯洁最伟大的，我不知道，也许我们是最伟大的爱人，要不，就是那位作家说错了。"

为了获得表达友谊的共同语言，许多人都热衷学习中文。中国朋友成了他们的知心教师。有一次阿达姆问他的中国伙伴："在中文里'树'和'书'读音近似，它们究竟有什么区别？"他的朋友为了使他很快明白这两个字的含义，就在纸上画了一棵树和一本书。现在阿达姆已经能听中文广播了。今年九月九日早上，他突然从房间里跑出来喊道："朋友们，我从广播里听到中国空军把美制'U2'间谍飞机打下来了，打得真妙哇！"说着，他又拉住人们围住收音机，等着听第二次广播。

友谊的鲜花也开放在文娱活动中。日斜西山，晚风习习。疗养院里的林荫道上，朋友们携手漫步，关切地询问着对方的健康。还有更多的中外同学手牵手走进娱乐厅。在那里，朝鲜姑娘在拉小提琴，越南姊妹在弹曼驼铃，热情的非洲朋友和蒙古兄弟正高兴地玩乒乓球，还有些外国同学围住中国朋友学习拉二胡。整个大厅荡漾着青春、健康和友谊的旋律，年轻的疗养者陶醉在无限的欢乐里。

中国电影对外国同学来说有更大的吸引力，如果是放映中国影片，每个人都不愿失去机会。阿达姆对他的朋友说："我十分欣赏中国影片，像《战上海》《洪湖赤卫队》那些打击帝国主义和反动派的电影，我都看了，真够劲！"

在每月一次的晚会上，年轻的朋友们都身着心爱的民族服装，跳起民族舞蹈。看吧，风琴手把拉开的风箱紧紧地贴住胸脯，在他热情的伴奏下，姑娘们旋风似的舞蹈起来。常常，大家都跳中国舞，唱中国歌，大家最感兴趣的是《东方红》和《洪湖水浪打浪》。北京大学、清华大学等高等院校的文艺团体有时也出现在晚会上。今年八月，东方歌舞团、中央民族歌舞剧院的演员还特地为疗养者表演了精彩的歌舞节目。中国著名女高音歌唱家刘淑芳演唱的印度尼西亚民歌《宝贝》获得了一阵又一阵的掌声。演员们还和尼泊尔姑娘一块跳起优美的尼泊尔民间舞蹈。

友谊，这朵不败的鲜花永远开放在亚非学生疗养院里，永远开放在亚非各国学生的心田里！

远方来信

一批批疗养者带着健康的身体和中国青年的珍贵的友谊出院了。他们友好的书信像雪片似的飞向疗养院。健康和友谊的种子正在他们心里发芽、开花、结果。

朝鲜同学来信说："在中国的怀抱里，我们正紧握千里马的缰绳，抖擞千里马气概，奔向社会主义的高峰。"印度学生沙哈刚回到家就写来充满感激的信，他激动地说："我的心永远靠近你们，你们挚诚的努力最后获得了胜利——挽救了我的生命！你们的友谊给我的生活带来新的希望和鼓舞，因此我对你们的感激是无穷尽的。"

不久以前，吴鸣吉大夫收到出院回国的越南姑娘范月娥寄来的照片。照片是在稻田里插秧时拍摄的。照片上，姑娘的双脚站在水田里，有力的双手拿着禾苗，美丽的脸蛋对人们微笑着，照片下面歪歪斜斜地写着几个中国字：

"健康的标志，友谊的结晶！"

（此文采写于1962年9月27日，为在北京广播学院新闻系的习作）

【配音通讯】

白衣红心李月华

（音响：急促的救护车鸣笛声）

［解说］

一九七一年八月三十一日上午，一辆白色的救护车，从泗县丁湖公社医院开出，急驰在通往县城的公路上。

车上的病人叫李月华，是丁湖公社医院的医生，由于带病抢救一个产妇，她的病情加剧了。守护在她身边的三个人，紧锁双眉，焦虑不安。听说李医生病危了，干部和群众纷纷赶来探望。公社领导中断了正在召开的党委会，马上赶到医院。这时，看着远去的救护车，人们久久不肯散去，几位老人难过得掉下了眼泪说："李医生，俺都盼望你好着回来啊！"

一个普通的农村女医生，怎么会受到人们这样的疼爱和关切呢？用丁湖公社一位老贫农的话说："她李姨，俺庄户人家离不开您啊！"

（音乐起）

一九五九年的严冬，泗县卫生科要组织医务人员下乡普查流行病，消息传来，静悄悄的曹场公社医院，忽然喧嚷起来，医生和护士们议论纷纷。

共青团员、保健员李月华特别振奋，那闪亮的眼睛里洋溢着激动的神采。（乐止）［实况］

李："我提个建议吧，这次下乡，大家都穿工作服，一身雪白雪白的，才像个白衣战士呐！"

群甲："哟，看你想得多美！李月华，你不要高兴得太早了！"

群乙："我说小李，你那身子沉，你去不了。"

（爽朗的笑声，音乐起）

［解说］

当天晚上，李月华下班回家，坐在窗前沉思。她回想起自己从一个农村贫苦医生家庭出生的苦娃娃，成长为贫下中农的保健员，党和人民花了多少心血啊！这次下乡是经受锻炼和学习的好机会，自己应该以怎样的姿态下去，才不辜负党和人民的期望呢？

夜幕徐徐降临，窗外阵阵寒风。李月华想着想着，眼前浮现出一个高大的身影——她仿佛看见白求恩正在冒着枪林弹雨紧张战斗。（李低声自语）“白求恩同志毫不利己、专门利人的精神，表现在他对工作极端的负责任，对同志对人民极端的热忱。这就是我要走的道路，难道我怀了孕，就不能参加战斗……”

（推门声）

小王：“小李……”

李：“哦，小王，下去的人员定下来了吗？”

王：“定下来了，没有你。”

李：“啊，为什么？”

王：“区医院梁院长说你怀孕快六个月，走村串户不方便，要留在家里。”

李：“留在家里？那怎么行呢？”

王：“小李，你还是留下来吧！”

李：“不，我明天就找梁院长去！”

［解说］

第二天一早，李月华就顶着寒风，踏着白霜，一口气赶到区医院。

（急促的敲门声）

李：“梁院长！”

梁：“谁呀？（推门声）噢，小李，这么早来，出了啥事啦？”

李：“梁院长，给你提个意见，你为什么不让我学习白求恩？白求恩的道路我是走定了。（梁插话：“唔，那好啊！”）白求恩头发都白了，还跑了一万多里路到中国来，帮助我们闹革命。我是青年人，走几个村子查查病，有啥了不起！”

梁：“噢，原来是这么回事。小李呀，白求恩，大家都要学。可干什么事都要从实际出发嘛，你想过没有，这次查病，要跑不少路，跑不少日子，天又冷，你那身子……”

李：（连忙打断，恳求地）“梁院长，让我去吧！那丁点儿困难我能克服嘛！”

梁：“嘀，你这小鬼，真拿你没办法……”

李：（边说边笑）“唔，你答应了，我走啦！”（渐远的跑步声）

梁：（感叹地）“这个年轻人，嗨……”

［解说］

普查疾病的工作，持续了三个多月。李月华拖着一天比一天沉重的身子，忙个不停。白天，她挨家挨户检查病人，问寒问暖；晚上，人们睡了，她还在灯下化验。她累得两眼布满了红丝，两条腿肿得发亮。可她始终情绪饱满。

普查工作快结束的那几天，李月华正在巩沟大队查妇科病。有一天，她看完几个病人，觉得肚子痛。(轻声呻吟)

医生："小李，你怎么啦?"

李："呵，没有什么。"

医生："八成要生了，找人送你回医院去吧！"

李："不！还有几个病人没看完。你们男同志看妇科病，人家有点不习惯，还是我来吧！"

医生："不行，工作我们想办法干好，你快回医院去！（转呼）大爷，我们这儿李医生临产啦，你的手推车借给我们用用，送她回医院去。"

大爷："噢，这可得抓紧时间那！走，快上车吧！"

[解说]

大伙硬把李月华扶到车上。(实况：手推车的声音）在朦胧的夜色里，老大爷飞快地推车赶路。

大爷："李医生，这几个月你们忙得够辛苦啦!"

李："这是我们的责任。广大社员战天斗地才真辛苦呐!"

大爷："我说李医生，你也太不注意自己的身体了。"

李："没有啥，大爷，你老人家身体还好吧？"

大爷："苦水里泡了大半辈子，早先有些病，你们给治好啦，这几年身板骨还挺结实。李医生啊，这次普查，许多乡亲的病都治好啦!"

李："不过我们做得还很不够，离党和人民的要求差得远哩!"（小车声渐隐）

[解说]（乐起）

初春的夜晚是那样的宁静。月光洒在嫩绿的麦苗上，田野里散发着新翻泥土的香味。李月华和老大爷说着话，好像没想到自己已经临产似的。听着她那热情恳切的话语，老大爷想起了李月华为他们防病治病的日日夜夜。他深情地说："好闺女，你真是毛主席教育出来的好医生啊!" 小推车飞快地前进着。李月华在学习白求恩的道路上，迈出了坚定的第一步。(音乐渐止)

一九六〇年初夏的一个傍晚，李月华正在曹场医院门诊室值班，忽然来了一个急诊病人。根据诊断，病人必须立即住院。但是，这个医院只有四张简易病床也早已住上了人，而且医院里没有治这种病的药。李月华只好请病人转院。病人失望地走了。走到门口，又回头恳切地说："李医生，你们怎么不想法子盖几间房子、添些药品呢?"

望着病人渐渐远去的背影，李月华的心头像扎了根针！病人深情的责备、失望的神情，勾起了李月华对往事的回忆：(音乐起)

那是她刚调到曹场医院的时候，曹场医院缺医少药，全院只有五间矮草房，还是借来的，门诊室里空空荡荡。看到这种情况，当时李月华曾经立下志向：要和同志们一起用自己的双手改变曹场医院的面貌，更好地为贫下中农服务。一年多来，她一直在操心，在规划。由于种种原因，规划没能落实。李月华总是搁着一桩心事。

今天又有病人失望地离开了医院，这怎能不叫李月华难过呢！深厚的感情，强烈的责任感，像一团火，在她心里燃烧！

第二天，李月华找同志们商量，共同规划曹场医院美好的前景。她详细讲述了怎样办好药场，怎样积累集体资金，争取尽快地修建房屋，添置设备，把大伙的心都说动了。大家一致赞同她的想法，上级领导也表示支持，要李月华画一张规划图。就在这一年，区党委决定让李月华担任曹场公社医院院长。

李月华一听说要她当院长，急得满脸通红。她又找到了区医院院长、党支部委员梁家孝同志。

李：“梁院长，我还年轻，毛手毛脚的，哪能当领导呀！”

梁：“小李呵，党组织信任你，群众支持你，你就大胆地干吧！”

李：“咱医院的工作挺复杂的……”

梁：“那正是考验锻炼自己的机会嘛！今后，你要记住两条：依靠党，依靠群众……”

李（默念：）“依靠党，依靠群众……”

李月华在同志们的帮助下，终于绘制成一幅美好的曹场医院的规划图。同时，她怀着激动的心情写了一份入党申请书。规划图和申请书，融入了李月华宏伟的革命理想，凝聚着李月华火热的革命激情！上级党组织多次鼓励她，帮助她，李月华干得更欢了。（乐起）

经过两年多的努力，曹场医院的药场越办越兴旺，收获了大量药材；同时积累资金一万多元，盖起了五间新瓦房，添置了显微镜等医疗器械。曹场医院焕然一新。

医院搬进新房子那天，周围的社员群众闻讯赶来。他们看着宽敞的病房、门诊室，看着闪闪发亮的显微镜，又看到李月华消瘦的面庞，无不感动地说：“李医生为俺们操了多少心啊！”（乐止）

一九六四年七月，领导上调李月华到马场公社医院当院长。还没到任，因工作需要又改调到红塔区医院当医生。李月华，这颗革命的种子，放在哪里，就在哪里生根、开化、结果。用她自己的话说：“当院长当医生都是为人民服务。党把我从一个不懂事的苦孩子，培养成人民的医生，我的一切都是属于党的，党叫干啥就干啥。”她很乐意地到红塔区医院当医生。

党组织对李月华的成长十分关怀，一九六五年又把她送到宿县地区医院进修。

李月华只有初中毕业文化水平，没有上过医科学校，只是十五六岁时跟着父亲学过一些简单的西医知识。走上工作岗位后，她就感到不能满足群众的需要。现在，要她到地区医院进修，她多么激动啊！李月华在地区医院以惊人的毅力，不知疲倦地进修了一年零两个月，她从一个只能处理一般妇产科疾病和一些农村常见病的保健员，变成了一个技术比较全面的医生。

一九六六年九月，进修结束，她被分配到她爱人赵斌当院长的泗县草沟区医院。

一九六七年八月的一天中午，快下班的时候，张集大队社员石德先和爱人马翠萍抱着个婴儿，直奔门诊室。婴儿面色苍白，口吐黄水，奄奄一息。李月华和同志们立即进行了会诊。

李："根据诊断，孩子得的是肠套叠，必须马上动手术！"

医甲："肠套叠……李医生，咱医院条件差，赶紧让他转院吧。"

李："不能！病人就怕我们说'转院'两个字。我们不能把病人往外推！"

医乙："对，我们要想尽一切办法抢救！"

医丙："李医生，婴儿只有四十八天，这个风险我们不能承担！"

医甲："李医生，这手术我们没有做过啊！"

李："困难是不少。这样的手术我在地区医院见习过，只要我们胆大心细，紧密协作，一定能够克服。现在孩子病情危急，转院来不及。时间就是生命！主刀，我来承担！"

医乙："好，李医生，我来做你的助手！"

[解说]

抢救开始了。这在大医院里也许不算什么复杂的手术，可是在设备简陋的草沟医院，对于李月华他们这几个年轻人来说，却是一场磨炼毅力和智慧的硬仗。李月华整个身心都扑在手术上了。她凝神屏息，忘记了周围的一切。打开腹腔一看，不觉打个寒噤。

李："大肠已经有五处充血发紫，再耽搁一些时间要坏死，孩子就没救了……"

医甲："充血的肠子如何处理？"

李："大家的意见呢？"

医丙："是否截肠？"

李："不行，孩子太小。"

医乙："李医生，我建议用纱布蘸盐水温敷……"

李："好，就采取这个办法。"

[解说]

手术进行了两个多小时，肠子由青紫变成了粉红色，……婴儿得救了！

做完手术，已经下午三点多了。李月华感到头晕，慢慢变得脸色焦黄，豆大的汗珠滚了下来，赶到家里就晕倒在床上。赵斌忙着给她灌糖水，才慢慢恢复过来。

赵："月华，现在好些了吧？"

李："老赵，我没什么……"

赵："我说，月华，你的胆子也真大！我的心一直悬着，你怎么敢承担这个手术的？"

李："看到婴儿的病情，我满脑子想的是抢救小孩，就没想到什么'怕'字。现在才有些后怕呢！"（一阵笑声）

[解说]

李月华像一部开足马力的机器，不论是上班，还是在家，病家一叫就出诊，病人一到就看病；正在和面做饭时，把手一洗；正在吃饭时，饭碗一推；正在睡觉时，马上起身。一些大娘、嫂子、姐妹们看着李月华的眼睛深陷了下去，红扑扑的清秀面孔变得苍白了，她们心疼地说："看你累的，你得多注意身体呀！""你再不注意休息，俺们以后就不来找你看病了。"这些亲切的关怀，像吹进炼钢炉里的纯氧一样，更增加了李月华为人民服务的热忱。她在日记里这样写道：

"我下班回来，刚刚端起饭碗，还没有吃，病人又找到了我。我急忙放下饭碗，要给病人看病，可是病人说：'李医生，你吃饭吧，我们等一会不碍事。'这话使我深受感动。但是我们能够因为一顿饭而耽误病人的时间吗？如果那样，还怎么说完全彻底为人民服务呢？我们没有权利让病人等时间，只有千方百计方便病人，一切为病人着想。"

李月华的行动处处体现了她在日记中表达的心愿。在草沟、丁湖、曹场一带，有成百个扣人心弦的故事在群众中传颂着。

一九六九年一月二日，李月华的小女孩冠英出生了。领导关切地要她多注意休息。可是李月华总是闲不住，生下小冠英的第二天，又坐在床边上给人看病了。

就在小冠英出世的第五天深夜，（风声）外面寒风呼啸，雪花飞卷。老赵出差不在家。李月华像往常一样，披衣坐在被窝里看书，直到十一点才熄灯睡倒。

"汪，汪，汪——"（狗叫声）

（李月华自语声）“谁呀，是不是有急诊？”

（敲门声）

蒋大娘：“李医生，俺外孙子快没气了。”

李：“哦，我就来。”

（开门声、狂风卷入声）

［解说］

门一打开，李月华认出来找她的是草沟大队西南生产队的蒋大娘。雪地上留下了走来走去的一片脚印。看到这些，李月华心里明白了，蒋大娘徘徊多时，不忍心叫醒她。贫下中农的爱护，使李月华十分感动。她衣裳还没扣好，就穿上套鞋，背起药箱。

李：“大娘，走！”

蒋：“李医生，你还在月子里呢，风雪又这么大，能出诊吗？”

李：“大娘，我不要紧，快走吧！”

（阵阵风声……）

［解说］

李月华和蒋大娘顶着风雪，深一脚浅一脚地来到大娘家。

（推门声）

蒋：“丫头，李医生来了！”

蒋女：“啊，李医生来了！你看这孩子，浑身都青了，眼睛紧闭，还有一点气，能救吗？他生下来才十五天啊……”

李：“噢，看样子，可能是你睡觉不小心，把孩子捂得窒息了，我马上进行人工呼吸！”

［解说］

屋子里静静的。五分钟过去了，十分钟过去了，李月华每呼一口气都要费很大的劲，她额角上渗出了汗水。

“哇哇……”（婴儿哭声）

（孩子母亲长吁一口气）“哎呀，可救活过来了！”

李：“噢噢……哟，小家伙！”

蒋母：“李医生，忙坏你啦。快歇会儿，喝口开水，暖和暖和吧！”

李：“不！大娘，孩子窒息时间长了，还要继续治，药没带够，我这就回去拿。”

［解说］

没等大娘回话，李月华转身就走。一会工夫，又赶回来给孩子打了针。孩子渐渐安睡了。

李月华离开蒋大娘家，已经深夜两点多种。寒风一阵紧似一阵，雪下得更大了。

这一夜，蒋大娘母女俩怎么也不能入睡。

蒋母：“咱孩子十五天，人家孩子才五天！人家也在月子里，可是人家没听到‘请’字就来了，这是平常人能做到的吗？”

蒋女：“嗯，李医生，一个心眼想着俺贫下中农，她是俺学习的榜样。俺一辈子都忘不了李姐！”

[解说]

母女俩说话说到天蒙蒙亮才渐渐睡着。这时，门外又响起了李月华亲切的声音：

李：“大娘，孩子怎么样了？”

蒋母：“噢，李医生，这大早你又来了，快进屋坐。孩子好多了，还没醒呢。他李姨，叫俺怎么感谢你呢？”

李：“大娘，没有毛主席、共产党，就没有我李月华，要感谢你就感谢毛主席、共产党吧！”（音乐起）

[解说]

雪花还在飘着，漫天皆白，屋里更亮堂了。晶莹的雪光映在李月华身上，她那白色的罩衣更加洁白了，这位年轻的女医生正在成长为一个纯粹的人，一个有益于人民的人。（音乐渐止）

一九七一年四月，因工作需要，李月华和赵斌又调到丁湖公社医院。

这天一早，草沟公社的贫下中农，依依不舍地送别了自己的医生。丁湖医院里喜气洋洋。

李月华的屋子里挤满了人。她热情地接待着大家，家还没来得及安顿，就忙着给病人看病。小小的宿舍成了临时的门诊室。

从此，李月华这颗革命的种子又在丁湖公社落地生根了。

八月中旬的一天，李月华向公社党委递交了又一份入党申请书。共产主义战士，只要心跳不停，总是在为崇高的理想而战斗。一九七一年八月二十七日下午，李月华正忙碌着，突然打了个寒战。等她坚持把病人看完，自己已经烧到摄氏三十九度，面颊绯红，头痛欲裂，不停地用拳头敲打着前额。同志们关心地劝她休息，可她带着高烧，一连三天仍然坚持上班。

八月三十日，李月华不得不昏昏沉沉地躺在床上。刚蒙眬着，社员李文用拖车拉着他爱人，跑了十八里路来医院看病。

文：“李医生在家吗？俺孩子他娘病得厉害！”

护士：（低声地）“咄——李医生病三天了，刚睡下，我给你找别的医生去。”

文：“噢……”

李：“老赵，扶我一把，有病人来了。”

赵：“你，可行啊？”

李：“看你这个人，我现在清醒些了，快点！”

[解说]

李月华让赵斌搀扶着，慢慢来到病人跟前，细心检查。

文：“李医生，你也病呐！”

李：“我这不是很好吗？老李，你爱人是贫血病，我给你开点药，你放心，我病好以后再给她彻底检查。”

[解说]

谁知李文满怀希望地走后不久，李月华的病情迅速恶化了，体温升到摄氏四十度，摄氏四十一度。她昏过去，醒过来；醒过来，又昏过去。人们的心悬起，放下；放下，又悬起。经过多方抢救，仍不见多大好转。

时间飞快地过去，不知什么时候，黑沉沉的夜幕已经笼罩大地。赵斌点起煤油灯，挪到床头照了照，李月华神志恍惚地睡了。

晚上十点钟，门口传来了啜泣声。李月华睁开眼，翻了个身，朦胧中，见一个人影在门口走动。

李：“谁呀？”

丁：“李医生，我不忍心给你讲......”

李：“你不是丁持东吗？什么事，说吧。”

丁：（呜咽地）“李医生，孩子她妈产后大出血，……快没命了！”

[解说]

此时此刻，李月华心潮翻滚。也许，她仿佛又看到白求恩同志冒着枪林弹雨匆匆向她走来！白求恩不顾生命危险抢救伤员的情景，给了她无穷的力量和信心。病家恳切的话语，仿佛战斗的号角在她耳边响起。她再也躺不住了。可是她头一仰，正想起床，一阵眩晕，又倒了下去。

李：（低声坚定地）“老赵——快，扶我到手术室去。”

丁：“李医生，听说你现在高烧已经摄氏四十一度了哇！”

李：“咱医院产科医生只我一个，只要我有一口气就要尽到自己的责任。”

赵：“老丁，不要难过，救病人要紧！”

[解说]

最理解李月华的赵斌同志，咬住嘴唇，默默地、坚定地把李月华扶起，和丁持东一起左右搀着，慢慢走出门外。持续高烧的李月华，被深夜的凉风一吹，“哇”的一声呕吐了。从宿舍到手术室二十米远，吐了三次。看到李月华走进手术室，正在抢救产妇的郑海泉医生惊呆了。

郑：“李医生，你怎么来啦？”

李：“郑医生，我清醒了些，快说说产妇的情况吧！”

郑“晚上八点多钟，丁持东爱人邓彩霞产后两个小时，胎盘还没下来，引起虚脱，大出血，昏迷不醒。我采取按摩等措施，一直没有效果。想进行胎盘剥离手术，可我又不会。我，不忍心去请你啊！”

［解说］（音乐起）

郑医生噙着泪花，给李月华戴上手套，拿着煤油灯；赵斌扶着李月华来到手术台边。李月华头低垂着，眉峰紧锁，腰弯曲着，倾注毕生的精力为这个贫农女社员进行胎盘剥离手术。只见她苍白的脸上，黄豆般的汗珠成串成串地往下流，汗衫湿透了。每做一个手术动作，每坚持一分钟，李月华要付出多么大的精力啊！

（乐止）

深夜，李月华结束了胎盘剥离手术，人们把她扶到椅子上，她十分疲劳地靠着。

李：（长吁一口气）“郑医生，胎盘……完整吗？”

郑：“我检查了，胎盘完整，李医生，你要绝对休息才行啊！”

李：“完整就好。老赵，把听诊器给我，我再给产妇检查一下”

（沉默）

李：“心音很好，……哎哟……”

众：［惊愕地］“李医生！”“李医生！”“李医生！”

李：“啊，头有些晕，不要紧，我再观察一会病人！”

丁：（哽咽）“李医生，你救了俺孩子妈，我求你回去休息吧！”

郑：（哽咽）“李医生，回去吧，病人交给我！”

［解说］

李月华用信任的眼光望了一下郑医生，然后由大家搀扶着慢慢回到宿舍。刚躺到床上，忽然又想起一件什么事。

李：“老赵……刚才……刚才我忘了说，要给……要给病人……打一个星期的……青霉素，服一个星期的……长效磺胺，防止……感染！”

赵：（激动地哭出来）“月华，你放心吧！我会照你说的办！”

［解说］

赵斌说完，只见李月华迷迷糊糊睡去了。

三十一日清晨，李月华痛苦地躺在床上。赵斌和孩子守在床前。郑医生刚起床就去看李月华。

郑："李医生，好些了吗？"

李："郑医生，这两天，你们辛苦了。我退烧以后，下午就去接你的班！"

[解说]

"下午，就去接你的班！"在这样的时刻，李月华同志还在为革命工作操心呐！一句话说得人们流下了热泪。(嘀嗒嘀嗒的钟声)

时间一分一秒地飞去。半个小时以后，李月华的病情急剧恶化：瞳孔散大，眼球固定，心跳微弱，呼吸衰竭，体温表搁在李月华腋下，水银柱一直升到顶端。医院里所有的急救药品都用过了，李月华仍然昏迷不醒。

李月华带病抢救产妇、自己病危的消息传开了，门口、窗外、床前，挤满了探望的人群。

几十双眼睛迸出了泪花！几十颗心在急剧地跳动！

上午十点，一辆救护车，载着病危的李月华，载着丁湖人民的期望和担心急驶而去。

泗县医院立即进行抢救，但是已经晚了。根据诊断，李月华同志患脑型疟疾，由于在持续高烧中抢救产妇，劳累过度，出汗太多，引起脱水和酸性中毒，抢救无效，不幸于一九七一年八月三十一日下午三时四十五分光荣殉职，年仅三十三岁。

亲爱的李月华同志永远离开我们了！(音乐起，混入)

为了党的事业，为了人民的事业，为了崇高的共产主义理想，李月华同志献出了宝贵的一生！年轻的生命，放射出夺目的光辉！她那高大的形象，永远活在人们的心中！中国共产党宿县地区委员会，批准了李月华生前的申请，追认她为中国共产党党员。(乐止)

不幸的消息最先传到丁湖公社，一直在期待病情好转的人们失声痛哭。这天下午，丁湖、草沟几百户人家，很少有人吃晚饭。

丁湖公社党委召开了追悼李月华同志的大会。公社领导干部和贫下中农代表把李月华的遗体安葬在村旁的最高处。公社党委书记郭宏尤同志忍住悲痛说："李月华同志，你为我们丁湖人民而死，你的死是比那泰山还要重的！你的革命精神永远鼓舞我们前进！"

一长列花圈从李月华同志的墓前摆到墓后，从墓底排到墓顶。每一束花都表达了人们对李月华的深沉怀念，每一束花都凝聚着人们对英雄的敬仰和爱戴！人们在花圈上写下了从心坎里发出的悼词："白求恩式的医生、雷锋式的战士、党的好女儿李月华同志永垂不朽！"

不少社员带着被李月华治疗过的孩子，来到她的墓前悼念。歧李五队的李文，沉痛地对孩子说："孩子，要永远记住，这里埋葬着白求恩式的好医生李月华姨姨，她是为咱贫下中农操劳死的，咱们要永远纪念她，学习她！"

中共宿县地委作出决定，号召全区干部、群众向李月华同志学习。一个学习李月华同志的群众运动，迅速在宿县地区展开。

（颂扬的音乐，混）

共产党员们，革命干部们，工人、贫下中农、白衣战士们，擦干悲痛的泪水，立下了坚定的誓言：李月华同志，你走过的路，就是我们应该走的路！我们一定要像你那样，全心全意为人民服务；像你那样，为革命刻苦钻研业务；像你那样，为执行毛主席的革命路线勇敢战斗！为人民、为革命，鞠躬尽瘁，死而后已！

（音乐止）

（1972年8月3日安徽人民广播电台播出）

注：1972年6月，我带领广播电台采访小分队参加李月华事迹采访组。此稿与王传寿、褚水敖合作采写，由本人总撰稿。李月华由省话剧团女演员郑慧新配音。

【广播对话】

侃包产

太阳快下山了。那边大路上来了一位姑娘。她是县农科所的技术员，头一回到包山大队搞良种推广工作。姑娘来到三岔路口，咦！面前两条路，哪一条通往包山大队呢？她解下毛巾，擦擦汗，往四周一瞧，只见旁边油菜地里一位老汉正在锄草。姑娘赶忙走上前去问路。

姑娘："喂，老大爷，请问到包山大队怎么走？"

大爷："喔，你说什么？"

姑娘："我问到包山去的路怎么走？"

大爷："噢，问我太阳下山怎么还不走。姑娘，我还要再干半个时辰呢！你听说了吧，如今俺这儿实行了包产到组，嘿嘿，我老汉的积极性算是给调动起来喽！你看这油菜是我种，是我管，我要把地里的草锄个干净，再追上肥，丰收就更有指望啦。"

姑娘："呃！老大爷，我是问到包山走哪条路？"

大爷："噢，你问搞包产有哪些好处。嗨，好处可多了。早些年，哪像种地的样子，队长头遍哨子响，社员还在被窝里躺，哨子吹了两三遍，社员还在门旁看；到了地里一窝蜂，干了一半就收工；工分挣了一大串，可秋后分配不兑现；干好干坏一拉平，社员哪有积极性……"

姑娘："（笑，插话）瞧您老人家，真会说顺口溜，我是问……"

大爷："如今就不同喽。实行包产到组，超产奖励，减产赔偿，这下子可把社员的心思拴在田里啦！队长不用吹哨子，鸡叫二遍社员就下地，干活不光图快，还图好，图多收粮食。有了产量，按劳分配就有靠头了。你看这地里的油菜，那边的小麦，哪块田不是绿油油、青勃勃的！"

姑娘："大爷，您说的包产到组都很对，不过……"

大爷："谁说包产到组是分队，那是两码子事。"

姑娘："大爷，您真会打岔……"

大爷："我说的都是实话，你不信，我就……"

姑娘："我信，我信。咳，大爷，我是问到包山走哪条路才对？"

大爷："怎么，你说搞包产是倒退？姑娘，我可不同意你的说法。搞包产到组包的是集体的田，一不顾工，二不剥削，多劳多得，三者关系摆得正，这完全是社会主义的呀，怎么叫倒退呢？依我看，前几年搞穷过渡、大呼隆、平均主义，那才是驴屎蛋子外面光呢！照那样再折腾下去，集体经济不弄个鸡飞蛋打才怪呐！”

姑娘：“大爷，您说的这些政策问题，使我受到很大教育。不过，您的耳朵有点陈，所答非所问，我……”

大爷：“噢，你又问作业组怎么分？姑娘，你这个问题提得好。我琢磨着，包产不是单干，土地啦，公房啦，大农具啦，耕牛啦仍是集体所有。在这前提下，做到这么几条：一、合理划分作业组，一般五六户、七八户比较合适。太大了像个小生产队，难以管理。分组时可自愿结合，强扭的瓜儿不甜，对个别户可通过协商进行调整。二、土地、劳力、耕牛搭配要适当。三、包产指标要合理，使作业组经过努力有产可超。我们队是以近三年粮食亩产平均数作为指标的。四、要保护好集体的财产不受损失……”

姑娘：“嗨，大爷，您看太阳快下山，您只顾说个没有完，我问……”

大爷：“你还问我能不能搞大包干？嘻，姑娘，你和大爷想到一块儿啦！我琢磨，这包产到组好是好，也还有些疙疙瘩瘩的，不如干脆来个大包干一包到户。依我看，这大包干、大包干，直来直去不拐弯，交够国家的，留足集体的，剩下都是自己的，一年饱，二年富，三年就要盖仓库，好处大得很！”

姑娘（自语）：“这位大爷虽说好打岔，可他的话句句在理呀！哎哟，天这么晚，问了多少遍，还没问出个头绪来，怎么办呢？嗯，待我凑到他耳边大声问问。（大声地）喂，老大爷，我是问路的，到包山大队怎么走？（大爷：“什么？”）到包山大队怎么走？”

大爷（笑）：“嗬嗬，闹了半天你是问路的。（姑娘：“嗳！”）我耳朵背，别见笑。（姑娘：“哪里的话！”）姑娘，我就是包山大队的，你到包山干啥事去？”

姑娘：“搞科学种田。”

大爷：“看知识青年？”

姑娘（笑）：“不是，去搞科——学——种——田。”

大爷：“噢，是搞科学种田的。好哇，搞农业现代化离不开科学，好姑娘，我带路，咱爷俩一块走吧。”

姑娘：“好嘞！”

（1979 年 4 月 2 日安徽人民广播电台播出）

【通讯】

在新情况新问题面前

——宣城县农村工作见闻

最近，社会上有一些议论，似乎贯彻党的十一届三中全会精神以来，农村出了不少问题，说什么现在提出四项基本原则，是为了纠偏。三中全会以来，农村的形势究竟怎样？三中全会制定的各项农村经济政策要不要继续贯彻执行？农村各级干部怎样实行正确的领导？春夏之交，我们带着这些问题走访了宣城县。所见所闻，使我们感到，宣城人民对这些问题作出了很好的回答。

联产联出新面貌

五月的江南，正是春茶开园、早稻栽插时节。在宣城县，无论从“相看两不厌”的敬亭山到“两水夹明镜”的双桥，还是从茶香林绿的汐口到水暖鱼肥的南湖，到处是一片蓬勃兴旺的景象。起伏的岗丘上，丰收在望的麦海掀起翠波绿浪；油菜正在开镰收割；明亮的水田里，社员们正在忙着插秧；座座村庄，房前屋后，鸡鸭成群，肥猪满圈。县委书记朱景本告诉我们，实行联产计酬责任制后，今年宣城县农村有几个“从来没有”：午季小麦、油菜面积从来没有今年大，长势从来没有今年好；早稻面积落实从来没有今年这样上下满意、合乎实际；社员群众社会主义积极性从来没有现在这样高涨。

朱书记的话并不夸张。周王公社有个大房一生产队，去年全队种了三十亩油菜，土瘦不上肥，缺苗不补棵，荒了不锄草，结果只收了三百来斤菜籽。今年他们分成四个作业组，种油菜二十五亩，由于人人拿出绣花的功夫做田，油菜籽可收一千三百多斤，一个作业组的产量就比去年全队的产量还高。这个队还有六亩冷浸田，二十多年来没有下过肥，今年这块田定给了作业组耕种，每亩都下绿肥一百六十多担。全县四十多万亩早稻，全部消灭了白水栽秧的现象。红花草种得多肥料足，社员们高兴地说：“块块早稻田里都是肥老母鸡汤啦!”值得一提的是，我们刚来宣城的时候，早稻才刚刚开始栽插，当我们结束采访返回的时候，相当一部分社队已基本完成了栽插任务，时间比往年提前了七八天。

一个细雨蒙蒙的下午，我们驱车赶到了这个县最南面的山区汐口公社。汐口公社是我省年产万担茶的单位之一。著名的“汐口云雾”茶就产在这里。虽然是春雨绵绵，茶园里戴着斗篷的妇女们仍在坚持采茶。公社干部说，今年由于茶园管理得好，气温又适宜，普遍比往年长势好，叶子嫩，芽头密，比正常年景早开园五天，采摘和制茶质量也大大提高了。类似这样的动人情景，在宣城县处处可见，不胜枚举。

三中全会以来，宣城县农村形势确实大好，这是主流。当然也存在一些问题。比如，前一阵子，个别地方出现了封建迷信和赌博活动；有少数人乱砍滥伐，破坏山林等。但这些毕竟是支流。在县委的领导下，这些问题已经或正在得到解决。宣城的干部们说：“出现新问题不必大惊小怪。事物是发展的，矛盾不断出现，不断得到解决。我们的责任就是不断研究新情况，解决新问题。”

执行政策不摇摆

访问中，我们问社员干劲为什么这么大？他们回答说：“过去是吃大锅饭，别人有得吃，我也饿不着；现在真正是搞多劳多得了，雷是在自己头上打，谁不愿干！”也有不少社队干部和社员担心地告诉我们，照现在这样干下去，要不了几年农业就能上去，怕就怕政策变来变去，左右摇摆，那样大家的日子就苦了。

这是宣城人民的肺腑之言。

党的政策规定，在劳动计酬形式上，可以按定额计分，可以按时计分加评议，也可以在生产队统一核算和分配的前提下包工到组，联系产量计算报酬实行超产奖励。群众习惯地称为“可以，可以，也可以”。这三个“可以”已经深入人心，凡是多年来生产搞得好的，一般都实行前两个“可以”，凡是生产搞得不好，社员有意见的，一般都搞了包产到组。

最近，党中央提出了“四个坚持”，可是不知从哪儿吹来一股风，说前一段的政策右了，现在要变，搞“四个坚持”就是纠偏。个别同志还真的信以为真。不久前，周王公社党委副书记陈松柏同志路过和平大队，大队党支部书记迎上前去，指着手上的一份《人民日报》说：“报上登一封张浩的信，看来我们搞作业组又错了。”老陈当即回答：“报上可以发表文章讨论，但那不是中央文件，人家有人家的情况，我们有我们的情况，搞包产到组社员群众欢迎，我们当干部的可不能三心二意啊！”

少数同志对待党的政策摇摆的现象引起了县委的高度重视。县委反复强调，党的政策和“四个坚持”是一致的，党的政策要执行，“四个坚持”要做到，作业组的作用要发挥。

转变作风敢领导

去年十二月下旬的一天，汐口公社十四个大队党支部书记接到公社党委通知，准时赶到公社参加会议。会场设在公社食堂，内容是请大家吃油条，每人五根。开始，十四位大队书记“丈二和尚摸不着头脑”。吃完油条，公社党委主要负责同志问：“油条味道怎么样？油茶油好不好？油茶要不要种？”大家这才恍然大悟，一致表示，回去后一定带领群众种足种好油茶。这是怎么一回事呢？原来，汐口公社党委根据县委意见，研究决定今春在全公社范围内大种油茶。可是任务布置后，各大队都按兵不动。公社党委通过调查，发现一些大队干部认为种植油茶意义不大，不愿种。在这种情况下，公社党委没有采取过去简单行政命令的方法，强迫各大队如数完成油茶种植任务，而是召开用油茶油炸油条，采取“品尝油条”特别会议的方法，帮助各大队书记弄通了思想，自觉带领群众种植油茶二千五百多亩。这个公社华阳大队党支部书记柳旺宝和大队长刘长松，前些时候报上批判了“长官意志”，一度想躺倒不干。在公社“品尝油条”会后，他俩通过认真学习，认识到：批评“长官意志”，反对的是不顾客观实际的“瞎指挥”，绝不是不要党的领导。认识提高后，他俩深入生产队和作业组，做过细的政治思想工作，及时帮助落实了“三系杂交稻”种植计划，并针对一些地方乱砍滥伐森林的现象，组织力量，广泛宣传《森林法》，采取措施，打击贩卖竹木活动，推动了全大队生产蓬勃发展。

在宣城采访期间，我们看到，从县、社到大队、生产队，各级干部都用党的十一届三中全会解放思想、实事求是的思想路线武装头脑，敢于领导，善于领导，不因批了“长官意志”而撒手不管，也不因强调了大胆领导，又重犯瞎指挥的毛病。在周王公社周王大队，我们碰到了支书邓道明，他高挽裤腿赤脚穿着塑料鞋，正从叶村生产队召开早稻栽插现场会回来。他告诉我们，现在生产队划分了作业组，工作多了，干部不免早起晚睡，辛苦一点。不久前，周王大队召开生产队长会议，落实了早稻生产计划。后三生产队队长朱德玉带着任务回去，向各作业组布置。结果作业组长强调“自主权”，不听朱队长指挥。八十五亩早稻只想完成六十亩。老邓听到这消息，立即赶到这个生产队把作业组组长找到一起做工作。他强调指出：生产队是一级核算单位，生产计划、茬口安排等权力一律归生产队，各作业组不能自行其是。与此同时，他又帮助朱队长改进工作方法，和作业组长一起总结去年受旱双晚减产的教训，分析了全队的水源、肥料、劳力等情况，合理地落实了早稻面积。如今在宣城农村，干部叫没有权的声音很难听到。有一次，县委书记朱景本下乡检查工作，问几个生产队长："现在有没有权？"队长们都风趣地说："《六十条》上规定的权都有了，只是再没有吹哨子、打钟催人下地的权啦。"

更为可喜的是，研究新情况、解决新问题，在宣城县的干部中正在形成风气。许多社队在解决好作业组和生产队之间的关系问题后，正十分注意研究解决作业组内出现的劳力过剩以及作业组和社员家庭之间矛盾等新问题，进一步调动了社员群众的社会主义积极性，春耕生产搞得轰轰烈烈、扎扎实实。

（1979 年 5 月 20 日《安徽日报》刊登，安徽人民广播电台播出）

注：此稿与焦福伦、冯敦庆合作采写。

【通讯】

当官敢为民“作主”

——周良福顶风包产纪实

一九七九年秋，和县沈巷区人民被这样一组数字惊呆了：全区粮食面积比上年减少了三千亩，而已收获的粮食就已接近上年全年总产量，田里还有四万亩双季稻丰收在望；腾出的三千亩地全种上了花生、芝麻。光卖给国家的芝麻就超过了新中国成立三十年来的总和。

“好家伙，老周他们这一炮打得好响呀！”

人们赞扬的老周就是区委书记周良福。

这一响炮就是顶风搞包产。

用周良福的话来说，放这一炮是逼出来的。“四人帮”倒台后，区委曾经下过决心，带领群众尽快打个农业翻身仗。哪知一九七七年就来个大减产，一九七八年秋收后不到三个月，又有人嚷着要回销粮。作为区委书记，老周心情很沉重。一年到头，除了忙催耕催种，就是张罗回销救济，这种局面什么时候才能改变呢？用什么办法才能让社员过上好日子呢？一九七八年秋后，与沈巷区黄渡公社一河之隔的无为县搞起了包产到组。这个新鲜事像一阵春风很快吹过河这岸，在广大社员心中激起了层层波澜。这股春风也吹进了区社干部的心田，大家谈论起来喜形于色。不过这是个重大问题，不可轻举妄动。一天，周良福回到他的家乡黄山公社兴隆大队，对大队党支部书记周绪成说：“哎，搞包产的事，人家河那边都干起来了，你能不能搞个点试试？”周绪成大腿一拍：“大伙正等你给做主哩！你能当得了家吗？”“咱先来暗的，这个主我做。”黄山公社第一个包产的生产队就这样暗中干起来了。可是没有不透风的墙，听说区委书记搞了包产的点，各公社都自发地建立了作业组，大家只是心照不宣罢了。

腊月下旬的一天，周良福突然从省电台的广播中听到省委关于可以搞联产责任制的消息，接着登载这一消息的《安徽日报》也到了。周良福戴起老花镜，一口气读了两遍，用钢笔在“也可以实行包工到作业组，联系产量计算劳动报酬”下面重重地划了两道杠。他和其他委员们碰了个头，当天就打电话告诉各个公社：“不要等，可以先搞试点，估计县里要开会贯彻，到那时再动就晚了。”事后了解，讲是试点，实际上作业组在全区遍地开了花。

一九七九年春节刚过，县委通知开区委书记会议，传达中央四号文件。当时已有风言风语，说中央文件里把联系产量的责任制也写上了。正月初四，老周带着试点情况兴冲冲地赶到县里，实指望汇报后得到县委领导的支持，哪知顶头浇下来的是一瓢冷水。会上，县委一位主要负责同志问他：“你们搞包产到组请示过没有？”“没有，不过电台、报纸讲了省委的意见，中央文件也说可以搞！”“这种办法我们不干，这是县委常委的意见。”“常委？常委也得听中央的！”……反正双方越争越动感情，在这儿就不一一细述了。

会议刚结束，周良福连晚饭也没吃就赶了回去。一连几天，人们发现一贯谈笑风生的老书记变得沉默寡言，有时候还要喝两杯闷酒。一天，黄山公社马场大队党支部书记找到老周，为难地说：“县里有位负责同志直接给大队打了招呼，不叫搞包产到组，你看怎么办？”老周说：“怎么办？你还是问问群众吧，群众愿意，政策允许，谁打招呼也别管他。”

在以后的县民兵工作会议上，县委那位领导同志又一次强调不许沈巷区搞包产到组。周良福听说后，心情更为沉重。正月的夜晚，寒气袭人，老周独自在自家的庭院里踱来踱去。他想：“我这是图个什么呀？顺着领导的意图行事，我这个区委书记不是挺稳当吗？何必认这个死理呢？”刚想到这里，他的胸口仿佛被谁扎了一针，“共产党员能只顾个人安危吗？搞联产责任制上符中央精神，下合百姓心愿，我老周有什么可顾忌的呢？现在群众的热情正在火头上，我可不能把这瓢冷水浇到乡亲们头上呀！”

正月十四，一大早，区委五个委员都聚齐了。会议开了一天，大家又一次学习了中央文件有关规定，推心置腹，畅所欲言。他们都是土生土长的本地人，庄户出身，当了干部，看看父老兄弟姐妹们辛辛苦苦干了三十年，有的还混不饱肚子，心里难过啊！周良福说：“沈巷区生产总是上不去，摸来摸去，好不容易找到包产这个好办法，现在，正是我们要为群众做主的时候，我的意见是坚持下去，有责任我来负。”与老周多年共事的区委副书记陈克平、蔡传宗马上接着说：“有责任咱们区委共同负！”经过一天的讨论，正式作出了五条决定。下面是从会议记录簿上抄录的原文：

一、现在我们区有的搞联系产量责任制，我们和县委在理解上有分歧，不管怎样由区委负责。

二、中央四号文件要学习好，宣传好，落实好，以中央文件为准。

三、经过群众讨论，愿意采用前两种计酬方法的生产队，就不动了；但不能搞生产大呼隆。

四、经过群众讨论，可以实行包工到组，联系产量计算报酬，实行超产奖励，以产计工。

五、对尚未决定哪一种计酬方法的队，要经过群众讨论，迅速定下来，不能悬而不决，不能影响生产。

决议形成后马上复写，在电话中上报了县委。第二天正月十五，元宵节，区委委员各带一份分头下去传达到社队。这下子，全区轰起来了。干部社员过元宵节好比吃定心丸，胆子壮了。

冰雪消融，杨柳吐絮，春耕大生产开始了。老周到各公社转了转。这时全区七百六十五个生产队有六百一十个生产队划了作业组。他所到之处，既听不到催人上工的哨子，也看不到一窝蜂的人群。可是人们的劲头从来没有这样足。后河大队王家生产队社员刘礼友，是胡子一大把的人，硬要下塘捞肥泥。作业组长对他说：“要你这么大年纪的人下塘，人家会骂我的，快回去歇着吧。”刘礼友听了好不高兴，回去把留了多年的胡子刮掉了。第二天，高低下了塘。

正当作业组在春耕生产中初试锋芒的时候，《人民日报》登了一封署名张浩的读者来信，把包产到组说得一无是处。不过文中的几个论点都是沈巷的干部社员早就驳斥过的，所以没有多少市场。大家看看报纸，一笑置之，不予理睬。八角公社党委书记抖抖那张报纸风趣地说：“按这封来信讲的，周良福正该撤职哩！”

金秋九月，各公社都传来喜讯，其中特别是全县最落后，多年没有完成过国家下达任务的黄渡公社超额完成了全年粮食征购任务，午季油脂、全年鲜蛋以及农业税、电费都是在全县第一个完成的。不过周良福也听到相反的议论：有人反映黄渡公社为了显示作业组的优越性，卖了过头粮，弄得社员没有饭吃。老周心里明白这是不可能的事，但他还是到黄渡调查去了。他特意跑到一个过去多年要回销的大陈大队孙西生产队，队长叫管大信，家里七口人，他身为队长，从去年腊月起就借钱买米吃，买了一千多斤直到午季接口。今年他家从队里分的加上组里超产的共得粮六千五百多斤。他用手指着对老周说：“你看，粮食还有两折子加一瓮子，四千来斤呢！家里还有四五十只鸡鸭，三头猪，一头已经三百多斤，秋后为儿子娶媳妇也不愁啦！”谈起了队里，老管说：“过去我们队是吃了百味药，不见穷病好，如今穷病大见效，包产是灵芝草哇！”一席话说得二人哈哈大笑起来。

如今，作业组的名声在沈巷区非常之高。它带来了生产发展，贡献增加，收入提高。干部社员欢欣鼓舞。可是老周却唱起了反调，有时还向大家头上泼点冷水。他说：“今年搞作业组，社员是一股子热情，加上老天爷没捅什么大乱子，干出点小名堂，我担心明年要退下来，那时看我们怎么说联系产量的责任制好？”

什么是明年生产进一步发展的障碍呢？周良福在大陈大队泡了八天，他走东家串西家。社员反映作业组好是好，就是和生产队之间的麻烦事太多，不如来个一锤死——大包干。用社员的话说，大包干大包干，直来直去不拐弯；交够国家的，留足集体的，剩下都是自己的；这样干上三五年，社员富，集体富，国家还要盖仓库。现在群众要求搞大包干的呼声就像去年冬天要求搞作业组一样，就看区委能不能为大伙做主了。倾听群众的呼声，回顾一年来风风雨雨的历程，周良福满怀深情地对记者说：“实践检验真理，只要生产能发展，能让众乡亲过上好日子，能完成国家任务，大包干这个主我们做定了！”

（1979 年 11 月 12 日中央人民广播电台、安徽人民广播电台播出）

注：此稿与王小戌合作。

【通讯】

“孙小刀子”小传

在安徽省凤台县刘集公社，到处流传着“小刀子”书记的故事。提起公社党委书记孙多贤，人们都说：“这把刀子可厉害着哩！”不过，近两年同前几年相比，这把“小刀子”厉害含义和锋芒所指，却大不相同了。

孙多贤，年方四十，身板结实，性格豪爽，干什么事总想干个利索、漂亮。可是，有时候他好心为群众办事，却不受欢迎。几年前孙多贤在尚塘公社当书记，有一次，上级要尚塘公社大力发展养猪，他立刻拿出一个冬季每个生产队养三十头猪、全公社养七千头猪的计划。有人说办不到，孙多贤却批评说话的人保守，自己还到两个生产队抓点。结果，他抓的那两个队社员养的猪，连冻带病，死了一半；全公社养的七千头猪也死了三分之一。大养其猪的计划告吹了。群众怨声载道，老孙也憋了一肚子气。

后来，孙多贤改变主意抓水稻。动员大会刚开过，他就到龙庙大队检查，发现有个生产队有四亩地靠近水源，便马上找队长，当面吩咐必须在这块地里种水稻。几天后，老孙再来检查时，出现在他眼前的却是一垄垄插上秧的甘薯。他气得怒目圆睁。心想，我书记的话也不灵了，不给点颜色看看还行！他当即通知各大队的党支部书记来开现场会。人到齐了，让生产队长拔掉甘薯秧，改种水稻。他不肯，孙多贤就自己动手，带头拔了甘薯秧，并限期让生产队栽插水稻。老孙还得意地给这个会取名为“拔甘薯秧插水稻现场会”。谁知，由于强迫命令挫伤了社员的积极性，四亩水稻产量很低。这件事一传十、十传百。有人说：“咱孙书记讲话、办事，真像小刀子一样厉害。”从此，社员私下里都把孙多贤改叫“孙小刀子”。

私　访

一九七八年初，孙多贤调到刘集公社任党委书记。人未到，“孙小刀子”的名声就传开了，孙多贤暗暗捶着脑门自责道：“命令主义、官僚主义可要不得啦！”他下决心改。

孙多贤没有大摇大摆地去上任，却不露声色地到刘集公社群众中私访。

这天下午，孙多贤挎着粪箕来到刘集公社。在刘集大队西队麦场上，他看见两个社员在铡草，便凑上去帮忙。这两个社员便你一言我一语地谈起那个可怕的“孙小刀子”来了。后来，老孙说：“这个人要是想改，该怎么办呢？”老饲养员意味深长地说：“他要是能像你这样不要官架子，咋不能改呢？比方说拾粪吧，我老头子不是挎粪箕挎了几十年吗？可我们这里以前来个书记挎不到一个月就扔了。咳，光是玩玩花架子，没恒心呐！”老孙听了，脸上顿时觉得火辣辣的，可心里却开了窍。

人们发现孙多贤来刘集公社三年，拾了三年粪，光粪箕就用坏了四个。平日里，他天不亮就起身，挎上粪箕，溜几个大队。地头、场上、社员家里，都有他的踪影。哪个队里有什么问题，谁家出了稀罕事，休想瞒得过他。这样，老孙指导工作就有谱了。

当然，他的老毛病也有犯的时候，不过，一旦发现，他对自己可不客气。一九七九年秋天抗旱种麦，孙多贤在缪二、缪五生产队抓点。这两个生产队的生产条件基本相同。五队的豆茬在收前浇过水，墒情好，很快就动手干起来了，而二队两天后还没见动静。孙多贤找二队队长，社员们说队长有事外出了。“大忙时节队长丢下秋种不管，外出乱跑！”他正想发火，旁边的一个社员亮了底，原来在二队社员大会上，队长讲了孙多贤在公社宣布的秋种计划，社员们不同意，认为墒情不好不能下种，队长怕顺了社员顶撞了上头，左右为难。这天听说孙书记要来检查，只好托词“外出”躲起来了。孙多贤一听，连说：“怪我，怪我！”

他找来队长，当场表扬了队长实事求是的精神，检讨自己搞了“一刀切”的错误。

转　锋

谈到近两年刘集公社的变化，除了粮食大增产外，众口乐道的是，干部作风大变样了。过去为刘集的老百姓深恶痛绝、又无能为力的吃喝风、走后门、特殊化等歪风邪气，如今很难找到了。社员说，谁要搞歪门邪道，俺们的“孙小刀子”可不容情哩！

就说堵“后门”的事吧，被孙多贤堵回去的已不是一个两个了。一九八〇年年初，各公社要配备计划生育专职干部，县里发文规定了条件，由公社研究报上级批准。当时刘集公社有一个女青年想借这个机会转为脱产干部，找到孙多贤道：“只要你这一关过了，就好办了。”老孙考虑她不合条件，就明确表示不同意。那个女青年又到县里找熟人和领导帮助说情，上面听说问题卡在

“孙小刀子”那儿，谁也不敢出头说情。县委领导还清楚地记得孙多贤到刘集公社上任时说过：“你们上级指导工作要通过正式途径，如果乱插手刘集的工作，我可不客气，俺大不了铺盖卷一背回来讲理！”只是县里这条路没走通，那个女青年听说孙多贤有个哥哥是某地委办公室主任，又想方设法去那儿弄到一封求情信。面对哥哥来的“亲启”信，孙多贤仍不留情面，坚持秉公办事。干部、群众都佩服地说，老孙顶歪风过硬，真是把好“刀子”啊！

从“后门”来的，孙多贤坚决地堵；就是“前门”来的，如果不切合本公社的实际，他也不顺风打旗。一九七九年春节前后，他和公社的其他领导成员根据群众的愿望和要求，在全县第一个实行了包产到组、全奖全赔的联产计酬责任制。上报县委批准时，县委拿不准，建议奖励实物改成奖励一部分工分。孙多贤说，社员最怕那个不值钱的工分。最后，公社从实际出发，坚持包产奖赔，并以奖励实物为主，形成文件传达到每家每户。这一来，有人便攻击刘集公社的文件是个“倒退的黑文件”。老孙斩钉截铁地说：“不！这是个前进的富民文件。”果然，一九七九年刘集公社获得大丰收，社员每人平均口粮第一次达到六百七十五斤，年终集体现金分配比一九七八年增加一倍。

（新华社 1981 年 1 月 1 日电，《安徽日报》3 月 24 日刊出，
安徽人民广播电台 1980 年 12 月播出）

【通讯】

我爱农民兄弟

——县委书记王业美情结解密

今年三月的一天，来安县委书记王业美家来了两个客人。老伴掌锅炒菜，王业美执壶把盏，一再让客人："来，咱兄弟仨干个痛快！"

有人以为，王业美从来不请客吃喝，大概这次家里来了远方贵客吧。其实，这次来他家做客的是本县的两位农村社员。

一个县委书记和普通的庄稼人称兄道弟，碰起杯来，这在来安成了一桩新闻。提起这事，乡下的农民说，那自然啦，王书记和我们是一家，他待我们知冷知热，情同手足。

一九七八年秋天，新上任的县委书记王业美，翻开来安历年统计表，吃惊地发现，这个四十万人口的县，不到十年就用去国家救济款二百多万元，吃返销粮一亿一千五百多万斤。他心里很不安。

一天，他来到十二里半公社前郢生产队调查，进村访问的第一家，是上海下放知青张九妹。只见两间破草房顶上漏个大窟窿，两个孩子裹在一条烂棉絮里。

王业美问九妹："有被子吗？"

"有一条，"九妹回答，"叫孩子爸拿到牛屋去了。"

王业美又问："日子过得怎么样？"

张九妹一把拉住王业美的手，呜呜咽咽哭着说："这日子没法过呀！饿肚子的滋味你们不知道呀！"

九妹的哭诉勾起了王业美痛苦的回忆：在旧社会，他从小讨饭，帮工，饿肚子的滋味尝够了。现在，自己当了县委书记，而父老兄弟姐妹们还吃不饱，穿不暖，这是多么不应该有的事啊！人们要问，你这个县委书记是怎么当的？我怎么回答呢？

这天他接连访问了四户，都是要救济的。

总得为他们谋条生路。王业美找到公社书记王永明，问他前郢队怎么办 。

王永明沉吟半晌说："看来，前郢队只有走'独木桥'一条道。"

“独木桥！”王业美明白这是什么意思。

他知道事关重大，又来到前郢队同社员商量。社员们都说，前郢队只有包产到户才有救，就怕你县委书记不敢批准。王业美又问拉扯两个孩子的寡妇张福勤：“你看包产到户行不行？”张福勤说：“一个蚂蚱还能啃动一棵草呐，我娘仨种不多，可以种少一点，也比现在大锅饭饿肚皮强。”

看到这情景，王业美深深感到：农民多么可爱，他们最穷，他们不怕苦，只怕挨饿。我们共产党的干部不就是为他们谋利益的吗？不然，要我这个县委书记有什么用呢？他当即表态说：“只要包产到户能使大家吃饱饭，我同意你们试试，不过暂时不要声张。”

一九七八年十月，第一个包产户就这样合乎民意地在来安县一个穷村庄出现了。

没有不透风的墙。只几个月，全县就有七十八个生产队也偷偷包产到户起来。对他们，王业美从不责怪，都积极引导。一九七九年秋后的统计表明：七十八个包产到户的生产队，队队丰收，户户增产；前郢队增产百分之四十三，解放三十年来第一次完成了国家征购任务。一九八〇年包产到户一下子普及到全县百分之九十四的生产队。这一年全县粮食生产创历史最高水平。

王业美这位说话和气的县委书记成了农民家的常客。单是前郢队他一年就走了九趟。一九八〇年底，他又来到前郢。这个队二十二户人家几乎家家都住进了新瓦房。张福勤也找了对象，建立了新家庭。九妹家两间破草房不见了，代替它的是三间土墙瓦顶的新房。床上醒目地叠了三床花被子。九妹一定要留王业美吃顿饭，王业美风趣地说：“不行呀！你不再唱甩鼻涕歌给我听就算好的了。”九妹笑着说：“如今鸟枪换炮了，谁还哭鼻子呀？”王业美说：“不要言过其实，只能说有所改善，但还不够富裕。要把多种经营搞起来，明年再夺个大丰收，春节我到你家过个大肥年！”

两年多时间，王业美走遍了来安县二十七个社镇、几百个生产队。踏过多少人家的门槛，结识了多少农民朋友，他自己也说不清。这里头，有种田的老把式，有各种能工巧匠，有五保老人、下放知青、生产队长，也有失足转变的青年。五十八岁的王业美像仁慈的兄长一样关怀他们，一心一意为他们谋利益。他乐于做那些别人看来与他县委书记身份不配的，但对农民有益的小事情。即使在机关，几乎每天都有农民来找他。有的托他买件农具，换点种子；有的找他陈述委屈，求他做主；有的来告诉他村里出了什么新闻；还有的干脆趁赶集来看望他的。对于来者，他有问必答，只要是正当的，他能办到的，都尽力照办。

最近，在来安县城流传着王业美为农民王福山作保的佳话。王福山，家住烟陈公社上王庄生产队，本文开头所说到王业美家做客的两位农民，其中一人就是他。他想买一部手扶拖拉机，到县农机公司一问，这小“铁牛”要一千九百元。王福山虽然冒了点尖，但钱用来买房料了，买机器就紧巴了。县农机公司的同志告诉他，可以分期付款，不过要有人作保。“作保？”王福山说，“我找王业美作保行不？”那位同志一听忙说：“那当然，只要你面子大，能请得动县委书记。”王福山匆匆来到王业美家里，将事情的前前后后说了一遍，问：“作保这个面子你肯给吗？”王业美满口答应。五月二十五日上午，王业美陪同王福山到农机公司办赊销手续。在合同书的保方，王业美工工正正地写上了自己的名字。

刘少奇同志早在抗战时期在来安曾为一个农民题联：“深山隐高士。”王业美在与农民的交往中发现，庄稼行里有许多这种“高士”，他们是农村中的能工巧匠。他十分注意访贤问能，和他们交朋友，推广他们的致富经验和高超技艺。去年春，王业美听说大余郢公社有个养蜂能手顾宏成，就专程去访问，第一次没找到，又去第二次。老顾见县委书记这样尊重自己，执意留王业美吃顿便饭。中午，他们吃着煎饼卷大葱，滔滔不绝地谈起养蜂经来。王业美鼓励他多养几箱蜂。今年顾宏成一下子养了二十箱蜜蜂，临到山东放蜂的时候，特地赶到县城同王业美告别。他找到王业美，从怀里掏出一瓶蜂蜜说：“信你的话就养蜂致富了，送你一瓶滋补身子。”王业美忙止住他说：“老弟，看到你养这么多蜂，我心里比吃蜜还甜，你快把这瓶子收起来，要不，我可真生气了。”顾宏成高低拗不过王业美，只好收起这瓶蜂蜜。

记者在访问王业美的时候，正赶上他在查访一个会种大白菜的社员。原来，一天早晨，王业美在街上买一棵大白菜，足有十多斤，他刚付好钱，那个卖菜的青年农民瞅瞅他，突然问道：“你是王书记吧？”旁边另一位卖菜社员努努嘴说：“他就是。”

“原来你就是王书记，这钱得退给你。”

“我买菜给钱，理所当然，退给我干什么？”

“我得感谢你呀！”

“我们又不认识，你又不欠我的情，感谢什么？”

那个青年社员双手捧着大白菜说：“不是你带我们搞责任制，我空有种菜本事，也没处使，哪能种这么多大白菜？明年我还要多种哪！”

种菜也有学问。可是，王业美后悔当时没有问他叫什么名字，只知道他是舜山公社的。这天，他邀请记者一道去查访这个种菜行家。在舜山，我们走访了许多社员，都说可能是李杰，他是这一带的菜园大王，他种的大白菜、西红柿，个大，高产，优质。可找到李杰一看，并不是在街上卖菜的那位青年。不过，访贤的目的已经达到。李杰高兴地向王业美讲述了他兴菜园的技艺。如今，他的技艺已经传授给许多社员。社员们都说，小菜园成了“聚宝盆”了。

一路上，我们看到社员正忙着收割小麦，交售油菜。放眼丰收景象，王业美美滋滋地说：“咱农村可爱，咱农民可爱，我爱农民兄弟，愿为他们做一辈子马牛。”

（1981年7月2日安徽人民广播电台、中央人民广播电台播出，
1981年6月27日《安徽日报》刊登）
注：此文与王小戍、刘汉章合作。

【报告文学】

像春蚕那样吐丝

但愿此刻收音机旁有更多的青年朋友。也许，大家正在思索理想、前途和幸福等人生课题。

这里给大家讲的是大别山区一对青年夫妇的故事，准确地说，他们刚刚告别青年时代而进入中年。他们像金桑一样深深扎根于山乡的泥土，像春蚕那样绵绵不断为人民吐丝。他们青年时代走过的道路、对理想和前途的体验，也许能给今天的青年朋友们一些教益和启迪。

故事的男主人公叫刘廷明，四十岁，他的妻子吴依美，三十九岁。他们都是一九六五年安徽农学院蚕桑系毕业生。

一九六八年春节后的一天中午，金寨县梅山水库上游码头上，走下一位身材苗条、面庞秀丽的女青年。她一身城里打扮，怀抱不满周岁的婴儿，既不像出差，又不像走亲戚，引起山民们的好奇，孩子们出神地看着她。这位青年就是吴依美，由于那场全国性的大乱，毕业两年了，这会儿才分配。婴儿和行李由一位老乡挑着，她沿着崎岖的山路向目的地南溪区农技站进发。在城里长大的小吴第一次进山，三十里山路走了四五个钟头。

她的丈夫刘廷明已在头年八月到达南溪。他们的“窝”安在南溪街上一间旧房子里。新的生活就从这里开始了。

大学毕业生在深山里安家，南溪人从来没见过。

“山里苦哟！”老乡这样告诫他们。

“再苦，也苦不过红军坚持大别山哪！”夫妻俩这样回答。

是的，南溪曾是大别山根据地的一面红旗，一九二八年著名的立夏节暴动就发生在这里。哪个山头没有洒过烈士的鲜血。南溪人民为保卫红色根据地做出了巨大的牺牲。可是，新中国成立二十年了，这里的面貌变化不大，群众生活还很苦。南溪虽有养蚕的传统，但桑树很少，产茧量很低。刘廷明夫妇决心帮助社队大力栽桑养蚕。那时节，他们心里像燃起一团火，翻山越岭调查研究。为了取得经验，他们分别到两个公社去抓点，孩子留在南溪请外婆来带。刚刚建立的小家庭就这样一分为三，十天半月难得见一次面。他们走村串户，手把手地教社员育苗、嫁接、修剪。经过十余年的努力，南溪区的男女老少，人人都学会了栽桑技术。山山岭岭千百万株优质无干桑根深叶茂。而刘延明夫妇也在南溪山区深深扎下根来。

生活是不平静的，山中的风暴有时也能吹折柔嫩的桑苗，刘延明夫妇也曾发生过动摇。那是“四人帮”横行的年月。刘廷明由于出身于地主家庭，社会关系复杂，又是个所谓“旧学校”培养的“臭老九”，总有一些人不时向他投来鄙夷的目光。这使他心里隐隐作痛。一九七四年他爱人吴依美突然被调到供销社当收购员。脱离所热爱的专业，吴依美十分苦恼，甚至怀疑在山沟里有没有出息。

但是，广大干部社员并不把他们看作被改造的对象，就像养蚕是山里人生活的一部分一样，大伙都把他们看作自家人。干部到南溪开会，总要到刘廷明家坐坐，谈谈发展蚕桑的计划；社员上街也要去看看刘老师两口子，和他们说说蚕宝宝的生长情况。蚕有病，来请他们医治；丰收了，来请他们分享欢乐。当地一位在大别山打过游击的吴老奶奶对他们说：“安心住下吧，大别山需要你们有文化有技术的人才!”

粉碎“四人帮”后，吴依美又干起了自己的专业。随着党的知识分子政策的落实，刘廷明夫妇扎根山区的志向更加坚定。十五年来，他俩有十四个春节都是在山里度过的。一九七六年湖北农科院来函指名要调刘廷明夫妇去做研究工作，他们婉言谢绝了。一九八〇年，六安专署农业局局长开着小车到刘廷明家，要调他们到地区工作，在场的县领导同志连忙挡驾说：“这两口子不愿走，南溪人民也舍不得放呀!”

今年五月，在县城召开的一次养蚕会议上，刘廷明见到一位在省城工作的老同学。久别重逢，那位同学感慨地说：“我们同班同学都进城了，你们还在山沟里，金寨的山也真大呀!”

刘廷明会心地一笑说：“山大，才有奔头。多年来，我和南溪的山川草木、干部群众结下了深情，我离不开大别山，离不开大别山人。”

小小的春蚕吃的是桑叶，献给人们的是晶莹的蚕丝。刘廷明夫妇就像那吐丝的春蚕。

十五年来，他们跑遍了全区的山山水水，村村队队。哪个蚕室里没有留下他们亲切的话语，哪一行桑树旁没有留下他们往返的脚印。那年桑树生白旦病，是刘廷明夫妇想方设法制住了病害；过去养蚕常因大量蚕蝇带来毁灭性灾害，是刘廷明夫妇亲自喷药做对比试验，说服大家广泛施用“灭蚕蝇”；麦熟一晌，蚕老一时，过去成千上万只蚕上蔟，要用手一只只去逮，来不及，是刘廷明夫妇教大伙采用地蚕条桑饲养自动上蔟法，养得又多又省力。这样的事情究竟有多少，社员们已记不清了，只记得哪里有问题，刘廷明夫妇就出现在哪里。

一九七三年春天，吴依美带着省农学院的学生实习，一次奔波了八天，回来时路过长岭大队赵湾生产队。队长急忙追上他们说："吴老师，队里的蚕突然发病快要死了！"吴依美回身来到赵湾。经检查，蚕是食物中毒症，她立即带学生进行抢救。他们把蚕一只只放在清水里洗，再放在通风处吹，然后喂新鲜桑叶，一直干到深夜一点多钟，才把蚕救活过来。听着春蚕咀嚼桑叶的沙沙声，吴依美疲惫的脸上浮现出笑容。队长感动得不知说什么才好，端来一碗碗鸡蛋汤，硬叫他们喝下去，又打着马灯把他们送到家。

光靠个人奔波作用是有限的，刘廷明提出大力培训技术骨干，促进养蚕业快速发展。区委热情支持他的建议。每年全区都要举办几期养蚕技术培训班。平时不管开什么会，刘廷明都插一脚，讲栽桑养蚕技术。一九七六年养夏蚕的时候，举办了一期三百人参加的骨干培训班。他们在花园大队选择一个蚕病最多的生产队，一边讲课一边养蚕，整整干了一个蚕季。教材全是刘廷明、吴依美自己编印的，深入浅出，深受大家欢迎。十多年来，他们为全区培训近三千人次。现在，南溪区七个公社五十三个大队，都有技术比较全面的骨干，七百八十个生产队平均每队有五到七名养蚕的能手。

党的十一届三中全会的春风大大鼓起了南溪社员栽桑养蚕的热情。有一次刘廷明到毛湾生产队讲课。这个队社员从来开不起会，这次十六户人家来了三十人，连果子园公社来走亲戚的也到会听课。群众的热情感染了刘廷明夫妇，他们更加忘我地工作。今年春天，刘廷明去小集六队办训练班，吴依美到根沙公社去察看茧灶，家里孩子无人照顾，不料小二子食物中毒，一天吐十几次。邻居到处打电话也找不到孩子的父母。孩子脱险后，社员们说，刘老师为了社员的蚕宝宝，差点赔上了自己的亲宝宝。

这两年，刘廷明为了帮助社员尽快劳动致富，建立了不少联系户。南溪公社吴湾大队郑湾生产队社员毛本铎，外出做小工，跑买卖，什么都干过，仍混不够吃的。实行包产到户后，刘廷明前后几十次跑到他家，帮他搞专业养蚕。去年正月里，他家承包的四亩一分田全栽上桑树。当年养蚕就收入七百多元，加上桑园中套种的杉树苗，共收入三千多元，今年一季春蚕又收入六百多元，毛本铎口袋里第一次装进这么多钱。他在为儿子定亲时，高兴地端起酒杯对刘廷明说："我有今天，多亏你帮助，你一定要喝个双杯！"

暑往寒来，当年风华正茂的大学生，如今已两鬓染霜。但是看到多年的心血汗水，化作白花花的蚕茧，他们感到由衷的喜悦和幸福。去年，南溪区产茧量由一九六八年的六万四千斤上升到七十四万斤，成为全省第一位的区。刘廷明蹲点的竹畈公社竹畈大队成为全省产茧第一位的公社和大队，被省里列为养蚕丰产示范试验基地之一。

刘廷明夫妇的工作受到党和政府的亲切关怀。领导经常派他们到全国养蚕先进单位参观学习。近几年，刘廷明先后被选为县人大代表、县政协常委和建设山区群英会先进个人，还担任了区农技站副站长。在成绩和荣誉面前刘廷明说：“春蚕吐丝是毫无保留的，我们也要像春蚕一样，把全部知识和力量贡献给山区人民！”

（1983 年 5 月 24 日安徽人民广播电台播出）

注：此稿与王小戍合作。

【录音访问】

坝上生意通四海

听众朋友，在一些店堂里您会看到这样一副春联：生意兴隆通四海，财源茂盛达三江。这是人们对商业繁荣的美好向往。如今在合肥市坝上街农副产品批发市场，这句话却是名副其实的了。让我们带着话筒到坝上街作个实地探访。

穿过合肥市芜湖路桥，顺南淝河东岸向北望，迎面是一幅横跨街道的大招牌：坝上街农副产品批发市场。这几个刚劲有力的大字是安徽省政协主席张恺帆特意题写的。

（市场杂音）虽说春节刚过，四方客商还是早早地赶来坝上。街旁的货棚里，一包包土豆、粉丝、苹果、梨子，堆得像小山。人们三个一堆，五个一伙在那儿自由议价。

随着一股人流，我们来到坝上街工商管理所。早先，这里曾是赶市农民害怕的地方，唯恐做点买卖被当成投机倒把抓起来。眼下，这里却成了他们经常光顾的场所。他们有什么心事，都喜欢找工商所的同志参谋参谋。我们想找工商所同志谈谈。（急促的电话铃声）不巧，负责同志正在打长途电话。

（实况）“喂，你是武汉市工商局服务公司吗？我是合肥市坝上街工商所，嗳，嗳，昨天你们不是打来电话吗，说你们那边有一部分柑橘想到我们这地方销售，问我们这地方市场价格和销售情况怎么样？喂，现在我们这里市场的价格在六七角钱，销售情况一般还好。你们如果要来的话，我们欢迎，好好好，不要客气，欢迎来，再见！”

这是一位精明干练的青年，担任工商所副所长，叫姜春光。从电话中听得出，这笔和武汉市的柑橘生意大有希望。小姜放下电话，我们就和他搭上话了。（谈话实况）

记者：“今年坝上街开市得早吧？”

姜：“开市比较早。往年我们这个地方开市要在正月十五以后，今年年初二就开市了。一个是早，一个是品种多，数量也比较可观。我们现在还有十三万多斤存货，十几个品种。”

记者：“这叫开市大吉啦！哎，咱们坝上街市场有些来历了吧？”

姜：“据史书记载，远在清朝咸丰年间，也就是一八五二年，我们这里就成了巢湖沿岸各县粮油竹木农副产品重要集散地之一。后来，随着岁月的流逝，又由于各种各样的原因，坝上街市场便日渐萧条、冷落了。党的十一届三中全会以后，根据客观形势发展的要求，一九八〇年九月在我们这里兴建了全市，也是安徽省第一座大型的农副产品批发市场。”

记者：“噢，有坝上街这块风水宝地，又有党的好政策，现在繁荣起来了。请你把这方面的情况谈谈好吗？”

姜：“好。坝上街市场开放四年来，各种农副产品上市量不断增长。尤其是一九八三年中央一号文件下达后，进一步放宽了农副产品贩运政策，更加激发了农村‘两户’上市的积极性。有些是我们没有预计到的。像江西来的橘子，一九八二年上市量是十七万斤，一九八三年猛增到一百三十五万斤。”

记者：“怪不得这二年合肥的橘子多起来了。”

姜：“（笑）是不少。一九八三年市场成交量达三千二百万斤。成交额七百七十多万元，比上一年增加百分之八十以上。几年来坝上街上市量平均年递增率一直保持在百分之七十左右。到目前为止，我们已和山东、湖北、贵州、广西、黑龙江、内蒙古、福建等十五个省市自治区一百多个县市的重点户、专业户，以及社队园艺场建立了业务往来关系。”

记者：“真是‘生意兴隆通四海，财源茂盛达三江’啦！”

姜：“（笑声）可以这么讲。哎，你们看这样好不好，我们到市场看看，边看边谈。”

记者：“好，眼见为实。”

（市场杂音）

市场上的人越来越多，一板车一板车的鲜藕拉进街区，后面跟着四五个山东口音的客商，双方在讨价还价。（汽笛声）一只装满甘蔗的机动船向码头驶来。小姜指着熙熙攘攘的市场说：（实况）“你们看，我们这个市场全长五百米，建筑面积已有二千三百平方米。目前已初步建成钢架结构、石棉瓦顶、有水泥售货台的货棚十二个，可存放农副产品三十多万斤；在淝河东岸建了三座青石结构的简易踏步式码头，可同时容纳十六条船停泊装卸。现在是淡季，要是旺季你们来看看，每天停泊的船只达三四十条。随着市场的繁荣，旅社、饭店、各类商店等服务设施也相继建立。每天市场上车水马龙，热闹非凡。”

记者：“这么大的市场，你们的接待服务工作一定是很繁忙的。”

姜：“是比较忙。目前我们主要是开展‘十代’。就是代提供信息，代介绍业务，代协助推销，代办住宿等十个方面。有一次蚌埠市郊雪花公社宋庄大队的重点户宋在东运了一万多斤西红柿到市场出售。我们派了六名工作人员协助他联系买主，帮他过磅、结账，在一天之内就将一万斤西红柿全部出售。他深受感动，回去逢人就说坝上街批发市场好。结果又动员其他几户运来八汽车五万多斤西红柿。”

记者：“从坝上街来看，这样的农副产品批发市场对发展商品生产有哪些作用呢？”

姜：“首先，我们认为批发市场为农村专业户、重点户提供了专门的商品交易场所，促进了农村商品生产。我们所接待的客户中有百分之八十是省内外的专业户和重点户。过去他们货到合肥，沿街叫卖，无处存放，商品损耗严重，在一定程度上挫伤了他们生产和贩运的积极性。现在有了专门的批发市场，就为他们提供了各种服务和方便，使他们货有地方存，人有地方住，产品销售快。另外，突破了地区界限，扩大了流通渠道。前面讲过，有十五个省市一百多个县市和我们有业务往来。他们运来了湖北、山西的土豆，江西、浙江的橘子，山东的苹果，河南的梨，广西的香蕉等等。流通渠道扩大以后，还支持了我们本地生产者向外地销售产品。像肥东、肥西的大米、花生米、荸荠、蒜薹、藕等。合肥是包公的家乡，包公家乡的藕无丝（私），吃起来香甜，很受外地欢迎。去年一年通过我们市场销往山东等地的藕就有四百多万斤。”

回到工商所，只见院子里摆了三架车刚出塘的鲜藕。（买卖实况）一位女工商管理员正在忙着为买卖双方过磅。一位淮南的女客商买了一架车，两位山东滕县客商买了另外两架车。又一笔买卖做成了，卖藕人把大把的票子装进内衣口袋，脸上笑眯眯的。买货人忙着装车、外运。

（汽车发动声、汽笛声）

望着渐渐远去的满载汽车，工商所的同志再三让我们转告大家，坝上街是块风水宝地，欢迎四方客商光临坝上街做生意。好，四海三江南来北往的客商们，广大农村专业户、重点户们，让我们在合肥坝上街相会！

（1984 年 6 月 13 日《人民日报》摘登，1984 年 2 月中央人民广播电台、安徽人民广播电台播出）

注：此稿与陈可合作。

【通讯】

他走了，留下一串问号

原编者按 这篇通讯提出的问题值得深思。人才要合理流动，人才流动要有序地进行。现在有些单位不惜用“重金”挖人，甚至鼓动专业人才不辞而别。这样自由流动势必造成混乱。还有的单位不注意发挥人才的作用，本单位不用，又卡住不放。这两种倾向都不利于发挥人才的作用，不利于搞活经济，不利于促进科技进步，应该引起我们的注意。

他走了，什么都没有要：户口、粮油、行政关系……

他走了，接收单位什么都承认：户口、粮油、行政关系，按副教授待遇安排工作，工资提升一级又浮动一级，答应分给配有彩电的一套宽敞的住房，子女就业有保障……

他叫曹欧，安徽工学院机械动力系主任。这位四十八岁的讲师，20 世纪 60 年代初留学苏联，获列宁格勒农学院技术科学副博士学位。在安徽工学院，他不仅是教学骨干，还参加了省科委重点攻关项目“抗碱玻璃纤维增强低碱水泥沼气池”的研究，负责其中“虹吸出料研究”部分，1984 年 5 月通过了省技术鉴定。1981 年，省机械厅曾拟调他任副总工程师；1982 年底，学校推荐他任副院长；1983 年安徽工学院机构改革时，他是院领导班子人选之一。他对未进领导班子从没有说过怨言，仍一如既往埋头工作。去年夏天，孩子没有考取重点高中，工作中又遇到一些矛盾，加上身体不好，他一度很苦闷。在这以后不久，第二汽车制造厂通过有关渠道向他抛来一串串“彩球”，条件当然是优厚的。学院领导再三挽留，并着手帮他解决一些困难，但他执意要调走。

1984 年 12 月 24 日晚，曹欧叩开了前院长、教授袁矿苏的房门。

“老院长，我是来辞行的。”

“当真要走？党委同意调了吗？”

“办法都试过了，党委不放。不过，二汽的手续我都办好了。”

“你是想不辞而别！唔，还是给党委打个招呼吧，作一次最后的努力！”

“没有必要了，我车票已买好，你若打招呼，也请在晚上十点钟以后。”

曹欧刚走，袁教授立即来到院党委书记王奇家。王奇听说曹欧离去木已成舟，欲去看望，但苦于个人无法表态；再说看着他走，不派车送不近人情，若派车，人家会怎么议论？

深夜，老教授受王书记之托，来到曹欧住处，动员他立即退票，争取在近日内找到妥善解决办法。子夜时分，他们一起来到王书记门口，只见灯火全无，悄然无声——家人都睡了。“他能答应我吗？”曹欧徘徊良久，终于没有勇气敲门。

25日凌晨，曹欧和爱人邵玉英（安徽工学院讲师）带着一儿一女踏上了西去的列车。

他走了，自动离职，义无反顾。

他走了，安徽工学院校园议论纷纷：

曹欧并不是学非所用，为什么执意要走？

曹欧心里究竟在想什么？如果工作细致一些，他会不辞而别吗？

不用“重金”、不给知识分子以辞职权，人才流动的关卡怎么能冲破？

大家都出“高价”挖人，人才都流向条件好的单位，条件差的单位和边远地区谁去工作？这样人才自由流动岂不乱了套？

……

他走了，留下一串问号。

（1985年4月5日《安徽工人报》）

注：从1985年4月起，作者转岗主持《安徽工人报》的工作，告别了从业22年的安徽人民广播电台。

【报告文学】

玫瑰色的海南梦

原编者按　海南建省，海南便成了“热点”。富有浪漫情致、创业精神的大陆青年背起行囊，无限自信地走出家门，去那阳光充足的岛上，说要开发一个全新的海岛，说要塑造一个全新的自我。可好运气总不如阳光充足，有的谋到职业，有的返回大陆，还有的发誓“不回头”“绝不走”，继续为命运奔波……对大陆的海南热，对海南的人潮，也是仁者见仁，智者见智。本报前两期登载了熊景春、鹿翎的《心灵的“摆渡”》，作者激励那些有志创业者；而本期《玫瑰色的海南梦》又持截然相反的态度。亲爱的读者，究竟怎样看待，我想，你不妨耐心地等待时间。

麦秸秆吹出的串串肥皂泡，在阳光下变幻着斑斓的色彩，瞬间的飘逸，便消失得无影无踪。哦，这多么酷似几多男儿的一场玫瑰色海南梦——美好的憧憬，严峻的现实。

流浪分子的知识群落

6 月 16 日晚，突突的机动三轮车驶过海口市的滨海大道，将记者送至称为“大陆角”又名“流浪者俱乐部”的丁字路口，这儿每晚都自发聚集着来海南寻找工作的大陆人，其中以大学生居多。

昏暗的灯光下，我们发现在沿街大楼长廊的水泥地上，早已横七竖八地躺着一二十个青年——他们露宿街头，有的开怀仰卧，有的蜷缩全身，有的和衣而眠。这悲凉的情景，与隔街富丽堂皇、灯火通明的海口宾馆，形成极其强烈的对照。我们的心境不禁沉重起来。

是的，千百年间，这里闭关锁岛，孤星天外，仿佛是个瘴疠弥天的流放地。直到去年夏海南建省的消息传出后，才破天荒地一下子成了四海倾心的“热点”。几个月内，呼啦啦涌进 8 万人，霎时间人满为患，仅流浪海口街头的大学生高峰时就多达三四千人。

这在全国是个罕见的社会现象！作为新一代青年，被人视为有文化的盲流。何以如此？政策的感召，舆论的力量，还是青年人的莽撞，抑或兼而有之。

记者边听边看，默默地在“大陆角”踱来踱去。继而，找了个花圃旁的水泥磴子坐下，趋身与旁边的一个小伙子搭讪。原来，他是来自辽宁的大学生，上岛一个多月一直没找到工作。尽管采访中不显山不露水，他还是敏感地猜出我们的身份：“你们是记者？你们问的问题都是‘筋骨’。”

才几分钟，记者身边已围上了一圈人。一位操安徽口音的小伙子，人瘦毛长，衣着肮脏，但仍可窥其标致的形象。他名叫林国彪，是毕业于北京艺术学校表演专业的大专生，来岛前在马鞍山电视台工作。

“我们太幼稚了，以为一踏上海南岛，就可轰轰烈烈地干番事业。”他的脸庞上，似乎游动着内疚、痛惜交织的神情。一问，才知道这两个月来，他找海南电视台，被拒之门外，找海口琼剧团，戏路不对被婉言谢绝。总不能坐吃山空，他只好到万宁县去打工，一天搬运钛矿石上十个小时，才挣个六七元钱。他哪儿受得了这般苦，结果染了一身热毒……

“杀不出一条路，还碰得头破血流，干脆打道回府算啦？”我们静视着他。

“我们一起来了五个同学，已回去三个了。”他巧妙地避开，又说，“唉，无颜见江东父老啊！”

有人插话：“回去是理智的；留下的是坚强的。”“坚持到底，充其量是认识生活，结果还是两袖清风，两袋空空！”记者动了感情，激动地说。

明天怎么过？旋律低沉委婉

一阵沉默。举目望去，大学生此处摆的饭摊，依旧还有一长溜。生意虽不红火，但也不清淡。据说，海南公安局曾干涉过，双方各执一端，紧张得剑拔弩张。海南省负责同志说话了：大学生卖烙饼，是观念更新，这里可能出现企业家、政治家……

与其说这番话是对顺应“开发海南”潮流呼声的大学生支持，不如说是对他们的理解和期望。

不可否认，魂系梦萦海南的青年思想上还有着空白，他们缺少对海南经济方面的视角剖析，思想上缺少充分的准备。此刻，记者的思想飞离了“大陆角”，在海南几天的采访素材慢慢地浓缩起来——

虽然海南地理位置优越、自然资源丰富，有更加特殊的政策，经济管理体制正在改革和理顺中，但其劣势也是显而易见的。如基础设施方面，缺电缺水，能源不足，交通不便，电讯落后等。所以，全省是内联多于外引，谈判的多于签合同的，签合同的多于开工的。

岂止是工作难找，即使到农村打工也并不尽如人意，抑或要本岛人担保，抑或要交押金。特殊氛围中的“大陆人”的形象，似乎被扭曲了。

有人递给记者一张油印歌页，钢板字刻得歪歪扭扭。不知谁说过，在大变革中容易出现伟大的作品、作家和艺术家。这不，滞留“大陆角”的大学生们，将自己切身感受、酸甜苦辣，融进低沉委婉的旋律之中，即兴创作在“大陆角”流行歌曲《明天怎么过》。

不知谁悄悄地哼唱起来：

……明天，找不爱的工作；明天，找伪装的快活；明天，找无望的寄托；明天，找一路的失落。明天吃什么，明天没有钱，明天吃文凭，吃明天的眼泪……

“到海南来的就没有成功的吗?”记者为打破这压抑的气氛大声问道。“怎没有啊，那毕竟是很少很少，几百人中有几个了不得了。”一个在街灯下仍戴着草帽、光着上身、带足滑稽味的瘦小年轻人说，“尤其是大陆来的有姿色女同胞的工作还是不难找的。”

他是当涂县人，叫张孝祥。他用轻松的口吻说：“我不是来找工作的，我是来搜集素材的，准备沿海南走上一圈，年底回去，然后写点东西。”

他想当作家，我们接过他的厚厚资料本，翻开一看，上边全都是速记符号。这也是年轻人中的一个典型，他在海南以卖报为生，早上一碗豆浆，中午几个面包，晚上吃顿饭。虽然清苦些，但也乐在其中。

喧嚣的夜市沉寂了，记者踏着椰树筛下的斑驳月光，不尢遗憾地离开“大陆角”。是啊，构思中的《海南梦》，似乎缺少成功的典型，缺少厚度、亮色。

属于他们自己的辉煌

海轮票早已买好，翌日晨不无惆怅地登上“大海棠”号大轮。大海无边无际，长风助浪，波涛汹涌。此刻，记者从舷窗间猛然得到这样一个启示：世间任何一种意义上的潮流，都是在无数波峰浪谷的推荡间消长沉升的，唯其如此，大海才拥有一个多层次的象征意义。

正值大海的哲学启动心扉时，意外地碰到几个安徽小老乡。

两个不愿披露姓名的合肥红旗电机厂的年轻技术干部，引来扎根海南三亚市的成功者——原淮北矿建公司总机厂的张甫林。(有心的读者可能记得，他就是本报 4 月 22 日介绍过的海南谋业者。) 他是安徽大学中文系毕业生。嗬，小伙子皮肤黝黑显得十分精悍，一副海南人的打扮：上身穿花格子短袖衫，脚趿拖鞋，拦腰扎个皮钱包。尾随他进入记者客舱的是，江西南昌日用化工总厂供销科的杨晖，是张甫林在海南结识的追随者。

知晓记者的采访意图后，小张沉吟一会，说："我从确定到海南的那天起，就没想到找工作，开发海南，也开发自己。"想必他已看出记者迷惑的神情，又说，"到海南的大陆人，生存力量增强了，一改过去那羞羞答答的面容，在自我完善中寻找自我的人生价值。"

三亚市。去年12月的一天，突然出现一家近百平方米的大学生餐馆。那是张甫林砸下四千元，雇七个大陆人办起来的。

令人难以置信，这一帮从未受过烹饪训练的大学生，居然将餐馆办得像那么回事，在一溜排的六个餐馆中营业额最高。他们不仅烹调南北口味的菜肴，连海南菜也学会了几样。这可否说，他们是得益于高等教育——思维灵活，逻辑性强，心灵手巧哩！

"办餐馆只能作为谋生的手段，赚的钱全都用在岛上考察了，我这是第四次返大陆。"

原来，他瞄准了三亚的"房地产"，这次回大陆欲寻合作伙伴，租下荔枝沟可使用二十年的二十亩土地，兴办各种实业。

据说船王包玉刚就是靠房地产事业奠定基础的。小伙子的犀利目光，是受到其启发，还是一种默契？一向都以彬彬有礼的斯文著称的中国知识分子，是什么时候开始改变自己的形象？

记者开始细细地寻觅和思索。蓦地，大脑屏幕上清晰地打出一行文字：奔赴海南的热血青年，无论他们的"海南梦"失败还是成功，都有了属于他们自己的辉煌。

（1985年7月8日《安徽工人报》）

注：此文与王兆蔚合作。

【消息】

省委副书记杨永良语重心长话监督

本报讯　3月17日下午，在省政协文教委、省记协联合召开的舆论监督座谈会上，省委副书记杨永良要求全省各级党政领导要真心实意地重视、支持、欢迎新闻舆论监督，创造一个理解、宽容批评的社会环境，更好地发挥舆论监督的作用。

杨永良同志说，回顾历史，改革、开放取得这么好的形势，是与新闻舆论监督分不开的。随着民主政治建设的深入发展，近几年新闻舆论监督日趋活跃，弘扬正气，鞭笞丑恶，起到了其他部门起不到的作用。

他说，新闻舆论监督是人民监督的一部分，任何没有监督和制约的权力都是危险的。当前，加强舆论监督是形势与任务的需要，是改革、开放的需要，是加强党的建设的需要。党中央提出廉政建设，增强政府工作透明度、增强党务工作公开度，这里就有一个公开监督的问题，其中包括新闻舆论监督。严格地说，当前舆论监督还不完善，还有许多薄弱环节。因此，各级党政领导都要重视、支持和欢迎舆论监督，首先省委、省政府要做出好样子。

杨永良指出，现在报纸批评难，解决这个问题首先要正确对待批评，创造一个理解、宽容批评的社会环境。各级领导对报纸批评不能求全责备，不能要求记者写的都百分之百正确，每一句话都是金口玉言。这样要求是不现实的，不可能的。要看基本事实，基本属实了，就应当欢迎，就应当改正。

杨永良同志还要求新闻单位要力求批评报道的内容真实，把真实视作舆论监督的生命，对党对人民负责。当前要注意把握好报道的主旋律，把握好批评报道的社会承受力，正确地、科学地进行舆论监督。

座谈会上，安徽日报社、省电台、新华分社、安徽工人报社、安徽体育报社、省记协、省监察厅、省司法厅等单位的代表发了言。

省委、省政府、省政协负责人牛小梅、杜宜瑾、徐乐义同志出席了座谈会。牛小梅代表省委宣传部就创造适宜舆论监督的社会环境问题讲了话。

（1989年3月21日《安徽工人报》）

【消息】

总经理赵云鹏主动自曝企业违价丑闻

本报讯　5月8日下午，颇有名气的合肥无线电器材公司举行“自我曝光”新闻发布会，公司总经理赵云鹏将他们因工作失误而造成的违价销售彩电丑闻主动公布于众。此举在省城合肥尚属首家。

经该公司自查，今年一至二月份，公司下属四个部门在经营彩电过程中，不同程度地违反了物价政策，以高出当时规定价格几元至几百元不等的价格对外销售。据统计违规加价出售的彩电有三洋牌、菲利浦牌、上海牌、华日牌、青岛牌、黄河牌等共二百多台，违价款约四五万元。

赵云鹏在自我曝光讲话中指出，尽管有两个部门当时彩电对外销售价远低于进货价，但这决不能作为乱涨价的借口。特别是这种现象发生在有一定知名度的国营专营性公司，深深感到痛心，作为公司主要负责人负有不可推卸的主要责任。他说，此次发布会，意在通过新闻媒介把丑事公布于众，公开自我曝光；向广大消费者赔礼道歉：欢迎新闻单位、消费者协会对公司在执行物价、工商、税务、优质服务等方面予以公开监督。

赵云鹏宣布：公司成立由书记、一名副经理和工会主席参加的整顿物价办公室，自5月13日起接待并负责办理退款手续。凡今年元月1日以来在该公司所属部门购买的彩电，只要高于物价部门核准之价格，其高出部分一律退还，并参照银行规定的利息予以补偿，同时当众赔礼道歉。外地消费者可将发票寄来，由公司负责将退款寄给消费者。

赵云鹏在回答本报记者提问时说，此次曝光，完全是自我、主动意识，并非迫于上级有关部门压力。今年元月份结束的1988年物价大检查对该公司的评价令人满意。经过5年的努力，合肥无线电器材公司已由年营业额仅53万元跃入合肥市百万元以上利税大户。

合肥地区十多家新闻单位、市委政研室、市消费者协会、市工商局、市电子公司等有关部门负责同志参加了新闻发布会。

（1989年5月12日《安徽工人报》）

【通讯】

风韵独具说“绿雪”

雪，竟是绿的。不信？泡上安徽名茶“敬亭绿雪”，你就会有真切的感受。

出宣州北行十里，但见双峰突起，白云缭绕，幽谷蜿蜒，流水潺潺，鸟语花香。诗仙李白曾在此留下千古绝唱：“相看两不厌，只有敬亭山。”“敬亭绿雪”就产在这敬亭山上。它形如雀舌，全身白毫，开汤后一芽一叶，色泽翠绿，整齐匀净，花气袭人，爽口沁脾，远在明清就驰誉茶界。清人梅演以诗“更著敬亭茶德颂，色澄秋水味兰花”咏之；《宣城县志》以词“酌向素瓷浑不辨，乍疑花气扑山泉，今罕见”颂之。

何谓“绿雪”？正如一切美好的事物常常伴有神奇的传说一样，很久很久以前，敬亭山上住着一位名叫绿雪的美丽姑娘，她采制的茶远近闻名。一天，她不慎失足坠崖而死。次年春，姑娘坠崖处长出一簇茂盛的茶树。时人采其叶制成茶，冲泡后云雾蒸腾，杯口雾气结顶，杯内雪花飞落，犹如天女散花。这天女就是绿雪姑娘，于是“敬亭绿雪”茶因而得名。当然，此乃姑妄之说。从科学的意义上讲，绿者，茶色翠绿、汤色清绿、叶色嫩绿也；雪者，叶上附白毫万缕，于杯内绿丛中上下翻飞，如雪花飘舞之状也。

就是这样一种独具风韵的名茶，由于反动官府的压榨，日寇的摧残，至新中国成立前夕，已逐渐凋敝、沦灭、失传了。据说，20世纪70年代初的一次广交会上，一位外国茶商指名求购中国名茶“敬亭绿雪”。我方谈判人员尚未听说过这一茶名。后来查找资料，在《茶名大成》一书中发现了这样的记载：“‘敬亭绿雪’产于安徽宣城敬亭山，茶品细嫩，有白毫处其上，不易多得，每年运往江苏苏州、镇江等地，销售甚广。”有关方面立即组织力量进行发掘，并经名家鉴定，正式推出了“敬亭绿雪”。郭沫若同志闻讯喜不自胜，挥毫疾书“敬亭绿雪”四字相赠。从此，安徽历史名茶“敬亭绿雪”开始了真正的青春。

（1991年6月7日《安徽工人报》）

【消息】

江总书记题写片名　抗洪救灾壮丽画卷
抗洪巨片《大浪丰碑》将隆重推出
卢荣景、杨永良同志十分关注该片的工作

本报讯　由中共中央总书记江泽民题写片名，再现安徽人民抗洪救灾斗争史诗的大型电视系列片《大浪丰碑》即将推出。

这部系列片共十集：洪水大劫难、党心系民心、生死大搏斗（上、下）、含泪舍家园、数风流人物、浪激星更红、滔滔风雨情、悲剧没有重演、播种新的希望。

11月22日，中共中央总书记江泽民再次视察安徽的时候，闻讯高兴地挥笔题写了片名《大浪丰碑》。

该片以丰富的画面、历史性的笔触，真实生动地记录了在特大洪涝灾害面前，安徽人民在党和政府的坚强领导下，振奋精神、团结协作、战胜灾害的全过程，有力地显示了党的凝聚力，社会主义制度的优越性和人民群众的伟大力量。既有宏观的、全景式的把握，又有抗洪救灾各个阶段，各重大事件和典型人物的再现，体现了纪实性、政论性和艺术性的较好的统一。

这部巨片由省委书记卢荣景动议，省委宣传部牵头组织，从省广播电视厅、省文化厅、省文联、安徽工人报社和省委宣传部新闻处、文艺处等单位抽调专人进行策划、撰稿，由省电视台录制。

省委领导同志非常重视、关注该片的写作、录制工作。卢荣景、杨永良同志多次听取汇报，并接见策划、撰稿的有关同志，提出该片构想的指导思想，勉励大家以抗洪救灾的精神，精心完成这部带有文献性的大型电视系列片。

预计，将于明年元旦播出该片的前几集。

（1991年12月10日《安徽工人报》）

【特写】

真耶幻耶？一个呼之欲出的构想

——县委书记钱进的改革之梦

几次约谈，钱进都因太忙而爽约。这次记者好不容易“捉住”了他，劈头就问：“又当全椒父母官，又当全柴‘大老板’，上午忙县里，下午忙厂里，晚上变成了夜猫子，你活得太累了，值得吗？”

“是的，太不潇洒了。我原先也不愿干这个县委书记，而现在——老实说，我还真想干两年县委书记。”钱进神秘地一笑，接着说，“邓旋风南巡鼓起了中国第二次改革潮，这可是难得的机遇啊！我梦想在全县范围内试一试包括政治体制改革在内的全方位改革，把‘全柴速度’演绎成‘全椒速度’……”

好一个梦想！值得。

他就是这样敢为天下先。如果把钱进与其谐音“前进”联系到一块儿并不俗气。

六年前，他一跺脚走下县经委主任的宝座，挑起全椒柴油机厂厂长的重担，就没往深里琢磨：自己将来是英雄还是“狗熊”？他顾不上亲友的反对和开导，义无反顾地扎进机声隆隆的车间，领着5000多名职工摸爬滚打了2000多个日夜，使这个原先年产万台柴油机还卖不出去的小厂，一跃成为国家大型企业、全国同行业“小霸王”，年产40万台还俏得像皇帝女儿一样。

乐得一向不苟言笑的朱镕基副总理不住夸赞：“全柴发展速度在全国也是绝无仅有的！”

人生没有停靠站。钱进的快乐只是一种转瞬即逝的感觉。1992年，县委书记的担子又压在他的肩上。

他要把梦想变成现实。在他支持下，今年初，县委、县政府发出含有10款28条重大改革举措的一号文件。

钱进向记者和盘托出其构想：“从1993年起，全县不存在‘中心’‘核心’两心之争。所有企事业单位由行政一把手兼书记。县里只管一把手任免、国有资产增值和上缴利税三条，各单位内部机构设置、人事任免、生产经营、内部分配权统统下放。管住这三条，你生产柴油机的厂去养牛也随你，厂长只要交足国家利税和个人调节税，拿多少也不扣你‘贪污的帽子’。”

钱进这说法当然只是比喻。但充分转变政府职能，最大限度放权让利于企业，确是促使企业转换经营机制走向市场的有效途径。交权的过程，向来是个长长的接力赛，钱进只是想交接得更快些。

有报道说，中国私营经济正进入历史上最活跃的发展时期，到20世纪末将三分天下有其一。精明的钱进也从全椒5%私营经济上交25%财政收入的巨大潜力中意识到这点。

在他倡导下，县里决定给新办私人个体企业享受三资企业优惠政策，将全椒建成私营经济“小特区”，争取使之到1995年与国营、集体企业三分天下；同时规定，县里今后一律不批准办新的国营、集体企业，少一道绳索，多一分活力；对于众多地方是块“心病”的亏损企业，实行资产挂账，私人经营，但仍归集体所有，定额征收，超额全留。钱进说，放活水才能养肥鱼，这对简单宣布亏损企业破产、拍卖更符合中国国情。

尽管姓“社”姓“资”的争论不那么吃香了，但人们仍习惯于对冲破长期形成固有观念的苗头提出反问：“这是搞社会主义吗？”他只有坦然一笑：“我连该拿的630万元承包奖都只拿1.4万元，还捐给灾区5000元，半夜鬼敲门也不惊！我们总不能因现实提出的问题永远没完没了，就老是拿概念去套实践而坐失良机吧！”

（1993年1月2日《安徽工人报》）

注：此文与陈平合作。

【特写】

喜耶忧耶？一个迟迟未报道的故事

——县委书记王保民的廉政汇报

日前，涡阳县委书记王保民调到蒙城县任书记。几位涡阳干部对记者说：“王书记调离，俺留不住他，可他那清正廉洁的感人之举却深深留在涡阳人民心里。这事他在涡阳时一直不让宣传，如今他走了，报上总得给一个‘说法’……”

其实，这事记者早有所闻，只是不便提笔罢了。

那是今年元旦前夕，涡阳县召开党外人士座谈会，请王书记去作指示。“指示个啥？还是汇报一下个人廉政情况吧。”王保民缓缓说道，“我当县委书记一年零几天了，时常为一些人送礼发愁。有送烟的，送酒的，说实话，有的我也收了，这不算。单送钱的就有 25 人次，累计有 13.8 万元，最多的一笔给我 10 万元的支票。这些我都谢绝了或原封不动退回去了。我尊敬的一位老师可以作证，有些是他帮我退的……”

王保民临了说：“我为什么要这样不给人家面子呢？大道理不用多讲，我只想说两点：一、我受过高等教育，大学毕业，今年才 40 岁，日子还长，自己要珍爱自己吧。假如收人家的贿赂，等于自己毁了自己呀！二、我土生土长在涡阳，为官一任，造福一方，绝不能干对不起乡亲的事，不然就是我拍拍屁股调走了，我的家人还在，也会留下骂名的……”

王保民这番掏心窝子的话，说得会场上鸦雀无声。他说完了，会场立即活跃起来。许多人赞扬王书记讲得对，共产党的官就是应该这样带个好头，不然老百姓会骂娘的。也有人不无调侃地说：“王书记，你在任这一年多是个淡季（指无干部大调整，送礼的相对少），旺季情况你还没体会到呢！”

王保民本人和有关好心的人们告诫记者，千万不要将这个故事捅出去。言下之意不说自明。可是，不写实在有一种新闻职业的失职感，甚或负罪感。今天斗胆捅出去了，是耶，非耶？喜耶，忧耶？走着瞧吧！

○**原编者说**

为王保民们撑腰

这篇稿使编者陷入深深的思索。报上开展批评难，老编们都有切身体会，已是司空见惯。没想到如今表扬一个人，而且是个县委书记，竟也这么难，以致连县委书记本人和有关的好心人也恳言劝阻。这说明什么？恰恰说明正在进行的反腐斗争是多么必要，又是多么艰巨！如果连这样一个清正廉洁的县委书记也不能报道，或者报道以后反而使他陷入困境，弄得他一身骚，混不下去，那么这对我们当代的新闻事业，对我们的廉政建设来说，岂不有些奇怪了吗？不过，编者坚信，读者坚信，人民坚信：邪不压正，廉政得人心！本报愿为王保民们撑腰！

（1994 年 3 月 5 日《安徽工人报》）

注：此文与王学敏合作。

【通讯】

家电竞争任评说

你说“美菱”销量第一，我道“扬子”名列前茅；你有中日“荣事达”，我上中意超豪华；你“小天鹅”风气良好，我“斗源”柜式空调更佳……我省家电擂台从省外打到省内，战鼓频催，风起云涌，是非得失，众说纷纭。

龙争虎斗戏连台

5月26日，美菱集团在《安徽日报》刊登整版广告，向广大读者宣称：据全国电冰箱信息网统计，1994年第一季度，“美菱”电冰箱销量跃居全国第一。并郑重声明，销量进入全国前十名的，安徽唯有“美菱”。“扬子”集团没有等闲视之，6月6日在《安徽日报》上隆重推出整版广告：据中国家用电器协会最新公布统计资料，1994年1——4月份电冰箱产销量进入前三名的厂家依次为：容声（28.2万台）、扬子（25.2万台）、海尔（23.5万台）。

各有各的依据，各有各的渠道公布的数字。顿时，广大读者似坠入云雾之中，不知所云……

争斗何止于此！曾走红一时的合肥无线电二厂“黄山”彩电竞争中失色，被迫由“荣事达”兼并，方显起色，近日又东山再起。可是，正当“荣事达”洗衣机、“小天鹅”空调器叫响神州的关键时刻，家电巨星“美菱”集团粉墨登场，投入巨资，于1994年3月与意大利签约联合生产豪华洗衣机、“美菱”空调器，去年8月投入市场。“扬子”当然也不甘寂寞，遂于1993年4月与韩国“斗源”签约，联合生产空调器。风云突变，统霸安徽洗衣机和空调器市场的合肥洗衣机总厂、小天鹅空调器公司深感形势咄咄逼人，多次洽谈，以便联袂抗衡。

真可谓龙争虎斗，好戏连台。

安徽家电全国举足轻重，去年电冰箱、洗衣机、电视机产量分别跃入全国第二、六、八位。虽然“扬子”“美菱”早就暗中比着干，但竞争大格局、主战场是面向省外。从去年起主战场渐趋省内外并重，欲杀个天昏地暗。其间，是非得失，人们褒贬不一，忧忿欣喜，心态各异。

旁观者说：

宏观失控　不该闹家窝子

记者遇到一些好心的旁观者，对此种现象大不以为然。他们说，本来安徽家电一致对外，大门里边基本相安无事。以洗衣机为例，改革开放之初，合肥洗衣机厂打出“百花”牌，因势小名微，市场无竞争力，后与上海“水仙”联合，声誉鹊起，继而推出“荣事达”，很快风靡神州，称雄洗衣机市场，连昔日的老大哥上海“永仙”厂也刮目相看，更为安徽家电业立了功，争了光。这大好形势来之不易，理应珍惜它爱护它。你“美菱”冰箱牌子当当响，你有劲使在冰箱上，何必也搞什么洗衣机呢？美菱这么一搅和，“扬子”推波助澜，加入战团。“乱了！乱了！”他们不无担忧地说，“这叫宏观失控，安徽人拆安徽人的台，安徽人捣安徽人的蛋。”他们甚至呼吁政府出来管，再不能闹家窝子了。

消费者说：

竞争出名牌　分明好事一桩

“你说乱了，我说好事一桩。”这几乎是记者接触到的消费者群的一致看法。

一位看了报纸刊登“美菱”“扬子”生产空调器广告的读者（当然也是消费者），喜形于色地说：“这下子‘小天鹅’可要紧张起来了。一个人也好，一个企业也好，没有紧迫感，就不会严格要求自己，就可能松弛懈怠；一个产品如果只此一家，别无分店，难保质量不会下降……”

省消费者协会一位权威人士同记者闲侃时说，从市场消费的角度看，竞争出质量，竞争出名牌。就说冰箱吧，蚌埠冷冻机厂是我省生产电冰箱的第一家。可是十几年来，消费者几乎将它遗忘。原因就是没有名气。20 世纪 80 年代初，我国 9 个厂家从意大利引进阿里斯顿冰箱生产线，为什么今天“美菱”冰箱能鹤立鸡群？原因不仅在于它的背后有那么多“阿里斯顿”跟它较劲，还在于它的身边有“扬子”这么一个强有力的对手。假定当初我国只有合肥一家上阿里斯顿冰箱，假定也没有“扬子”与它竞争，“美菱”能有今天的质量、今天的声誉吗？显然是不大可能的。既然“美菱”可以跟外省竞争，可以跟省内“扬子”竞争，为什么不能跟其他厂竞争呢？既然电冰箱可以省内竞争，为什么洗衣机、空调器等不能省内竞争呢？

“不怕不识货，就怕货比货”，这一古训在市场经济的今天特别有用。

老板们说：

遵循市场规律　创造家电辉煌

记者重点采访了“小天鹅”“扬子”“荣事达”三家的头头。谈起我省这次家电大战，他们都有一个共同点，那就是为了振兴安徽的家电，必须面向省内外大市场，按市场竞争的法则办企业。作为企业家要敢于竞争，作为企业要善于从竞争中获取动力、营养。但他们也各有自己的想法。

陈荣珍：追求新境界　市场敢较量

“荣事达”总经理陈荣珍与记者促膝谈心。

他说，合肥洗衣机总厂连续多年主要经济技术指标居全国同行前列，成为中国500家最佳经济效益企业，进入中国日用电器十强行列，其主导产品“荣事达”牌洗衣机质量稳定，供不应求，荣获“全国最畅销商品”的称号。

谈及安徽家电竞争的态势时，他认为，安徽几家有名的家电企业，在抓成熟产品的同时，要有新的境界，不要在老产品上大做文章，企业的发展要优化出其他高附加值的产品。企业的行为是“种瓜得瓜”，在经济大潮中有人会推波助澜，但一旦“水落石出”谁来管，大不了一免了之。

陈荣珍呷了口茶，又说，胜者为王，败者为寇，谁是王谁是寇，市场上较量。不敢竞争，就不配做企业家。全国洗衣机市场产大于销已成定局，全国洗衣机厂有76家，日子好过的没有几家。尽管“荣事达”一花独放，但一直在脚踏实地地干，把企业放在国内外同行业中作比较，比产品档次、技术含量等，这样才能知己知彼。合肥洗衣机总厂从百花——水仙——荣事达，艰难过程虽已度过，但经过正反方面的锻炼，“酸甜苦辣”已成为企业的财富。

董全成：面对挑战　发展强项　占领市场

记者终于抓住了忙碌异常的江淮空调器公司总经理董全成。他说，近几年空调器市场是烽烟四起，珠江三角洲、长江三角洲，连东北地区和山东省也纷纷举起生产空调器的大旗，安徽也有五六家在上空调器。开始我们感到紧张，但“刺探”后心里踏实多了，因为我们有多少年的技术、管理和宣传等优势。市场竞争本身就是这么回事，既是挑战又是机遇。

他又说，现在空调器竞争的手段五花八门，名牌也互相大降价。尽管我们资金十分紧张，今年上半年仅在中央电视台就花了360万元，天气预报后“小天鹅”亮相5秒钟，一次就是2万元。“小天鹅”自由翱翔，进入千家万户，成了消费者心目中的名牌。广告效果是不可否认的。即使如此，预计今年“小天鹅”的销售在同行业中只能维持在前 10 名。他认为，安徽的家电竞争要集中资金，发展强项，去占领国内甚至国际市场。

宣中光：对内多家竞争　对外一个拳头

中国扬子集团总裁宣中光，颇有大老板风范。他说，“扬子集团制定了三十年发展规划”，第一个十年规划（1980—1990 年），打基础，树形象，已圆满地通过；目前，“扬子”在实施第二个十年规划的过程中，大力发展汽车、家电、制鞋、设备制造、模具等 18 个行业；力争人均劳动生产率、人均利税、资金利税率等各项指标达到世界先进水平。

当记者谈及对安徽家电竞争的看法时，他沉吟了一会儿说，竞争和拳头一定要处理好，日本对内是多家竞争机制，对外是一个拳头。安徽家电的几块牌子是难以估量的无形资产，是在竞争中树立起来的，还要在竞争中壮大，千万不能倒掉一块。无论谁竞争倒了，都是安徽的损失。内部的竞争要服从拳头对外的大竞争。牌子竖起来要经过很长时间，很困难，倒下去却很容易，所以千万不可轻心！

都说市场竞争是无情的，老板们却说是有情的，大家是对手，但不是敌人，这也许是中国特色吧。竞争归竞争，但必要的信息交流、技术协作还要搞，请有关方面出面牵线搭桥。

人们期盼，通过多家竞争，安徽的家电声誉更高，实力更强，市场更广阔。

（《安徽工人报》1994 年 6 月 25 日）

注：此文与王兆蔚合作。

【通讯】

喜忧参半六千万

幸运儿零时降生

随着合肥市供电局职工汪晓中推进分娩手术室，我省人口进程也进入了一个重要时刻：当一个体重3.35千克、身长48厘米的新生儿啼哭声响起，宣告了我省总人口达到了6000万。时间是1995年10月17日0分15秒。

这天阳光明媚，微风和煦。街上彩球升腾，标语、宣传栏五颜六色。上午，副省长杜宜瑾及有关领导一行来到省立医院，看望了这名女婴，将鲜花和洋娃娃玩具摆在了她的床前。杜宜瑾随手抱起她亲切地说："你是安徽第六千万个小公民哩!"此时，这位漂亮的小公主摇摇红扑扑的小脸蛋，努努小嘴巴，睁开了长着双眼皮的眼睛，充满灵气地看着眼前这一切。

婴儿的父母均系合肥市供电局计量所普普通通的工人。他们做梦也没想到，孩子出生会有这番惊动，出生才几个小时就经历了这样的场面，成了"名人"。以至于婴儿的爸爸李琳熬了一夜早上回去了而不在现场；婴儿的妈妈汪晓中直到记者蜂拥而至她的床前才恍然大悟。

事后她对记者说："这孩子太幸运、太幸福了!"本来预产期是10月23日，可16日检查发现胎儿已入盆，且脐带绕颈两周，羊水不足。当日17时住进医院，随着分娩指征的出现，23时05分推进了手术室做剖宫产。省里指定合肥市三家医院各报送两名17日出生的新生儿材料，他们的小千金就这样荣幸地被选中了。说到这里，记者高兴地插话："这小宝宝又幸运、又幸福，建议你们以'幸'字给她命名。"小两口听了十分高兴，转告了孩子的爷爷。爷爷说："除了幸运、幸福外，我们全家还十分欢喜，就叫'幸欣'吧。"当人们向小幸欣祝福时，27岁的汪晓中苍白的脸上洋溢着自豪的神情，长她一岁的丈夫在一旁爱意无限地望着她。她俩是在上夜校学习时相互帮助产生了感情，恋爱5年于去年结婚。李琳说："我们是坚决晚婚晚育。因为人口多，消耗大，人均收入低。"他朴素的话语道出了一个严肃而又沉重的话题：6000万人口意味着什么？

六千万人口日推迟十年

回顾安徽人口发展史：1949年全省总人口2786万，1953年达到3000万，

1971 年达到 4000 万，1982 年达到 5000 万，1995 年达到 6000 万。

实行计划生育 20 多年，我省少生 1400 万至 1500 万人，比现在的阜阳地区的人口还要多，使我省 6000 万人口日推迟了整整 10 年。到 1994 年，全省出生人口和净增人口分别降到 100 万和 60 万以内。人口出生率由“四普”时的全国倒数第二位进到全国的第十三四位，特别是从 1993 年起，人口出生率、自然增长率连续两年降到了全国平均水平以下。大大减轻了人口对经济发展的制约，缓解了人口对教育、卫生、交通等事业的压力，降低了由于人口增长过快对资源和环境的不良影响，对加快我省的现代化建设、提高全省人民的整体素质起到了积极的推动作用。近几年我省经济进入“快车道”，国民经济呈现出前所未有的增长势头，从经济实力来看，国民生产总值居全国第 14 位，工业产值居第 11 位，粮棉油产量均在前几位，经济总量已达到了全国中等靠前的水平。

红色警示触目惊心

省领导的说法是：“按人均计算，我省的经济指标低于全国平均水平，属下游，令人汗颜。”安徽省幅员仅占全国的 1/68，但人口占到 1/20。即使保持目前的生育水平，不断增长的人口，让我省的经济发展依然压力巨大，每年新的经济增长量，大部分被新增人口所抵消，直接影响了经济建设资金的积累，制约着经济建设发展速度。

据省土地管理部门推算，到 2000 年，我省人均耕地面积不足 1 亩。人口的过快增长对自然资源和生态环境的威胁不容忽视。

据省计生委介绍，目前，我省人口密度为每平方公里 428 人，居全国第八位。每年出生人口仍在百万，净增人口 60 万。今后几年每年都有 65 万对左右的男女青年步入婚育期，在这一段时期内，我省人口的政策出生率仍然高出全国平均水平 1 至 2 个千分点。更值得警觉的是统计误差率高居 18.38%，多孩漏报率高达 90%；去年全省仍有近 22 万人计划外生育；市场经济条件下我省流动人口总数已达 500 万。

这一切表明，到 2000 年把我省总人口控制在 6400 万以内仍须艰苦卓绝地努力。

（1995 年 10 月 2 日《安徽工人报》）

注：此文与朱进星合作。

【通讯】

坎坷劳模路

劳动模范，一个充满汗味和苦味的荣誉称号。没有超乎寻常的奉献，便得不到这种荣誉；而一旦拥有这种荣誉，则又意味着永无止境的奉献。他的背后洒满汗水，他的面前布满艰辛。一个大人物说他引出了一条正路，一个小人物又把他推入一片泥泞。面对坎坷，他进退维谷，面对劳模称号和残疾人事业他义无反顾。

尹正路便是这样的劳模。

引出一条正路

1983 年，30 岁的尹正路担任宿县校办福利工艺品厂厂长。从 2500 元贷款、3 间破牛棚起步，带领 15 名残疾人，创造了一个“鸡毛飞上天”的故事。他们生产的鸡毛掸，远销日本、新加坡、美国、中国香港等国家和地区。至 1989 年，已创产值 150 万元，纯利 20 万元。这一年，他利用积累的资金，在上级的支持下，创办了宿州第一所聋哑学校。其后将工艺品厂改建成制式服装厂。也就在这一年，尹正路被国家教委、人事部、教育工会评为全国教育系统劳动模范。

一个倍受尊敬的劳模称号，如鞭加背，催尹正路一路奋进。1992 年，制式服装厂创利税 33.4 万元，1993 年 71 万元，1994 年 120 万元，1995 年 346.6 万元，4 年增加了 10 倍多。产值 1995 年达 1300 多万元。他筹资金，跑材料，先后建起了 5460 平方米的厂房、教学大楼和校舍。他建蔬菜大棚、果园、养鳖塘、养猪场，构成 60 亩立体高效农业基地。他深夜伏案编教材，除文化课外，为聋哑学生开设缝纫、系列养殖、高效种植等专业课程。对于聋哑学生，尹正路采取免费入学，生活上从碗筷、面盆、牙膏、理发、洗澡到床单、被罩、校服、医疗、一切统包。

学工、学农，专业培训，尹正路为残疾学生创造一个自立的未来。按市委市政府文件规定，尹正路获增值利润 10% 的奖金 13 万元。记者采访的时候，尹正路说，要用这笔属于自己的钱为残疾学生办理养老保险，使他们走出学校，步入社会，步入晚年无后顾之忧。他的事业是充满人情人性的事业，他以如山如海的深情拥抱着残疾儿童的现在和未来。

1992 年 1 月 19 日，省委书记卢荣景亲临聋哑学校视察，所见所闻，十分感动。他拍着尹正路肩头说："尹正路，你引出了一条正路！"卢书记对政府负责人说："像尹正路这样的人，你们这里要有几十个，上百个，这不就兴旺了吗？"

陷入一片泥泞

也许正是因为他是能人，所以终究为其能所累；也许正因为他是人才，终究为其才所苦。

1994 年，宿州市教委连续召开会议，决定对倒闭数年的市教学仪器厂采取措施：撤销仪器厂，请能人出山，任命聋哑学校校长尹正路兼总经理，在聋哑学校制式服装厂的基础上组建东方服装公司，将原仪器厂的房屋土地交东方服装厂统一使用管理。

任命文件、工商营业执照、法人代表，一应俱全。

这本是一块处于宿州市黄金地段的宝地，却垃圾如丘，茅草没膝，猪圈狗窝遍布。70 间房舍，没有一个完整的门窗。

清垃圾，修房舍，尹正路带人挥汗如雨，投入 10 余万元，将大院清整一新。

日夜兼程，尹正路捧着宏伟计划和这项关于残疾人的事业，打动了善良人们一扇扇心扉。立项，顺利通过，逐级上报。省教委、国家教委计划拨给开发资金 200 万元，其中部分资金已到位。

请专家，访名人，绘制出 4000 平方米厂房图纸和整体规划图。尹正路计划投入 350 万元，购置一流设备，引进一流技术，建成一流厂房，安排数百名残疾人就业，年产 65 万套制式服装。他雄心勃勃为宿州市、为残疾人、为教育事业创造出一个更大的企业。

可是这块"宝地"分别被几家占领。当务之急便是扫除"割据"局面，按市教委文件收回被蚕食的国有资产。但尹正路没有料到，割据局面没有扫除，而他和他的企业却面临被扫除的危险。

张某，市教委一名干部，1988 年租赁市教学仪器厂的厂房开办印刷厂，挂靠教委，属挂教委牌办个人厂。"租赁"期早已结束，拒不搬迁，眼看宝贵的时间在两嘴白沫中一天天磨过去，尹正路万般无奈之下，只好诉诸法律。

1995 年 1 月 16 日，宿州市人民法院依法作出裁决：被告（法人代表张某）应在本判决生效后 5 日内搬出所租房屋。张某不服上诉，宿县地区中级人民法院于 4 月 8 日下达裁决书：双方均按原审判执行。市法院因张某久拖不搬，强制执行，扣押张某印刷厂白纸 4 件，查封财产若干。

一场没有必要的官司就此结束。正当尹正路全力以赴，要把官司耽误的时间夺回来之际，一场更无必要的调查则随之开始。

被告变成了原告，张某开始“人民来信”的专业创作。张某告到市教委，市教委坚决维护主任办公会形成的集体决议——叫他搬出去。张某又以火药味更浓的措辞，历数尹正路“罪行”，以两角钱一封的人民来信，广为寄发。

1995 年 7 月初，省政府负责人、省人大签批的人民来信转到宿县地委、行署。按常规，法院已经审结，按法办事即可。为慎重起见，宿地纪检委和监察局仍按省里批示，成立专案组开展专项调查。为了这两角钱一封的人民来信，办案人员顶烈日，冒酷暑，四处查证。用无数的汗水和厚厚的车票换回了一系列严谨的结论——张某反映市教委负责人将 200 万元国有资产无偿送给尹正路。结论：东方服装厂属市教委下属企业，只是更换法人代表，不存在把巨额国有资产 200 万元无偿送给尹正路的问题。张某反映“砸毁、砸垮印刷厂”问题。结论：查封、扣押印刷厂财产是法院采取强制执行措施。张某的反映与事实不符。张某反映尹正路财务问题。结论：没有违纪现象。专案组在结论中特别指出：印刷厂挂靠教委，属个人投资兴办企业。法人代表张某，即举报人。

如此状告这样一个国有企业法人代表侵吞国有财产，岂不是天下奇闻！一个小人物，假“人民来信之名”戏弄了大人物，演了一出在我们国家屡见不鲜的闹剧。

卞和哭璧的悲伤

尹正路在等，等来了一个公正的结论，等来了一个澄清的清白。他不愿再等，渴望在这块为他带来一系列麻烦的场地上跃起，为日夜憧憬的企业痛痛快快地挥洒汗水。然而，他又不得不哀叹着等下去。

市教委负责人更换。

后继负责人便免不了有些犹豫。也许是慑于个别人高超的告状术，也许是悸于满天飞的人民来信，也许是其他不明的原因，教委原先的决定、文件统统被不死不活地放在那里。尹正路一遍遍跑、一遍遍找，换回的只是一些模棱两可的官场术语。

尹正路真正有了卞和哭璧的悲伤。他不明白，自己从三间牛棚起步，创造了皖北第一所聋哑学校，渴望奉献出一个亿元企业，他做错了什么？

他不明白，为什么一个小人物的人民来信竟使一些自诩为无畏无私的共产党人噤若寒蝉？

他能前进吗？横在面前的是权力的屏障和人为的陷阱，举目是探不明走不尽的坎坷。

他能后退吗？后退将如何面对劳模的称号，面对等待进厂的数百名手持双拐的肢残者和聋哑人？如何回报国家、省、地、教委和中共宿州市委、市府的支持信任？

面对坎坷，他进退维谷，面对劳模称号和残疾人事业，他义无反顾。

一位劳动模范执着奉献而又报效无门，难道不值得我们领导去认真反思吗？

多一些支持，多一些理解吧，为了一颗真诚的奉献之心！多一些关怀，多一些帮助吧，让众多的如尹正路一样的劳模少一些坎坷，少一些磨难！

（1996 年 4 月 27 日《安徽工人报》）

注：此文与王雪、胡秋原合作采写。发表后受到文中所批评的张某所谓“侵权”的指控，引起一场长达三年多、备受关注的新闻侵权官司。本报的辩护博得主审法官当庭高度评价本报《坎》文主持了正义。

【消息】

厂长称霸激众怒　职工签名求罢免

淮南蓄电池总厂“刘一刀”被撤

本报讯　自称“刘一刀”、动辄要把职工踩到脚下的淮南蓄电池总厂厂长刘玉振，以其霸道作风和经济问题激起众怒，全厂300多名职工集体签名要求罢免他的厂长职务。职工群众的义举引起上级领导机关和工会组织的高度重视。日前，刘玉振已被撤销职务并被正式逮捕。

淮南蓄电池总厂由市蓄电池厂、市防爆电池厂等4个小厂合并而成。1994年原任防爆电池厂厂长的刘玉振被市机械局党委聘任为总厂厂长。刘上任不到半年，人民来信、来访不断。他不尊重职代会和工会，把自己放在职工的对立面。在职代会上，他说自己是商人，“我花200多元（工资）是买你们劳动力的”。对职工提案，他说：“我不知道是谁提的，如果知道了，我要把你们踩到稀泥里去，把骨髓抽出来。”他自称“刘一刀”，扬言“三分钟可整倒一个人”；他曾一次处理11名厂中层干部。全厂工资分配他一个人说了算，自己1000多元，而普通职工人均200多元。据淮南大通区检察院调查，刘玉振从霍山县为厂方购进茶叶650多公斤，每公斤加价20元，一次就得赃款1.3万多元。9月12日，从他家搜出52万元来历不明现金。

因企业管理混乱内外交困，今年8月2日，刘玉振提出辞职。市机械局让总厂党委书记游克忠主持全厂工作，刘玉振仍回防爆电池厂工作。8月19日游克忠正在主持召开全厂供销工作会议时，刘玉振自己驾车回到总厂，突然闯进会议室，大发雷霆：“还是我说了算，什么都得我批。你们跟我作对，我的脚把你们踩到稀泥里去，把骨髓抽出来。”他要求收回权力，并扬言不给职工发工资，说完宣布散会。因为会不是他召集的，所以大家都没有散，他一人走出了会场。看他盛气凌人的样子，憋了一肚子气的工人们纷纷拥了上来，越聚越多，足有300人。大伙怒吼道：“你走可以，但要把问题搞清楚，把你长期据为己有的工厂豪华轿车留下。”说着工人们强行从刘玉振手中夺过车钥匙，将他轰出工厂。300多名职工人人签名，要求罢免刘玉振的厂长职务。

“8·19”突发事件之后，市机械局立即派驻工作组进厂，一方面肯定了工人们的行动，稳定职工情绪，另一方面解除了刘玉振厂长职务，任命游克忠为总厂法人代表。省总工会派出专门调查组，在市总工会和有关方面配合下深入该厂进行调查，对职工关心企业，民主意识增强给予了高度评价。淮南市大通区检察院于9月11日立案收审刘玉振，尔后正式将其逮捕。

淮南蓄电池总厂新的领导班子，把全心全意依靠职工办企业当作一项根本的治厂方针，大大调动了全厂职工积极性，8月份以来月月圆满完成各项主要经济指标。

（1996年11月19日《安徽工人报》，《报刊文摘》《羊城晚报》先后转载，后者还配短评《狗官，狗官，罢他的官》）

【通讯】

三十那个晚上

——省总工会春节热线电话跟踪记

除夕之夜，窗外张灯结彩，鼓乐齐鸣；屋内，亲人团聚，笑语欢声。然而，省总工会党组书记、第一副主席高前清却无心恋此，他急匆匆吃了点年饭便赶到省总工会，准备值班到零点。他心里默念着：但愿今晚无热线，家家户户过好年。

改革带来的阵痛，一些企业破产、停产，相继而来的下岗职工骤增，这些社会新情况无疑给工会工作带来新的课题和更大的压力。从元月 18 日起，全省 16 个地市工会送温暖热线电话连续三次在本报赫然登出。省总工会又以引人注目的红色广告在《安徽日报》公布热线电话，向全省人民庄严承诺：绝不让一个特困职工过不了年！这一壮举在全国开了先河，引起强烈反响，《中国青年报》、中央人民广播电台、香港《大公报》等传媒盛赞：温暖广告温暖特困职工。

然而明眼人都知道，这分明是在引火烧身！截至年三十前，省总工会和各地市工会受理热线电话和来信、来访总计 367 人次。职工们有困难打热线，有苦向工会诉，热线电话成了“救急线”“暖心线”。

此时，高前清关切地向全省各地市工会一一拨打电话询问情况。芜湖市总工会回话：年三十上午 11 点，芜湖蓄电池厂刘成春打来热线，反映企业停产，家庭收入仅 180 元，爱人生病，孩子失学。芜湖市总工会当即送去 1000 元钱和年货（25 公斤米，肉鱼、油、鸡蛋各 2.5 公斤）。年三十这天，合肥市总工会接待了两名上访者，各送上 200 元。其他地方“平安无事”。高前清心里松了口气。

20 时 15 分，电话铃声乍起，再次把高前清的心揪紧：真有三十晚上过不了年的？合肥市二建安装公司已下岗 5 年的女工何慧打来电话：丈夫近一年没发工资，外欠 9000 元债务，全家主要靠她摆地摊的微薄收入生活。放下电话，高前清带着省总工会办公室主任、生活部长、安徽工人报总编，揣上 400 元钱，立即驱车赶往何慧家中。

车在闪闪烁烁的街灯下穿行，高前清思绪绵绵。自提前公布热线电话以来，全省各地市工会倾尽全力实施送温暖。黄山市总工会针对“热线”反映特困企业发不出工资等问题，积极向市委和所在县委汇报、协调，为休宁印刷厂等企业落实了贴息贷款发工资。合肥市总工会受理热线电话、来信来访共50多人次，市总工会给每人送一袋15公斤大米、一桶油、二瓶酒和120元钱。马鞍山市总工会为打热线的特困职工准备了食品袋，每袋5公斤大米、一桶油、一袋腊腿、两袋香肠，价值150元。蚌埠、滁州、阜阳、宿县、六安、巢湖、池州等工会为职工排忧解难，特困特办，分别为每个特困职工送去100元至1000元不等的慰问款。芜湖市总工会对1208户特困职工逐一模底，实施送温暖。宣城地区工会在公布热线电话第二天，就接到绩溪县汽运公司一职工遗孀电话反映孩子患白血病生活贫困，马上送去了慰问金。淮北市总工会对人均收入不足80元的特困户建卡立档；沿街设立粮油发放站，全市1874个特困户凭票领到了50公斤面粉、2.5公斤油和60元钱。安庆市总工会接到桐城建安公司职工反映企业拖欠工资的热线之后，紧急筹集60万元，财政拨款10万元，总计70万元，给2000名职工补发了拖欠的工资，使职工欢欢喜喜过个年。就在前两天省总工会接到省乡镇企业局下属物资供应公司职工打来的热线，反映他们企业停产两年，职工14个月未发工资，特别是身患癌症的职工吕伯金生活无着。高前清听了汇报之后，立即批复，从“送温暖基金”中拨付4500元，对15名特困职工每人补助300元过节费。然而是否还有特困职工过不了年？高前清心里惦念着。

省三建公司宿舍9号楼609室，何慧的家中。何慧夫妇与高前清像久别的亲人一样，握着手拉着呱：“今晚，在我父亲那儿吃年夜饭，一家人围坐一起，越谈心里越冷，父亲和两个弟弟也都在破产企业。我都40多岁的人了，还要靠父亲吃饭，揩老人的油。”说到这里，何慧声音哽咽、泪花闪闪。何慧的丈夫刘谦是省建三公司地材运输公司司机。这位东北汉子驾的是8吨大江淮车，只能拉5吨货，而要付8吨运费，当然找不到货主。去年3月他承包后背了9000元债，一分工资没拿到，气得在家待着。他说：“吃老婆饭，我咋像个男子汉！”

高前清安慰着他们，仔细询问他们的生活状况，问问年货准备得咋样。何慧说：“过年买了20元排骨，一只鸡和一些小糖给女儿吃。说实在的，我们也没到揭不开锅的地步。就是觉得心里憋得慌，不好受，这样下去可怎么办？我们全家就想到工会热线……”

高前清边听边到厨房看看，打开碗橱，空空如也。他连声叹曰：“清贫呐，清贫！”高前清心里明白：这家人更需要的是温暖，是鼓起今后生活的勇气和信心。他将带来的400元过节费亲手交给何慧，鼓励何慧夫妇，要看到改革带来的阵痛是必然的，也是暂时的，改革也同样会给我们带来成熟，带来坚强。要建立新的择业观念，靠自己的力量闯出生路，顺应改革大潮，我们一定会强壮起来，日子一定会好起来。

像拂过一股春风，何慧夫妇脸上愁容变成笑颜。夜里 10 时 30 分许，何慧夫妇目送着高前清一行的身影消失在七彩的除夕之夜，他们挥着手，再挥着手。

正当记者发稿的 2 月 13 日下午，中央电视台记者闻讯从北京赶到安徽省总工会，采访卢声道和高前清等工会领导同志。据中央电视台记者介绍，开通热线电话，确保每个职工过好年，这在全国仅此一家。

（1997 年 2 月 15 日《安徽工人报》）

注：此文与朱进星、袁康合作。

【消息】

不能凌驾于法律之上

雪地啤酒厂违法厂规被废　厂长免职

本报讯　安徽省阜阳市日前纠正了该市雪地啤酒厂违反《工会法》《劳动法》事件。该厂厂长、党委书记锁炳勋被上级免职；被其变相撤销的厂工会恢复了工作；没经职代会审议通过、以罚代管的有关厂规被废止。

安徽雪地啤酒厂是个经济效益不错的国有企业。阜阳市有关方面认为，该厂潜力很大，影响其进一步发展的主要原因是资金投入不足，因此决定更换法人代表，让有资金实力的金种子集团将其兼并。雪地啤酒厂有固定资产近亿元，主产品先后获省优、国家旅游名牌产品称号，去年被省评为最佳经济效益单位。金种子集团是由阜阳麻纺织厂、阜阳酿酒总厂和阜阳玻璃厂三个企业组成的。原阜阳麻纺织厂厂长锁炳勋任集团总裁。1996 年 12 月 27 日，金种子集团兼并雪地啤酒厂后，锁炳勋便兼任了雪地啤酒厂的厂长和党委书记。

锁炳勋上任后，在短短的十几天里，采取了几个大动作：19 个科室砍掉 9 个，其中包括工会，6 位工会专职干部也全被调离；厂工会主席没经职代会讨论和上级工会批准便与其他 18 名厂级、中层干部一同被免职；在全厂强制推行没有经过职代会审议通过的《企业管理行为准则》和《职工行为准则》。在后一《准则》里，100 条中有 92 条是罚款。如：“厂区内、车间里不准抄手揣兜”“不得跷二郎腿”等，违者罚款 10 元；“职工上厕所要快去快回，一般应在 5 分钟内，严禁两人同行”，违者罚款 10 元等。工作时间由 8 小时延长至 12 小时对班，节假日不休息也不给加班工资。

这一系列违反《工会法》《劳动法》的做法，引起全厂职工强烈不满。今年元月 6 日，该厂召开科技人员座谈会。会上，人们纷纷提出意见。厂会计室一位叫闫亮的职工提出：“延长劳动时间要经本人同意，否则违反《劳动法》，工人太疲劳会坚持不住的。”锁炳勋当即表态：“你接受不了可以调走。”第二天，闫亮便被勒令写检查，并限其在 3 个月内调离雪地啤酒厂。1 月 13 日上午，闫亮无故被保安人员揪住头发扭着胳膊，欲带往由厂长侄子负责的保卫科（厂原来的保卫科被撤销）。闫亮高声责问：“为什么抓我？”喊声惊动了灌装车间职工，两位工人上前劝阻，却被保安人员打伤。此事激起全厂职工义愤，他们纷纷上书上访市有关部门，强烈要求以法治厂，维护职工合法权益。

职工们理直气壮地提出：“我们要工会！我们要召开职代会！”职工们合理合法的要求得到了市政府的重视，派工作组到厂调查后做出决定：解散厂长侄子组建的保卫科；退回按厂规乱罚乱收的职工钱物；全心全意依靠职工办企业，厂里的重大决策必须经职代会讨论通过等。然而，锁炳勋却坚持己见，职工对此很不满意。1 月 18 日，市委、市政府根据职工要求，免去锁炳勋雪地啤酒厂厂长、党委书记职务，另调他人任厂长。

在总结这一事件经验教训时，阜阳市委领导同志说：“企业搞改革不能把自己摆在职工的对立面上，办好企业要全心全意依靠工人阶级。我们的厂长是人民的儿子，而不是人民的老爷。市场经济是法制经济，企业一定要依法行事，谁也不能凌驾于法律之上。”

（1997 年 3 月 3 日《工人日报》）

注：此文与朱进星、孙玉春合作。

【报告文学】

芳草园

不经一番寒彻骨，怎得梅花扑鼻香？不耕人间荆棘地，哪有芳草春满园？

——题记

不知庐州府　偏晓芳草香

一个人、一座城市、一家工厂、一件产品，到底靠什么争得高声誉，展示好形象？说穿了，人也好，物也罢；静的也好，动的也罢，名声、形象终归要靠自己塑造，自我塑造。如此说来，人塑着城市、企业和产品，塑着万物，同时也塑着人自身。

这便是哲学，经过辩证了的哲学。我们这篇芳草园的故事，说的就是合肥、日化厂、日化产品和日化厂人的辩证关系。

说则笑话，也是实话，但愿皖人于汗颜之中悟出点什么。

1985年春，某厂两位经销员在吉林接洽业务，自报产地合肥。人家摇头不知，反问合肥是河南还是江苏辖区？谈生意，自然不好指责他人孤陋寡闻。两位包公的老乡，只好委屈在内，谦笑在表，诚诚恳恳地解释："合肥在安徽，合肥是安徽的省会。"长春人顿然省悟，随口说道："合肥两大宝，'铃兰'和'芳草'。"商品经济的年代讲究商品的优劣，生意人不计较城市的大小，不注重产地的位卑位尊。两位经销员挺有灵性，即刻顺杆儿爬起来："对对，我们的产品就在'铃兰'的家乡'芳草'地。"

生意谈成了，多少沾了铃兰软笔和芳草牙膏的光。

常言道，山不在高，有仙则灵。岂不知得道成仙又有几多艰难，几多磨炼，几多痛苦！

20世纪70年代末，合肥日化厂经常被大批牙膏退货所困扰，"万代红""丽华"牙膏在风雨中黯然失色，"黄山"牙膏也未因其名而受人青睐。

1979年，对日化厂人来说无疑是本命年，是送旧迎新的一年。这一年，日化厂人蓦然感到像是祥子闯进20世纪80年代，街上，路上，到处是大巴、的士，没人光顾他的洋包车。

古话说，官以民为本；今话讲，产品以民为帝。于是，日化厂的书记、厂长、经销人员沉到市场，夜以继日地朝拜“皇帝”。有个“皇帝”要与日化厂人猜谜语。日化厂的经销人员大腿一拍说：“来吧！”人家淡然一笑，道：

“小小杆子五寸长，一头有毛一头光。

毛上睡着红丽雪，再三戳捣不冒沫。”

日化厂的这一位销售员平静地揭开谜底：“前是牙刷，后是牙膏，是我们的万代红、丽华牙膏。”

他人曲折，我耿直；他人批评，我感谢。遇横逆而不怒，遭变故而不惊，受誉谤而不辩，且能真诚吸取教训，改正不足，岂有生意不兴，德慧不成？

就在1979年，具有止血脱敏、消炎镇痛的“芳草”降世。她诞生于合肥，成长于日化，一举开辟了中国药物牙膏的首创。

挺秀南京路 群芳第一枝

俗话说，佛要金饰，人要衣装。芳草刚刚问世的1979年，知道她芳名的人并不多，直到两岁，还像她的年龄一样被裹在襁褓里。1981年的春天里，当时厂长、现在的党委书记朱以宝，供销科长毛节和，两人携带27箱芳草牙膏闯进大上海。

以宝厂长来到上海的翌日，便搬着两箱“芳草”拜见上海市第一百货大楼。接待他的是位年轻的女科长。朱厂长像刘姥姥初进大观园似的，诚惶诚恐地讲明来意，顺手掏出几支图案清秀的芳草牙膏。漂亮的女科长讲话却不漂亮，她不屑一顾地瞧了一眼“芳草”：“药物牙膏？能和中华、美加净比吗？”尔后决断地摇摇头，“代销？不行！”

堂堂汉子朱以宝，自从1958年进到合肥日化厂，到当车间主任，到当厂长，从未被困难吓倒过，没在困难面前低过头，今天在一个上海妞面前只好低三下四了：

“求求你，先试销，不要钱……要么你先试试。”

第一天，芳草在偌大的第一百货大楼仅仅销售一支。以宝从大楼走出，像“芳草”一样不被人重视。他丢魂失魄地行走在南京路上，忽然满目都是花花绿绿的橱窗，都是五彩缤纷的产品。幻觉中，以宝看到自己的芳草，一支顶天立地的芳草牙膏，犹如国际大厦。以宝蓦地脚一跺：“奶奶的，做广告!”朱以宝大步流星地向上海电视台走去。从此，芳草开辟了中国做牙膏广告的第一例。

朱以宝付了广告费，连夜直抵杭州。回沪之时已是次日傍晚。他刚迈步进入“一百”牙膏专柜，但见顾客六七十，闹嚷嚷地排着一列长队。朱以宝举目再望，柜台上赫然写着：芳草牙膏暂时无货！他还未明白是怎么回事，女科长伸手抓住他，脸上笑成一朵牡丹："朱厂长，朱厂长，你看你看，还有'芳草'吗？快运来！"她边说边指着"无货"的警示。

从此，芳草牙膏占领了上海市场，十年经久不衰，成为外埠牙膏在沪销售之最。

沐得三春雨　装点满园春

1984年，合肥日化厂迎来了芳草园枝叶繁茂的春天。为她精心规划和装点春色的是刚刚由副厂长升任厂长的朱桂根。而他的成功又在相当程度上得力于他的合作者们。原厂长朱以宝改任厂党委书记。二朱一升一换，政务党务业务，两人像熟悉自己的双手一样熟悉日化的党员和职工，熟悉日化的设备和产品。他们身边还有精于文韬武略的副厂长、副书记吴志鹏、张祖斌、雷振生、吴刚、王孝荣等"五大金刚"，有支持厂长诚心、参政议政精心、为职工办事热心的工会主席焦福东，有技艺娴熟的总工程师姚焕新。他们握成一个有力的拳头：任务上分，思想上合；工作上分，目标上合；制度上分，关系上合。

这一年朱桂根正好50岁。也许是知天命的缘故，他刚任厂长就迎面吹来一阵春风喜雨：中共中央关于经济体制改革的决定下发了；接着厂长负责制风风火火地开展起来。

成功在于对机遇的把握。别看老朱个头不高，却能登高望远，年岁不小，却又机敏过人。当芳草牙膏初展风姿时，他就敏锐地预测到，药物牙膏必将在神州大地遍地开花，形成强手如林的竞争态势，芳草到底能流芳几时还很难说。因此他早就提出"市场销售一代，口袋储存一代，手头研制一代，头脑构思一代"的应变策略；确立了"以新取胜，以优取胜，以销促产"的经营方针。他把一批精兵强将请进日化研究所；把一些颇有神通的能人请进联合经销公司和专职外销的天美公司。为了调动方方面面的积极性，他果断"砸锅""敲碗"，实行厂内工资制；成功地进行了从厂长到工人层层直接参与经营管理的经济承包责任制，长期被束缚的积极性被激发出来。为了增强企业后劲，他和他的助手们又多方周旋，贷款投资4000万元，分别从德国、意大利引进制膏、制管、包装生产自动线和三氧化硫及洗衣粉配料。加上严格的科学管理和坚强的思想政治工作，日化厂如虎添翼。果然，当五花八门的药物牙膏追随着"芳草"争雄华夏时，合肥日化厂及时推出了全国首创美容型男子汉牙膏和儿童防蛀芳草牙膏，相继开发了加酶加香洗衣粉、浓缩洗衣粉、中泡及低泡洗衣粉，形成了以芳草牙膏为主体的独具特色的芳草系列产品。1984年始，

1989 年终，朱桂根带领日化厂人开发产品 22 个，优化改变产品结构 27 个。其中 8 个填了省内空白，3 个补了国内空缺，3 个获部优，8 个获省优。芳草牙膏从沪到京，东西南北，走遍全国 29 个省、市、自治区；又漂洋过海，留芳于香港、马来西亚、尼日利亚、菲律宾、苏联等 11 个国家和地区。1988 年在中国市场调查中被评为“消费者最欢迎的产品”之一；1989 年在首届北京国际博览会上荣膺银质奖章。遗憾的是，牙膏产品不设金奖，否则，这金奖恐非全国牙膏出口之首的“芳草”莫属。

芳园香如许　堪嘉芳草人

如果说，党的改革开放政策是抚育芳草园的春风，朱桂根他们是芳草园的设计师，那么他们身后的 1500 名职工则是芳草园辛勤的园丁。他们以主人翁姿态，通过工会、职代会知政、参政、议政，施行民主管理；他们以“日化是我家，我做芳草人”为荣，把芳草声誉看得同自己生命一样重；他们以“求实、创新、拼搏、奉献”的芳草精神，在为芳草园增色添彩的同时。努力塑着自身。

1989 年 6 月的一天上午，一阵暴风骤雨，电闪雷鸣，将厂区生产用的烟酸罐击穿。顿时可致人性命的酸液四处外泄，嗞嗞冒着白烟。当时，社会上动乱初平，余波犹在。可是在日化厂里，领导、科室干部、车间工人，闻讯急奔现场，投入抢险战斗。有的衣服冒烟了，有的皮肤烧伤了，可没有人下“火线”。当经过紧张战斗有效地控制了烟酸泄漏时，不幸烧伤的几名干部、工人被抬上担架。但人们惊奇地发现：他们脸上没有丝毫痛苦的表情，都洋溢着胜利的微笑。

在危难考验面前如此，在日常工作生活中芳草精神同样处处生辉。一次合洗车间下午下班前几分钟突然打电话给机修车间，说生产急用的泡化碱液下泵坏了，请求抢修。那天恰巧是正月十五。机修工们有的要赴情人约会，有的急等着与亲友团聚。可是没有一个溜号的，都愉愉快快投入抢修。当抢修完毕往家赶时，他们觉得沿途喜庆的鞭炮仿佛是对自己热烈的欢迎，天空圆圆的明月仿佛在对自己深情地祝福！

记者们乐于用“天涯处处有芳草”的诗句来赞美芳草牙膏覆盖面之广之大。孰不知直到 1988 年，全国 29 个省、市、自治区中还有一个山东省“久攻不下”，日化厂的头儿们大伤脑筋。“招标销售！”日化联营公司经理于是火了，“我就不信堂堂芳草登不上泰山！”标底：山东年销 80 万支牙膏。而销售员凌德明以 100 万支中标。他不畏艰辛，风风雨雨，全年奔波在外达 220 天，一举在山东推销120万支，1989年又跃到200万支。如今，无论在胶州半岛还是泰山之巅，处处都能看到芳草的姿容。

朋友，这些可爱的普普通通的工人自身，难道不正是芳草园中摇曳生姿、香气馥郁的芳草吗?

正是在1500名职工紧密联手下，合肥日化厂一天一个样，一年一层楼。到1989年，日化的产值、利税成倍增长，固定资产玩魔术似的扩大，职工收入和住房变戏法般地提高。1985年被评为轻工部“管理成效显著单位”，1986年获“‘六五’国家技术进步全优奖”，1987年获“省先进企业”称号，1988年获“全面质量管理优秀奖”。特别是1989年，在政治风波、市场疲软双重威胁下，日化人一举完成产值1.14亿元，创利税1828.2万元，双双再创历史最高水平。也就在这一年，他们连续第六个年头夺取全省创最佳经济效益竞赛金杯，豪迈地步人“国家二级企业”行列，同时荣膺“安徽省思想政治工作优秀企业”。

合肥日化厂今非昔比喽！如果说当年他们是芳草一枝独秀，今日可谓春色满园。

明日的“芳草园”又将如何?人们期待着芳草人的塑造。

（入选1990年安徽文艺出版社出版的报告文学集《群星璀璨》）

注：此文与耿直、张奎合作。

【电视片解说词】

按：再现安徽人民91抗洪救灾斗争史诗的十集电视系列片《大浪丰碑》于1992年元月和1992年4月分别在安徽电视台和中央电视台逐集播放后，立即在社会产生强烈反响。应广大群众要求，遵照省委宣传部指示，《安徽日报》和《安徽工人报》从1992年1月31日起连续刊登了该片十集解说词。该片由江泽民题写片名，由卢荣景总策划，杨永良任总顾问，窦永记任总监制，吴钟谟任总制片。本人除单独写作第五集《含泪舍家园》外，还担任十集系列片总撰稿。参加撰稿的有王传寿、褚水敖、陈源斌、王长安、吴义伦、唐跃、陆澄照等同志。这里收录的为该片第一集《洪水大劫难》和第五集《含泪舍家园》。

大浪丰碑·洪水大劫难

山岳耸起的是神奇；

江河流淌的是诗歌；

大地坦露的是丰饶。

这就是安徽人民世代生息、深情眷念的土地！

沐浴改革开放的春风，辽阔的江淮大地更加风流多姿、生机勃勃！

沸腾的钢城矗立起2500立方米大型高炉；流金的煤海新建起“单机甲中华”的电站；溢彩的织机仿佛跳动着酝酿已久的企盼；未来世界公园的构想使黄山正变成安徽沟通世界的桥梁。

正当勤劳的5600万人民抖落“七五”征尘，跨上“八五”征途，拥抱又一个沉甸甸的丰收年的时候，江淮上空风云突变，一场接一场的暴雨横扫江淮大地，酿成历史罕见的洪水大劫难。

从五月中旬到六月中旬，一个月里降下了相当正常年景半年的降雨量。使本该是六月中旬到来的主汛期一下子提前了一个多月。

位于皖东的滁河水位突破历史最高纪录，淮河上游洪峰不断涌来，下游受江水顶托，排水不畅；五大淡水湖之一的巢湖，蓄水量超过了正常时的一倍。

可爱的安徽，陡然变得惨不忍睹：从淮北平原到江南水乡，从皖东丘陵到大别山区，到处是洪水惊涛、恶浪浊流。

金黄的麦浪被吞没，高大的树木在挣扎。农民兄弟半年的汗水付诸东流，多年的积攒毁于一旦。

新中国成立40多年来，国家和地方先后投资47亿元治理淮河，兴修水利。淮河流域河渠纵横交错，库塘星罗棋布。世界闻名的淠史杭水利工程，滋润着大别山区红色的土地。

这些水利工程在1991年的防洪抗洪中发挥了巨大作用。然而，由于1991年夏季雨期来得早、历时长，降雨面积广、强度大、势头猛，现有的水利设施已难以抵御，江淮大地陷入了洪水的层层包围之中。

从6月29日到7月12日的14天内，无情的苍天又把相当于正常年景半年的雨水倾泻在已是遍体鳞伤的土地上。全省50个县市平均降雨量300毫米，其中有12个县超过600毫米。

安徽本来已十分严重的灾情又雪上加霜。大别山区山洪暴发；全省大小水库均已超过汛期限制水位。响洪甸、梅山、花凉亭、陈村、董铺、黄栗树、沙河集七大水库超过了建库以来最高水位。为了确保大坝安全，各大水库相继泄洪。各地汛情更加吃紧。

淮河干流、沿淮河湖泊洼地、长江支流、滁河、西河、巢湖、漳河、水阳江水位暴涨。

淮河洪峰迭起。淮河大堤，一日数警，险象环生。

巢湖大堤挡浪的石墙与湖面仅差4厘米，维系着三县一市人民生命财产安全的巢湖大堤岌岌可危。

位于淮河末端的高邮湖水位居高不下，已接近1954年溃堤水位。

天长县随时面临灭顶之灾。

千年古城寿县沦为“孤岛”；肥西重镇三河陷入汪洋。

金寨、六安、霍山、阜南、阜阳、颍上、全椒、巢湖等38个县市城区进水。

合肥、淮南、蚌埠等省辖工业城市也内水横流。狂放不羁的洪水走街过巷、穿堂入室。大批的工厂停止了机器的轰鸣；众多的商店失去了往日的喧闹。

一座座村庄被洪水吞没。

一处处校舍四壁波光。

请看这洪水与泪水凝成的一串串数字吧：全省受灾人口4300万人，特重灾民和重灾民2590余万人；全省夏秋两季成灾面积8000余万亩，其中绝收面积2400余万亩；停产半停产的县以上工业企业2120个，乡镇企业3500个；

被淹村庄43700个；倒塌房屋278万间；各项直接经济损失达275.3亿元，超过“七五”期间安徽省财政收入的总和。

安徽境内的津浦线，蚌埠、安庆、六安等地的公路干线，多处出现滑坡、塌方，大动脉风雨飘摇。

省会合肥通往淮南、蚌埠、安庆、六安等地的公路干线也被滚滚洪涛隔断，许多桥涵被水冲垮，造成交通中断。

无情的洪水把江淮儿女逼入险境。

一位国际友人说，中国安徽这场洪涝灾害是世纪性的灾难、人类的灾难。

5600万人民面临生存与毁灭的严峻考验。

当然是生存！毁灭不属于1991年夏季的安徽！

6月16日，中共安徽省委、安徽省人民政府及时做出决断，把抗洪救灾作为全省压倒一切的中心任务。于是，在洪水肆虐的江淮大地上，党和政府领导安徽人民与大自然展开一场艰苦卓绝的殊死搏斗！

【电视片解说词】

大浪丰碑·含泪舍家园

蜿蜒的淮堤，悠悠的绿水，高高的庄台，这就是家——沿淮湖洼地区特有的农家。在生养自己的这片土地上，沿淮儿女用不屈的精神与洪水搏斗，以辛勤的积攒营造自己的窝。他们在这里耕耘、收获，酿造生活的蜜，编织理想的梦。虽不富裕，但却安乐；虽说简陋，但却温馨。

如果说淮河是一条银色的项链，那么这可爱的家园就是缀满银链的珍珠。

淮河自西向东，汇集了桐柏山、伏牛山、大别山，河南、安徽两省3万平方公里的来水，居高临下进入安徽省阜南县的王家坝以后，河面陡然平坦，与上游水位比降大幅度减少，与下游吞吐淮水的洪泽湖落差却几近于零；加上淮河干流河槽狭小，致使安徽沿淮地区成了“洪水走廊”。在旧中国，洪水连年破堤，灾害频繁。新中国成立后，按照“蓄泄兼筹”的治淮方针，国家在沿淮湖洼区开设了18个行洪区和4个蓄洪区。当河水达到规定水位时，就必须破堤或开闸行蓄洪，以确保淮河大堤、两淮能源基地、沿淮工业城市和津浦铁路的安全。

1991年初夏，江淮上空乌云翻滚，天幕撕裂，暴雨倾盆。淮河失去了往日的温柔，变成凶残暴戾的猛兽，威胁着沿淮人民生命财产的安全。

6月14日夜，这个会议室灯火通明。这里正在进行一场特殊的战斗。空调机的冷气已经开到最大限度，可是决策者们仍然汗水涔涔——千百万人的安全系在心头，责任重大啊！

从6月12日起，淮河流域连降三天暴雨，雨量达300毫米，淮河上游的第一次洪峰，正奔涌着逼近王家坝。至14日15时30分，王家坝水位达到28.30米，超过保证水位，并且以每小时七八厘米的速度继续猛涨。为削减洪峰，缓解洪水对河南和安徽堤防的压力，安徽省委、省政府坚决贯彻国家防总的命令，果断决策：紧急转移蒙洼群众，以便打开王家坝闸门，蓄洪蒙洼。

蓄洪，对蒙洼人来说无异于晴空霹雳。6月14日夜22时，阜南县方圆百里的蒙洼区内响起撕心裂肺的警报声。它惊破了孩子们的金色梦幻，宣告了连夜转移的开始，昭示了蒙洼人民即将作出新中国成立以来的第十一次牺牲。

雨暴，风狂，夜暗，路滑。县、区、乡、村近千名干部全体出动，连夜组织四万八千多群众艰难转移。

再回头看一眼吧，那庭院是上一次洪水过后用七年的汗水建起来的！再回头看一眼吧，那成熟的庄稼正等待它的主人收割。

虽然脚步滞重，蒙洼人还是坚定地离去了。因为他们懂得，没有大家的稳固，就没有小家的安宁。在蒙洼人的心中，家这个概念，在放大，在升华！

一位退伍的老兵深有感触地说："几万人有组织的大部队，拉练一次，也免不了丢几个伤员。可是在党和政府的坚强领导下，蒙洼区来自 79 个庄台的 48615 人，一夜之间安全转移，无一伤亡。奇迹，不能不说是个奇迹！"

6 月 15 日清晨，连续两道"开闸蓄洪"的金牌，相继从国家防洪总指挥部和省防汛指挥部发出。

8 时整，王家坝 3 孔闸门訇然开启，洪水奔腾咆哮，直扑蒙洼。转瞬之间，这片丰饶的土地已是汪洋一片。

夜已尽，人已去，房已空。没有了袅袅的炊烟，没有了麦浪的金黄，没有了学童的欢笑，没有了雄鸡的啼唱。只有长长的围堤在风浪中诉说着蒙洼人的牺牲：淹没农田 18 万亩，即将到手的庄稼全部付诸东流；秋季作物化为乌有；集资千万元耗时七年兴建的水利工程毁于一旦；经济损失达 1．4 亿多元。

7 月 6 日淮河出现第二次洪峰。一场更大的洪水遭遇战迫在眉睫。

7 月 7 日 16 时 30 分，颍上县唐垛湖王岗区防汛指挥船上，对讲机里突然响起县防汛指挥部传达的省防指命令：

"淮河险情加重，唐垛湖必须在 7 月 7 日 20 时前切坝行洪，望抓紧做好群众安全转移工作……"

为什么？为什么要切坝行洪？不是前天还在保堤，昨天还在抢种吗？几个钟头前县委不是还在下令死保唐垛湖吗？

王岗区委书记郑兰竹仰天长叹，泪水夺眶而出。

请不要责备这位老人吧，故土情深啊！是他带领 10 万民工于 1987 年冬筑起 16 公里长的退建堤，献出了唐垛湖 3 万亩土地；是他率领群众在第十三次行洪后的土地上，用数年心血建成了田林配套、排灌自如的标准化农田；是他和 3 万民工一起自 6 月中旬以来与洪水苦斗 20 个日夜，保住了湖堤，保住了 8 万亩庄稼装点的绿洲。

但是为了全局利益，这位老党员擦干泪水，坚决执行命令。

记住这悲壮的瞬间吧！有什么能比亲手毁掉自己可爱的家园更令人揪心呢？正是唐垛湖人亲手掘开自己曾拼死守卫的堤坝，让无情的洪水又一次淹没了自己的家园。

为了加快行洪量，7 月 9 日 13 点 20 分，唐垛湖上二口门处炸坝行洪。

啊，隆隆的爆破声，你是’91 江淮洪水大劫难的慷慨悲歌！你是淮河儿女无私奉献精神的崇高礼赞！

牺牲一个接着一个。7 月 11 日 16 时，建成 19 年的霍邱县城西湖闸首次洞开了。5 亿立方米的洪水发出闷雷似的吼声，铺天盖地，吞没了 22 个乡镇、37 万亩农田；23 万人被迫转移。

这是怎样的一种割舍啊！

从 7 月 8 日到 11 日，大别山区连降特大暴雨，使梅山、响洪甸、佛子岭、磨子潭四大水库三天累计进洪量达 20 亿立方米，水库水位超过汛限水位 8 至 20 米，水库必须紧急泄洪，以确保水库大坝的安全。但是这么多的洪水泄往何处？淮河吗？不行！寿县正阳关的水位正迅速向保证水位 26.5 米逼近，淮北大堤已是险象环生。寿西湖吗？也不行！那里只有一条退路，12 万群众无法及时转移，况且一旦行洪，势必将寿县古城置于四面环水的死地。只有城西湖这最后一张王牌了！

安徽省省长傅锡寿曾经说过：“这场洪水遭遇战，我们打得很艰苦。一旦全局需要，我们就丢卒保车，拿出城西湖这张王牌。但是不到万不得已，绝对不能动用这张王牌。”

“万不得已”的时刻到了。

你能理解霍邱县长王启敏的心情吗？听听这位年轻县长的肺腑之言吧：

“7 月 10 日下午 6 点半，接到省防指挥部要我们立即转移城西湖群众的命令，如同惊雷击顶，我们心情无比沉重！城西湖、城东湖好比霍邱的两肺。当天上午我们已奉命蓄洪城东湖，献出了东肺。如果城西湖再蓄洪，加上原来行洪的姜家湖和全县的严重内涝，直接经济损失将达 9 亿多元，俺这个穷县承受不起呀！可是俺们更要算国家全局这个大账，那是以百亿、千亿计的呀！所以，为了保全大局，再献上一个肺，俺们认了！”

多好的干部，多好的人民啊！

未来的淮河志将写下这可歌可泣的篇章：

公元一千九百九十一年夏，大别山、桐柏山以东，津浦铁路以西，绵延出现了三十多个浊浪翻滚的“湖泊”。但是，它不是洪水溃破淮堤造成的，而是沿淮行蓄洪区人民为了不让更多的兄弟姐妹痛失家园而自觉承担巨大牺牲的结果。

历史将永远记住：

自 1991 年 6 月 15 日至 7 月 11 日，安徽省两次打开淮河王家坝闸门，先后启用了沿淮 15 个行蓄洪区，还启用了沿滁河、西河、白湖的 9 个蓄洪区。

全省 24 个行蓄洪区受灾转移群众 45 万人，淹没农田 166 万亩，淹没村庄数万个，冲毁房屋 40. 94 万间，总计损失达 12. 75 亿元。

共和国永远不会忘记：

淮河、滁河人民以惨重的损失换来了大局的安全，以无私的奉献耸起了巍巍丰碑；淮北大堤没有一处溃破，淮北一千多万亩农田免遭洪劫，两淮能源基地、津浦铁路和淮南、蚌埠两大工业城市安然无恙！

【通讯】

鬼酒的“鬼气”

——一个不善饮者的酒话

我曾说过，世上没有一种酒能使我动心，因为我从不饮酒。

没曾想，鬼使神差，前不久的湘西之行居然着了“酒鬼”酒的道儿，险些成了醉鬼。

初夏的一天，我们工人报刊一行十余人驱车前往位于湘西吉首的湘泉集团采风。作为酒鬼酒的诞生地，其热情的主人拿出酒中极品招待客人。

“不就是一种酒吗？所有的酒入我口都是一样的辣味，咽不下。”我说。

“也许这是一个例外。”主人笑着为我斟上一小杯，“不信您亲口尝尝这酒的鬼滋味。”

我端起杯抿了一下，一股沁人心脾的香气——我说不上那是一种什么香。再抿一口，活见鬼，不知咋回事酒已下肚。

接着便一发不可收拾。

什么“酒鬼”酒，我干脆叫它“鬼酒”。因为它从前世到今生、从外形到内质都透出一股“鬼气”。

这酒的鬼气可谓源远流长。在湘西山区，到处是重峦叠嶂、飞瀑流泉。240多万土家族儿女世世代代生活在这秀美的山川中。他们的生活与歌与舞与酒相连。听主人介绍，湘西土家酒俗太玄乎：结婚嫁女有戴花酒、交杯酒；过生日有敬孝酒、华诞酒；生孩子有三朝酒、祝弥酒；祭祀有祭天酒、祭地酒、祭神酒；伐木有梅山酒、拖木酒、放排酒；行船有过滩酒、拉纤酒；农时有插秧酒、尝新酒。迎来送往的酒更多，就连男女对歌里都带着浓浓的酒味：

我恋阿哥不用媒，酒歌搭起五彩桥。
酉水河中一条船，喊破喉咙不靠岸。
大山砍柴不用刀，大海挑水不用瓢。
只要打开酒坛子，快如飞箭就靠边。

鬼酒之魂就飘荡在这山川酒俗中。如果说湘西的山川是美酒的精髓，那么鬼酒则是湘西山水的精灵。这个精灵终于来到人间。那是20世纪80年代中期，一个名叫王锡炳的土家汉子带着他的伙计们，广搜土家民间酿酒秘方，用后山穿穴而出的龙泉、凤泉、兽泉三眼长流不竭的魔水，经过异想天开的工艺，苦钻苦研几百个日日夜夜，终于在酿出上品湘泉酒的基础上，又酿造出一种无上妙品酒。为了给这种酒包装、命名，王锡炳请来全国著名画家——湘人黄永玉。正是这无上妙品激发了黄老的创作灵感，捕捉到千古香醇的意境。

至今湘泉集团的展厅里还陈列着那只鼓鼓囊囊的麻袋，里边盛满泥沙，袋口用一根麻绳系着，敦实而坐，像一只精灵，又似一个醉汉。这就是黄老为这无上妙品酒设计的酒瓶造型。酒瓶用土陶烧制，乍看像是出土文物。至于名字么，黄老说，饮酒的最高境界就是成鬼，成鬼方能享羽化登仙之乐，就叫它"酒鬼"吧。从此，"酒鬼"酒正式出山了。本人虽不饮酒，可早几年也曾听说过这酒的鬼名儿，不论酒质，总觉得这名字鬼里鬼气大有哗众之嫌。这回亲临探访，才悟出这名儿的绝妙处。宋人辛稼轩《遣兴》词云："昨夜松边醉倒，问松：我醉何如？只疑松动要来扶，以手推松曰：去！"细细揣摩，不正是这种物我两忘、飘然欲仙的醉醺之状吗？

十多年来，多少文人墨客、政要大贾，慕名来访，无不为鬼酒倾倒。正如湘泉集团大门两旁对联所言：

湘泉能解黄粱梦，
酒鬼犹存钟馗风。

1995年秋末的一天，台湾诗魔、70高龄的洛夫先生来湘泉集团，几杯鬼酒下肚，微醺之中直书五言四句：

酒鬼饮香泉，一醉三千年。
醒来再举杯，酒鬼变酒仙。

此可谓鬼酒之绝唱也！

恍惚之中，听主人说，这鬼酒从山内卖到山外，从国内卖到国外，可叫响啦！有了它，湘泉集团如今发了大财，净资产40多亿元，去年利税超过6亿元。王锡炳也大大红起来了。迷离之际，向来在场面上从不题词的我，竟抢先捉笔在留言册上写下歪歪扭扭、鬼里鬼气的大字：

聚山川之灵气，酿香泉之鬼气，发湘人之财气。

（2000年7月27日《安徽工人日报》）

【游记】

初识“女儿国”

海拔2600米的泸沽湖，像一面明镜镶嵌在川滇交界的巍巍群山之中。沿湖近百里聚居着一个古老而神秘的民族——纳西族分支摩梭人。这个由女人统治的3万之众的环形居住圈，在诗人口中是“外婆家中的童话世界”，在作家笔下是“创世纪后花园中最后一朵玫瑰”，在学者眼中则是“人类母系社会的活化石”，而公众却习惯称之为“女儿国”。

啊，“女儿国”，留给人们多少遐想！

仲夏时节，记者有幸在省记协组织下随团走访“女儿国”。那由母湖、母亲、女山、女人构筑的迷人风景线令人久久难忘。湖面荡舟、篝火狂舞、月夜对歌、火塘闲话——似酒似诗，如醉如痴。

梦幻泸沽湖，神秘摩梭人，正以其特有的女性色彩向世人展示着无穷的魅力。

众星捧月的母系家庭

如果说，人类母系社会早已淹没在历史的长河中，那么摩梭人的家庭则是这长河中的最后一个绿岛。徜徉湖畔，走进一幢幢木楞房构成的村落宅院，你会发现这里的家庭与外界迥异，这就是没有父亲、只有母亲及其子女的母系家庭。

所谓母系家庭，简而言之，就是一母所生子女与母亲永远相伴，男不娶，女不嫁。单纯的母系血缘决定了家庭关系中只有外婆、母亲、舅舅、姨妈及兄弟姐妹，没有爷爷、奶奶、父亲、妯娌、姑嫂、叔侄等关系。

在这种家庭里，母亲具有崇高的地位并享有主宰整个家庭的权力。家庭财产也由女儿继承。如母亲过世，几个女儿一起生活，则由其中一个最聪明能干而又公平的女儿担纲家长，摩梭语叫“日米达布”。达布负责全家人的衣食住行，集生活、生产、经营大权于一身。全家人像众星捧月一样，以母亲为核心形成极强的内聚力。

由于摩梭人实行走婚制，所以家中的男子永远与母亲生活一起，在家中充当舅舅的角色。舅舅的地位仅次于母亲，他们协助“达布”管理家庭，分工通常是舅管礼仪母管财。一些重体力活如种地、盖房、跑马帮等也由舅舅承担。舅舅还要协助姐妹抚养教育甥男甥女，自己却无父亲的职能。他们自己的孩子由孩子所在的另一个家庭的母亲、舅舅们抚育，只在生日、年节时带点礼物前往看望，以示父子之情。

这种摩梭家庭比较大，十多人、几十人的家庭很普遍。同一母系血缘使全家人养成团结和睦、敬老爱幼的良好风习。孩子们称母亲、姨妈都是“阿妈”。母亲们对姐妹们的孩子也像自己的一样疼爱。崇母尊舅更是美德。

薄暮时分，我们来到下落水村汝亨·次尔拉丛家。32 岁的拉丛是全村最出色的“达布”。她有 5 个姐妹、2 个兄弟，连同孩子们一共 10 多口人。在她精心主持下，种 40 亩地，养几十只羊，还开了个名为“摩梭园”的家庭旅馆，日子红红火火。仅她家的佛堂，投入至少有 20 万元。见到我们这些远方的客人，拉丛热情称呼我们为“阿舅”，忙着敬酒倒茶端瓜子。

在母亲的旗帜下，摩梭女人们撑起一片蓝天。

夜合晨离的走婚习俗

与母系家庭相适应的是走婚制。走婚，摩梭语叫色色。在夜幕朦胧的格姆女神山道上，在月光如水的母亲泸沽湖畔，你会偶遇独行的男子。那可不是小偷，而是一个风流情种，正匆匆赶赴心爱姑娘的花楼。经过一夜恩恩爱爱，他还须在第二天鸡叫头遍悠悠赶赴自己的家。

这就是走婚。等到男女双方如胶似漆，那男子就可以公开自由出入女方家。但仍须夜合晨离。

这种婚恋完全建立在感情的基础上，全无门第、经济、政治诸因素的搅和。男女双方既无父母之命也无媒妁之言，享有充分的婚姻自由。只要不是近亲走婚，母亲与舅舅都不干预。男女长到 13 岁，家里就分别为他们举办“成丁”和“穿裙”仪式。摩梭姑娘白色百褶裙非常漂亮。办过仪式，女孩就住进预先为她准备好的单独房间，叫花楼。只要她乐意，成丁男子就可以向她走婚了。

在摩梭人中没有夫妻这一说，许多人连结婚证也没见过。他们的走婚完全是情人式的婚恋。男子称心爱的女子为“阿夏”，女子称心爱的男子为“阿都”。有的阿夏、阿都生死不渝，一生不向第二人走婚。也有的中途感情破裂，终止走婚，另求所爱，只是不得同时与几个人发生走婚关系。如脚踏两只船，会被耻笑成“脸上长毛的人”（意为畜牲）。

阿夏、阿都最初的爱情之火是在互相接触中点燃并通过对歌表达的。你有情，他有意，互送些小礼品，约定暗号，姑娘的花楼就可以向她的阿都开启了。假如姑娘不开门，痴情的男子只有等待，会对着花楼大唱情歌。如果姑娘坚决不同意，就一直不开门，或悄声道一句“再见”。男孩也就知难而退，绝不死缠硬磨。

假如两个男子同时爱上一个女子怎么办？放心，两个情敌不会决斗，只要女子作出最后选择，落选男子会自动退出角逐。从这一点看，摩梭男子既具情场风流，又有绅士风度。所以在摩梭村寨从没有发生过强奸、情杀之类丑行。

同样，一对女子同时爱上一个男子，那落选的女子也不强求，至多表现一些醋意，比如单独遇到情敌时向她唱一些带刺的歌。那位胜利者往往一笑置之。

这天清晨，我们乘泸沽湖特有的猪槽船到湖心琼岛观光。摇船的青年扎西是有名的歌手，人也很帅。途中他和邻船的次尔卓玛姑娘频频对歌，博得阵阵喝彩。抵岸，我悄悄问他有没有自己的阿夏。他大方地笑着答：“有哇！”

“你们不向往夫妻在一起的生活吗？”

“还是走婚好，多自由呀！”接着扎西告诉我，“文革”那阵，山外也曾来人强迫阿夏、阿都打结婚证，并从母亲家中分出去单独成家。可是风头一过，阿夏、阿都们又把结婚证扔了，都回到母亲身边，重新“色色”起来。担任“达布”的次尔拉丛概括得更有条理，她说，母系制、走婚制自有许多好处：一是家里人为一母所生，和睦友好，尊老爱幼；二是阿夏、阿都不住在一起，只是爱潮来了走一次婚，生的孩子健壮可爱；三是家庭安宁带来社会安定。

拉丛的归纳不无道理。据说在泸沽湖就没有发生过打架、斗殴、偷盗、抢劫等现象。其实，人类文明发展史也证明，至今尚没有一种家庭和婚姻模式尽善尽美，适合于全人类。摩梭人的母系家庭和走婚制度历久不衰，不正说明其有天然的合理性和旺盛的生命力吗！

女性色彩的摩梭文化

13世纪，意大利著名旅行家马可·波罗在其《东方行记》中已经对摩梭人的母系家庭和走婚习俗作了记述。

在摩梭人1600多年的漫长岁月里，也曾多次受到外来武力的入侵、政治的压力、经济的冲击、文化的袭扰，但是母亲的旗帜始终在这一方蓝天下高高飘扬。一代又一代，摩梭女人们用自己的青春和眼泪、智慧和辛劳、汗水和爱心，抚育着一方文明，使山更青、水更秀、人更美。

这儿的山水和女神、母亲的名字紧密相连。在泸沽湖西北方格姆女神山高耸入云。在摩梭人心目中，格姆是命运之神。相传很久以前有一位美艳绝伦、聪明善良的摩梭姑娘，名叫格姆，所有的小伙都迷上她。一天，忽然一阵狂风把格姆卷上天空。地面上的乡亲们狂呼呐喊，企图拯救姑娘。格姆也不愿离开故土，挣脱了风魔摔下地面，遂化作一座山。这就是格姆女神山。天上一位男神为格姆女神所倾倒，但他只能每年一次偷偷下凡与格姆相会，还必须在第二天鸡叫头遍时赶回天宫。一次他们夜里相会坠入深深爱河，不知天之将晓。突然一声鸡啼，急得男神起身上马狂奔。当马即将跨过山梁时，男神勒马回望，用力过猛，马失前蹄踏下一个深深蹄窝。格姆来到勒马处，泪如泉涌，越流越多，积而成湖。他们的痴情感动了玉皇，允许那位男神每天下凡一次。从那以后，男神夜访晨离，天天走婚。走婚在摩梭人中便盛行开了。

晨昏月夜，据说人们可以看到格姆女神骑着白马，手持珍珠树，巡游在白云山涧，护佑着一方百姓。人们为了纪念她，叫山为格姆女神山，叫泸沽湖为格姆女神湖。在山下建起格姆寺，定每年农历七月二十五为朝山节。这天人们身着盛装，成群结队，向格姆女神朝拜。老人祈求丰收安宁，阿夏、阿都请求女神作证。还举行盛大歌舞，许多青年男女在对歌跳舞中找到自己的意中人。

摩梭人有自己完整的宗教仪式，独特的节日习俗，动人的歌舞艺术，就连建筑、服饰、酒道、礼仪也无不打上鲜明的女性记印。可惜，摩梭人没有自己的文字。但是拥有自己丰富的语言。他们的历史渊源、民族遗存、礼仪习俗、文学艺术，都靠达巴教口诵经典得以保存，靠火塘边母亲的讲述得以流传，靠情人的恋歌得以发展。

摩梭人在创造了巨大的物质财富的同时，也创造了璀璨的独具女性特色的摩梭文化。

保护“女儿国”

泸沽湖“女儿国”作为地球仅存的“母系社会”，为世人所倾倒。20 世纪 30 年代美国学者洛克亲临考察，撰文揭开了掩藏在历史烟雾中的摩梭人的神秘面纱。由于此后的战乱加上川滇交界群山阻隔，前往泸沽湖的游人并不多。直到 20 世纪 90 年代伴随中国的开放大潮，封闭千年的“女儿国”门户大开，国内外游人才大量涌入。

在这历史性的开放中，“女儿国”也面临着无情的挑战和考验。

记者走访了沿泸沽湖西南至西北的一些村寨，竟找不到一处摩梭宅院。如今家家都盖起了后宅前店式的家庭旅馆楼。游人可与摩梭人一起吃住。白天店主带游客游湖观光，晚上与游客一起参加篝火晚会。游客可尽情领略摩梭风情，店家可获得丰厚收入。这里有一种走婚风俗。据介绍，游人在和摩梭女子欢歌跳舞时，如扣对方手心而不被拒绝就意味着被女子接纳，就可以如约叩启她的花楼了。记者发现，不少花楼与客房门连门，十分方便。我们的导游说，他们那家旅行社的年轻老板在泸沽湖就有好几个阿夏（情人）。春风一度，各奔东西。对游人而言，这无异于嫖，难免不把性病传染给摩梭女子。同行老张曾直率地向我们的女店主指出这种危险。而那位24岁的女店主却说："我相信那一类游客逃不过我们摩梭女的锐利眼睛。"

摩梭女的眼睛果真那么锐利吗？盲目的自信有时比无知更可怕。何况，按摩梭人习俗，女孩长到13岁举行穿裙仪式之后，即可接受男子走婚了。13岁，地地道道是个孩子啊！哪里来的分辨能力？单凭这一点，就与《婚姻法》和《未成年人保护法》相悖。

泸沽湖在吸引外部世界的同时，也为外部世界所吸引。特别是电视进入摩梭人家，多彩的外部世界展现在摩梭人面前，引起内外文化、婚俗、观念及生活方式等多方面的撞击。一些摩梭女不再满足花楼的狭小空间了，试图过全新的生活。美丽聪明的摩梭姑娘娜姆13岁时刚举办过"穿裙"成人仪式，就偷偷离家出走了。她先在凉山歌舞团当演员，旋即考入上海音乐学院，毕业后就职于中央民族歌舞团，成为全国最年轻的独唱演员。接着她又赴美闯荡好莱坞，经常参加走穴演出，间或做生意，当模特。她先后游历欧洲、日本、新加坡，以及中国的香港和台湾等地。这位敢爱、敢恨的摩梭小姐，伴着事业的辉煌，先后找了7个丈夫，大过一把夫妻家庭瘾。1998年娜姆走回"女儿国"，轰动了整个泸沽湖。

外部世界的诱惑，特别是对夫妻小家庭的向往，无疑对母系家庭构成威胁。如果这是历史的必然，那么母系家庭和走婚制的解体也只是时间问题了。当那一天终于到来时，究竟是令人欣慰的进步，还是"女儿国"永远消亡的悲哀？

试想，"女儿国"一旦在地球消失，泸沽湖还有什么魅力？

青山环抱的泸沽湖是摩梭人赖以生存的天然环境。如今这块"未被污染的净土"也面临生存隐患。沿湖所有生活废水、人畜粪便几乎全部排入湖中。湖滨道上粪便随处可见。湖边水面满是脏兮兮的水泡，气味难闻。村寨里卫生条件甚差，苍蝇肆虐。记者走进店房，发现案板上爬满黑乎乎的一层苍蝇，十分可怕。

摩梭村寨的房屋全是木结构，地板、墙壁、房顶使用的全是厚厚的木板和圆木，家家都建旅馆楼，过量砍伐山林，导致植被破坏。

泸沽湖不会再扩大，其自我净化的能力有限。上述问题虽未达到十分严重的程度，但它无疑向人们警示：必须从现在起高度重视泸沽湖的生态环境保护，使之无愧于“人间瑶池”的美誉。

（《安徽日报》2000 年 8 月 25 日、12 月 22 日分作两篇发表）

【游记】

满眼风光塞上行

感叹夏王陵

车出银川市西行30公里许，绵延高耸的贺兰山下，大约50平方公里范围内，错落有致地矗立着9座塔形土丘。这就是号称“东方金字塔”的西夏王陵。

关于西夏国，史书鲜有记载。最完备的中华书库《二十四史》也独缺夏史。相传，党项族首领李元昊1038年称帝立国至1227年国灭历经190年9个帝王。西夏国东临黄河，西界玉门，南抵萧关，北控大漠，形成宋、辽、夏三国鼎立局面。成吉思汗率元军6次伐夏，久攻不下；其子第七次征讨，攻城、戮族、焚陵、灭国。9座王陵本自成体系，含有角楼、门阙、碑亭、外廓、内城、献殿、塔形灵台，以及神墙等，金碧辉煌，蔚为壮观。元军将其付之一炬，变成瓦砾。加上岁月剥蚀，规模最大的灵台也仅存塔形土丘。西夏的历史遂成一大谜团。

所幸几十年的“夏学”研究，成果迭出。《西夏史稿》《西夏文化》《西夏战史》等一批学术专著相继出版，渐次揭开西夏的神秘面纱。前些年拍摄的电视连续剧《贺兰雪》生动地再现了西夏兴衰史。尤为世人称道的是对西夏文字的研究。20世纪初刚发现西夏文字时，乍视似皆可识，熟视一字不识，成了死文字。夏学专家李范文苦心钻研25年，终将6000多西夏文字全部破解，编纂出版了大型辞书《夏汉字典》。

漫步夏王陵，所见所闻，令人唏嘘。感慨系之，为诗云尔：

皎皎贺兰雪，
幽幽古夏陵。
东方金字塔，
何不史留名？

叫绝沙坡头

“大漠孤烟直，长河落日圆。”这雄浑苍凉的诗境所指，就是宁夏中卫县的沙坡头。这里位于中卫城西20多公里。腾格里大沙漠滚滚南下，直逼黄河岸边，形成一道宽2000多米、高100多米的大沙陀（沙堤），故名。

可是，我们冒着酷暑登坡北望却难见沙漠，一道绿色屏障挡住了视线。原来，这是20世纪50年代为保护横贯这里50多公里的包兰铁路免遭沙埋，历尽艰辛营造的防护林带。1994年荣获联合国授予的“全球环保500佳”称号。

穿过这道纵深500多米的绿色屏障，但见沙海浩瀚无垠。一阵高亢的蒙古族歌声飘来，几位年轻姑娘从蒙古包走出，边歌边拦道献上一杯杯美酒。入乡随俗，我们一饮而尽。对于我们这些江淮老记来说，沙漠是那么有吸引力。望着200米外一座最高的沙丘，大伙赛跑似的往前冲，冲到沙丘绝顶，已大汗淋漓。大家又以大漠为背景，咔嚓咔嚓照起相来。回到蒙古包稍事休息。这时，宁夏电视台记者、安徽小老乡小杨提议，晚上就在蒙古包宿营，这里有空调、彩电、自来水，还可举办沙漠篝火晚会。几个年轻人齐声叫好。无奈“梁园虽好，却非久留之地”，在老家伙坚持下，又原路返回沙坡头。

站在坡顶南望，黄河自西向东，滚滚而来，在此打了个弯。对岸是起伏的山峦，河床上是茵茵绿洲。好个沙坡头！竟集大漠、长河、高山、绿洲于一体，怪不得被誉为“世界垄断性旅游资源”哩！我们每人坐一块小滑板，从坡顶飞瀑般滑下，耳畔嗡嗡轰鸣。穿过叠翠流红的果园，来到渡口，登上古朴的羊皮筏子，作短暂的黄河漂流（长漂有几十里需一天时间）。漂到河中沙洲，大家忙不迭拣起美丽的鹅卵石来。

伫立沙洲，听金涛呜咽，观沙瀑飞流，赏佳木葱茏，不禁浮想联翩，遂发而成吟：

狂沙吹不尽，
夭树愈婆娑。
日傍长河落，
名闻天下绝。

情系沙湖畔

沙湖，顾名思义，沙漠之湖也。乘车从银川沿高速公路约一个小时即达沙湖东岸。放眼望去，碧波万顷，苇丛片片，宛若人间瑶池。据介绍，沙湖天然而成。沙漠面积 12 平方公里，水面 20 多平方公里，水深平均 2 米多。湖中盛产莲藕、鱼虾、珍禽，是生态旅游绝佳之处。叹为观止的是湖中鸟岛，吸引着几十种数万只候鸟在此栖息。可惜我们去不成，为免受游人惊吓，鸟岛已不再对外开放。

登舟入湖，游艇似离弦之箭从水面掠过，又以蛇行方式穿梭于苇丛，犁起的浪花在身后湖面上划出一道道亮丽的弧线。顷刻，舟抵南岸。十多只骆驼在主人的指挥下蹲伏于我们面前。我们每人一骑，伴着优美的驼铃声登上数百米长、数十米高的沙山。只有站在沙山之巅，你才真正地感受到沙湖的意蕴。北眺，水光潋滟，山色空蒙；南观，沙丘连绵，驼行悠悠——北湖南沙，妙趣天成。

坐爱良久，领略金沙之豪放，欣赏湖光之秀美，赞叹造物之神奇。诗魂撩动，连缀成篇：

疑是瑶池落，
天工竟尔奇：
驼铃声慢慢，
芳渚绿依依；
鱼戏湖山动，
鸟鸣星月稀。
停车长坐爱，
情系白沙堤。

初探小龙头

5 天马不停蹄采访，结束了预计行程。可是听有关人士说，有个长城、黄河相接处，没能看到，实在遗憾。我向东道主建议，利用最后半天自由活动时间，圆我们探访二龙相会的梦。随行的“司长”说，他在宁夏开车这么多年，从未听说有二龙相会。宁夏同行小杨说，据传就在银川东黄河岸边某处。我说，作一次探险吧，找不到也有意义。于是顾不上午休，7 个志愿者立即乘车出发了。车过黄河大桥，左转，在一个岔路口停下，问道于路旁一位老者。回答说，二龙相会处八成就是小龙头，再往北十几里就到。

果然一路顺风，一下子就找到了小龙头。东来的长城，高约丈余，直抵南来的黄河岸边。墙体已残破不堪。在与黄河的结合部，高耸两个大土堆，想必这就是长城当年的龙头了。它可能比山海关的那个龙头小，故名小龙头。只有黄河本色依旧，奔腾不息。河床上放牧的几十只羊咩叫奔跑。南边 500 米处坐落一个四围保存完好的古城堡，大概就是当年的屯兵处或指挥所了，如今已改造成影视城。场面实在太大，我竟找不到能同时拍摄到黄河和长城的较好位置，恨不此时生双翼，飞到半空拍佳境。

站立在小龙头上，凝神遐思，细细体会“天地悠悠”“江山如画”“壮怀激烈”的意境。我想，不正是由于象征中华民族的这两条巨龙携手护佑，宁夏才得保安宁、塞上才得以丰熟吗？

感于斯，乃口占一绝以咏之：

出海八千里，
去天九曲长。
双龙来际会，
阅世话沧桑。

（2001 年 9 月 15 日《安徽工人日报》）

【回忆录】

激情孕育　关爱催生

——《安徽工人报》创刊记

20年过去了。如烟的往事在时间的长河中渐冲渐淡，然而《安徽工人报》创刊的情景在我的记忆中却清晰依然。

殷殷嘱托

1984年底，当时我在省广播电台主持《农村周报》工作。一天，省总工会副主席杨文友通过安徽日报社的凤元涌同志约见我。文友同志早年在凤台县当宣传部部长时我采访过他，给我的印象是个学者型的干部。见面时他说："电台、省总工会虽然一路之隔，但我们好几年没见面了。想请你和元涌来商量办《安徽工人报》的事。这之前也在新闻界物色了几个，都不尽如人意。不知你意下如何？"说实话，我北京广播学院毕业后最初几年参与办过"职工节目"，从1970年起改办"农村节目"，一干就是15年，对工厂、工人反而生疏了，怕不能胜任。他听了我的意思，忙说："隔行不隔山，你毕竟还有几年跑工厂的经历，就不要推却了吧。"接着杨文友又把我们引荐给省总工会主席刘淦。刘主席慈眉善目，让人有亲近之感。听了杨文友的介绍之后，刘淦左一个"专家"右一个"专家"，说得我们心里不安。他告诉我们，早在1960年省总工会就决定办报。印刷厂都搞起来了，由于国民经济困难，随即搁置；"文革"中工会也解散了，更别说办报。现在改革开放，舆论先行，共青团、妇联都有报纸，工会没有。好不容易争取省委宣传部于9月26日下文批准办报了，但找不到人才。眼看到年底，办报的事不能再拖了。省总工会寄希望于你们，希望尽快拿出一个方案来，向党组汇报，以便正式作出决定。

我们深深感受到省总工会领导的信任和期望。可以说，这次谈话使我的新闻从业之路由广播转向了报纸，由农村走向了工厂，而且一干又是15年。

1985年1月17日，省总工会党组开会，听取我们的汇报。我将报纸的性质、宗旨、对象、版面构成、工作机制、发行思路等几个方面的初步设想作了汇报。与会领导听了都认为可行，并表示从各个方面支持办报。刘淦主席总结说：“就按这个方案办。”他特别对报纸要“做喉舌、当益友”的宗旨概括表示赞赏。会议决定1985年5月1日前正式创刊，成立以党组成员、副主席杨文友为首的办报筹备班子，由我和元涌同志具体负责筹备工作。

《安徽工人报》的诞生进入倒计时，创刊之车轮正式运转。

激情迸发

省总工会虽然表示大力支持办报，但当时省总工会的经济也是捉襟见肘。仅提供一间不足40平方米的办公室，摄影的暗房在四楼平台的铁皮房里；原打算支持20万元开办费，一下子缩减到只有7万元。最大的困难还在于缺少办报人手。当时只配备了从事摄影和行政工作的韩静、王世祥两位同志，我和元涌同志的人事关系还在原单位（我于3月12日调入，老凤更迟一些）。我们只好脚踩两只船，日夜连轴转。当时我们四人真像上足发条的机器，满怀激情投入新的事业中去。工作节奏之快、效率之高，从下面的几件大事记录中可见一斑：

1985年1月20日 争取到省出版局发文批准《安徽工人报》公开出版发行，4开4版周一刊。

1月28日 与邮政局签订邮发合同。

2月2日 为方便下半年报纸订阅发行，省总工会发文通知各级工会《安徽工人报》提前于4月5日创刊。

2月4日 在《安徽日报》上连续3天刊发《安徽工人报》创刊广告。

2月8日 与安徽日报印刷厂签订报纸印刷合同。

2月12日 省总工会召开各地、市、大企业和产业工会宣教部长会议，研究办报发行工作。

2月16日 省总工会发出第一个《关于订阅〈安徽工人报〉的通知》。

尤难忘怀的是，2月25日（大年初六），70岁高龄的省顾委常委、省总工会原主席陈庆泉和年近花甲的刘淦主席亲率我们赴京取经。那天空中还飘着雪花，飞机起降颇为困难。在京几天，两位老人带着我们马不停蹄。在工人日报社，从早上8点起和总编辑李冀晤谈，一直谈到中午12点；半个小时吃完饭，接着和社长郭国咏谈，一气谈到下午5点。为了请高层领导题写报名，陈老每天都忙到深夜，先后拜会了陈云、方毅、张爱萍等领导同志。元涌同志初次进京，可是实在无暇逛京城。

回来后已是3月，各项准备工作更加紧张、更加细化了。改革开放洪波涌起，工人报怎样鸣时代的强音？经多方联系，得知安徽工学院动力系主任曹欧抛却户口、粮油、行政和工资关系，毅然前往湖北二汽“打工”。曹欧此举在合肥尚属首例，有力冲击了旧的人才观念和人才管理体制。可是，在改革大潮初起的1985年，许多人不理解，许多人深深思索，安徽工学院大院内议论纷纷。在报务缠身的情况下，我抽几个晚上采访了曹欧原来的有关同事和院领导，写成一篇通讯，以《他走了，留下一串问号》为题加编者按发表在创刊号上。

在那个激情迸发的春天，用夜以继日、顽强拼搏形容报社的工作并不过分。一天，省总工会党组副书记、副主席王凤林见到我，动情地说：“老梁呀，你们的工作大家都看得见。省总工会宿舍就在你们办公室后边，每天晚上都看到你们办公室的灯光亮到深夜。你们也要注意身体呀！”几句话说得我热泪盈眶。

八方关爱

《安徽工人报》的创刊，承载着省总工会的殷殷嘱托、全省500万职工的厚重期望，也凝结着社会四面八方的深切关爱。

经省总工会领导出面联系，中央政治局委员、国务委员方毅（后任国务院副总理）欣然为本报题名（后因住院，题名推迟，创刊号集王羲之字）；全国总工会书记处书记刘实、省顾委主任袁振、省政协原主席张恺帆分别为本报题词；省委常委、组织部部长刘广才写来发刊词《职工的喜事》。

杨主席和韩静同志擅长书法，周围结交了一批书画名家。听说要创办《安徽工人报》，我省著名书画家萧龙士、张建中、李百忍、郭公达、郑若泉、龚艺岚、张良勋、叶家和、李传周、黎光祖、朱白亭、韦书林、孟繁青、冯维韬、庄传周等纷纷为创刊号题词作画；杨主席则挥毫为副刊《大潮》题写刊名。3月22日，书画大师范曾来合肥，韩静同志前往采访，范曾乘兴为本报题词：“群言堂，众志集。”

一天，我约请著名作家陈登科为本报创刊号赐稿。他说：“多家报社约我写稿，我都婉辞了。而工人报刊我不能不写，我是工人出身呀！”很快陈老的一篇《我常常想起一句歌词》（指“咱们工人有力量”）的随笔送到了报社。

省冶金工会主席张杰把要创办《安徽工人报》的消息告诉了安徽老乡、《深圳特区报》总编辑张洪斌。张总编立就一首七律《一纸风行》寄来，热情歌颂本报创刊。

新闻界的支持自不待言。安徽日报社、新华社安徽分社、省广播电台、省电视台、中央台安徽记者站、工人日报安徽记者站等20多家新闻单位发来贺信、贺词。安徽青年报社的刘湘如、合肥晚报社的赵泉还应邀担纲本报的社外编辑，着实解了我们的燃眉之急。

来自各级工会和广大职工的支持更令人感动。省工会系统各级宣教部门和基层工会全力配合抓报纸发行，踊跃为职工订报。安庆石化总厂 808 个工会小组共订 828 份；铜陵有色一冶 111 个工会小组订了 130 份，还为书记、厂长和各科室订了一份；东至县工会订报 872 份，成为全省县级工会订报之首。

截至创刊前夕，短短一个多月我们收到来自全国各地 300 多封贺信、贺电。其中一个来自河南叫李志璞的退休老工人的信，令报社全体同志感奋不已。李志璞参加过“二七”大罢工，退休后因身体不好，长期住疗养院。他在信中说，他老家在安徽，听说家乡要办工人报，激动得心中久久不能平静，一定要为办《安徽工人报》出一份力。想来想去，决定把多年积蓄的 200 元钱寄给报社，以表支持。要知道，在 1985 年初的工资环境下，200 元并非一个小数字啊！捧着这位普通工人的信和汇单，我们感到，背后有了强大的靠山，有了力量的源泉。我们立即回信致谢，表示不负众望，并退还了这位老工人的血汗钱。

在激情中孕育，在关爱中催生。1985 年 4 月 5 日清晨，6 个版共 13 万份《安徽工人报》创刊号通过邮局发往全国、全省各地，与读者见面。这是新时期安徽工人运动的一声春雷。当天，《安徽日报》、省电台、省电视台分别刊播了本报创刊消息。当天下午，省总工会党组正式任命杨文友兼报社总编辑，任命我为副总编辑，主持报社工作。

从此，《安徽工人报》这棵新闻百花园中的幼苗，在省总工会和广大职工的抚育下，在报社同仁的辛勤耕耘中，茁壮成长，由四开变对开，由周一而周二，而周三，而周四，而周五，在跨入新世纪前夕，经国家新闻出版署批准，终于成为对开日报。

《安徽工人日报》与安徽工人运动同在！

（2005 年 12 月 31 日《安徽工人日报》）

【回忆录】

心花一瓣

——向母校汇报

端详，惊呼，拥抱，哽咽，流泪……这是2013年9月北广毕业50周年返校聚会时一再出现的情景。归来后我多次动情地向家人和亲友聊起这次聚会的见闻和感受，更于夜深人静之时追怀4年的大学生活和近40年的新闻从业历程。在此谨以《心花一瓣》为题向母校作一汇报，同时以三个不同时间点所作三首七律表达我对母校、老师和同学的一往情深。

第一首《惜别》作于1963年8月2日毕业前夕（题在同学留言簿上）：

四载同窗岁月稠，一别今日几春秋
山重水复永相望，纸短情长属意留。
激越壮怀腾广宇，踌躇满志报神州。
待到他年双鬓白，欣逢忆旧数风流。

第二首《怀念》作于1978年8月20日北广20周年校庆之际（登在校刊上）：

别却京华憾未逢，几回飞梦故园中。
英贤旖旎韶光好，桃李芬芳春意浓。
勤向青灯操笔砚，时邀明月赋虬龙。
当年豪气今仍在，更待征途砺锐锋。

第三首《重逢》作于本次母校聚会上（依前韵）：

久别皓首乍相逢，似幻似真疑梦中。
执手畅怀嫌夜短，飞觞酣态寓情浓。
硕丰香溢尽桃李，俊雅云集多凤龙。
莫道夕阳红未久，宝刀不老试新锋。

小诗带过，言归正题——

1963年8月，我从北京广播学院新闻系毕业，分配到安徽人民广播电台，1985年3月调到安徽工人报社，2000年退休。37年间，我一直战斗在新闻岗位上，先后任编辑、记者、编辑组长、副总编、总编、高编等职。大体说来，前期为农民办广播，后期为工人办报纸。

为农民鼓呼

我深深感到，一个党的新闻工作者，必须坚持实事求是的思想路线，倾听群众实践的呼声，以坚定的信念、敏锐的目光和热情的笔触，激浊扬清，讴歌新事物，讴歌人民群众的伟大创造。多年来，我正是以这种使命感和职业道德践行新闻工作的。

1971 年春，我受命重建省电台农村组，恢复《对农村广播》节目。我是农民的儿子，我了解农村。1972 年初，针对极左给农村带来的严重危害，我主持编写了《刘书记谈政策》系列广播对话，明确提出反左问题；提出坚持按劳分配，不能推广大寨评工记分法；提出正确处理三者关系，保证社员分配逐年增加；提出鼓励、支持社员搞好正当的家庭副业，等等。播出后，干部社员纷纷来信反映这是严冬的一股春风，要求回放。徽州地区将广播稿编印成册发到每一个生产队。为此，一位地委书记向当时省委领导人告我们宣传了所谓“刘少奇的修正主义路线”。

1972 年夏，由我牵头组织省电台李月华事迹采访组，深入泗县，参加省地县联合采访，并根据广播特点，采制了长篇配音通讯《白衣红心李月华》。经省委审定播出后，收到全国 80 多封听众来信，许多工厂、学校、部队前来复制节目。省委作出向李月华学习的决定。

1978 年底和 1979 年初，当联产计酬责任制破土而出，其生命力和优越性尚未被普遍承认之际，我便在《对农村广播》中热情地宣传它。1978 年秋，我编写了定远县农村干部群众要求实行联产计酬的来信（这是电台第一篇也是省属新闻单位第一篇宣传责任制的稿件）。稿件编好后，局领导押下不发。几经周折，于党的十一届三中全会刚结束的 1979 年 1 月 23 日播出，立即在广大农村产生强烈反响，有一封来信说这是“三十年来第一声”。

1979 年 3 月，《人民日报》在头版头条发表张浩的信，并加编者按语，责难责任制是资本主义倒退，一时人心惶惶。我组织农村组同志认真学习党的三中全会精神，坚定不移地宣传责任制。我赶写了一篇对话，以一知青向老农问路为线索，运用一连串的误会法，借老农之口酣畅淋漓地歌颂了责任制。4 月，我带记者深入实行责任制较早的宣城县采访，执笔写了宣城县农村工作见闻《在新情况新问题面前》，以事实回答了对责任制的攻击。此文中央台、《安徽日报》又跟进播出发表。接着我又带记者采访因推行责任制而受压的和县沈巷区委书记周良福，执笔写了通讯《当官敢为民作主》。地委书记拒绝审稿。可省台和中央台播出后，该县农民自发地推行责任制，捂也捂不住。

当社会上对责任制大唱赞歌的时候，我又深入农村潜心研究包产到户中出现的问题，把宣传重点转移到完善责任制上来。1980 年秋，我就包产到户中出现的十大问题赶赴凤阳县，请县委书记陈庭元答记者问。录音播出后，收到省内外数十封来信，反映这个问题抓得及时。

在农村责任制走上健康发展道路后，我又着手改进农村精神文明建设的宣传。1982 年 3 月，针对农村“三害”（买卖婚姻、迷信和赌博）严重，我在新开设的《农村信箱》里以《掺着泪水的蜜月》为题编发了女社员柴月的来信，向封建残余势力进行了血泪控诉，并加按语，请广大农村青年在广播中发表意见。到 5 月 15 日共收到 650 多封来信，创省台播出稿反映信件最高纪录。广播讨论历时 57 天，除顺利解决了柴月本人的婚姻问题外，还促进了许多不幸婚姻圆满解决。《人民日报》用半个版选登了我主持编写的部分广播稿，并加了短评。《新闻业务》杂志以《拨动听众心弦的一举》为题，高度评价了这次广播讨论。

1982 年 9 月，针对大批农村青年高考落榜徘徊歧路的问题，我提议以《我为家乡献青春》为题开展征文活动（这是安徽新闻界“文革”后首次征文）。我编写的征文启事一播出，立即在农村产生强烈共鸣。到 2 月中旬，共收到 13 个省市区信稿 4200 多件。大家用各种形式畅谈党的三中全会给故乡带来的可喜变化，表达对故乡的深深眷恋，抒发立志耕耘的豪情壮志，像一股股暖流抚慰着在苦恼中徘徊的农村青年的心灵。一位青年来信说：“广播使我找回了失去的心灵！”我们还邀请部分青年代表来省城座谈，副省长魏心一出席并高度赞扬这次征文活动。我们将播出稿汇编成书，公开发行四万八千册，省委副书记袁振题写了书名。

上述诸项重大宣传报道被编入《安徽广播电视简史》。所撰《为农业生产责任制鼓与呼》收入中华人民共和国史广播电视编辑部所编《当代中国广播电视回忆录》一书。

为职工代言

1985 年初，位于电台对面的省总工会调我主持筹建安徽工人报社。我和同志们一起，克服重重困难于 4 月 5 日正式创刊。我为报纸制定了“鸣时代强音，展主人风采，为职工代言，为各界服务”的工人报特色和“求实、写真、匡正、布新”的编辑方针，并以此构思板块栏目，组织宣传报道。该报由最初四开四版周一刊逐步发展为对开四版周三刊、周五刊，在我退休前夕终成日报。纵览《安徽工人日报》，改革开放是报纸始终不渝的宣传基调，闪光的主人翁形象占据报纸的主要版面。经常性的题材我不偏废，社会变化中的亮点与盲点更令我关注。我经常鼓励编辑记者，把新闻视觉更多地集中在社会热点上，一种新事物或倾向性问题刚刚出现时，就能及时捕捉它，紧紧抓住它，进行正确的舆论引导。多年来，我组织编采人员抓住公众议论的热点问题，从各个角度做文章，或褒扬，或鞭策，或疏导，或劝诫，发挥了正确的舆论引导作用。

这里重点汇报实施舆论监督。舆论监督是党赋予新闻工作者的光荣使命。不过它既令新闻人跃跃欲试，又令其避之不及。因为它太敏感，太棘手，弄不好会引火烧身——吃官司，丢帽子，掀摊子。然而对于工人报而言，更多的是使命感。随着改革的深化，社会阶层间的利益冲突日显，职工权益屡遭侵害。作为省总工会机关报和职工喉舌的《安徽工人日报》当然要把维护职工合法权益作为重要职能。我们把实施新闻舆论监督当作维权的基本形式和主要手段。在我主持报纸工作的 15 年间，刊发舆论监督稿件千余篇，绝大部分是维权篇。

在舆论监督面前，有人笑，有人跳，告状者、说情者纷纷找上门来。他说情，我说理；他告状，我陪到底。1986 年，合肥砂轮厂原厂长王光金不顾职工反对，不经职代会，擅自将企业技改资金拿来为自己买房，激起全厂公愤。当本报记者采写的通讯《厂长买房的风波》成稿后，王厂长找上门来，要与本总编交朋友，套近乎：“什么都好说，就是别见报。”我说：“不见报不行，你改了，我正面追踪报道”。他脸一翻：“法庭上见！”6 月 20 日通讯在头版头条见报，王光金真的一纸状告到法院，说本报侵了他厂长的权。法院初步调查认为他明显理亏，建议他撤诉，官司没打起来。而厂职代会通过决议，经上级批准，撤了王光金厂长职务。这也是安徽省经职代会撤销厂领导职务罕见的一例。

因维权而遭诉讼我们多次碰到。对方甚至跑到省总工会机关从楼上喊到楼下，说工人报造谣，扬言要告倒工人报。可往往官司没打起来，他已受到法律制裁。的确，本报也被正式拖进两起因维权而引发的“侵权”官司中。不过，因本报监督有据，事实准确，都没有败诉。如 1996 年 4 月 27 日本报刊登记者通讯《坎坷劳模路》，报道全国教育系统劳模、宿州市聋哑学校校长尹正路遭遇的权力障碍和人为陷阱。此文引起被批评者张某的强烈不满。张某告上了宿州市法院，说本报侵了他的权，索赔 20 万元。我和律师走上法庭据理辩护，博得主审法官当庭赞誉《坎坷劳模路》文伸张了正义。张某又诉至地区中院。中院阅卷后认为他无理，通过法庭调解劝他撤诉。

我们发现，一些企业领导人往往不把职代会放在眼里，我行我素，侵害职工权益。我们选择典型个案，抓住不放，造成威慑和声势。淮南蓄电池总厂原厂长刘玉振，自称“刘一刀”，扬言“职代会算什么？我三分钟可以整倒一个人”。他在工人头上作威作福，激起众怒。300 多名工人将他围住，搜去了他身上的小轿车钥匙，将他轰出工厂，并联名上书要求罢他的官。此事由我写成消息，于 1996 年 11 月 19 日本报头条刊出。上海《报刊文摘》《羊城晚报》先后转载。《羊城晚报》还配发评论《狗官，狗官，罢他的官》。报道引起省纪委重视，1997 年本报又以通讯形式详细报道刘玉振如何被职工轰下台，终遭免职。

蚌埠火柴厂不经职代会擅自出台一部有悖法律法规的厂纪厂规，以罚代管，厂保卫科随意体罚、殴打工人，激起公愤。《工人日报》率先监督。一些好心人劝我们说，问题复杂，地方报纸不要碰它。那怎么成？在安徽的侵权事件，《安徽工人报》岂能装糊涂？于是我派记者前往采访。从 1997 年 12 月底到 1998 年 2 月，本报先后发表《蚌埠火柴厂，你理睬不理睬》《岂容厂规践踏法律》《耳边常响法制钟》《蚌埠火柴厂侵权事件终获解决》《来一次厂规厂纪大检查》等多篇报道和言论，有效维护了职工合法权益。

心花淡淡香

我经历了几个剧烈变动的时代，虽然也有过迷茫和摇摆，但我愈挫愈奋，经受了锻炼，留下许多客观反映那个时代和人民心声的新闻作品，数十篇分获省和全国好新闻奖；还发表 20 余篇业务研究论文。有时兴起写点旧体诗词，先后发表 200 多首，还挂了个省诗词学会副会长的闲职。

使我难以忘怀的是，1991 年安徽蒙受 60 年不遇的洪涝灾害。我受省委宣传部指派，参加电视系列片《大浪丰碑》（由我命题，集体讨论确定）的策划和撰稿工作。我除了单独撰写《含泪舍家园》一集外，还担任总撰稿。我以高度的政治责任感，精益求精，三易其稿，按时完成 10 集总撰稿任务。该片由江泽民总书记题写片名，省委书记卢荣景审定。在省和中央电视台分别连续播出后，产生巨大社会反响。省委领导同志多次指出：《大浪丰碑》表现的是党领导人民群众抗洪救灾的英雄史诗，是展现社会主义优越性的壮丽画卷；该片的撰写和制作成功，说明安徽是有人才的。10 集录像带公开发行，并由省委赠送中央领导同志和国际友人，文字稿由《安徽日报》和《安徽工人报》全文发表。

回眸自北京广播学院起始的新闻从业之路，谨以退休前夕所作一首自慰诗为此文作结：

朝来暮去任匆匆，四十年华幸未空。
集露采风泼墨醉，傲霜斗雪笑菊红。
纤毫难蕴千钧力，驽马敢拼万里程。
云卷云舒浑过眼，心花一瓣慰诗翁。

（2013 年 12 月 1 日，此文收入中国传媒大学出版社的《永远的灰楼》一书）

放言编

矢志随心直笔写

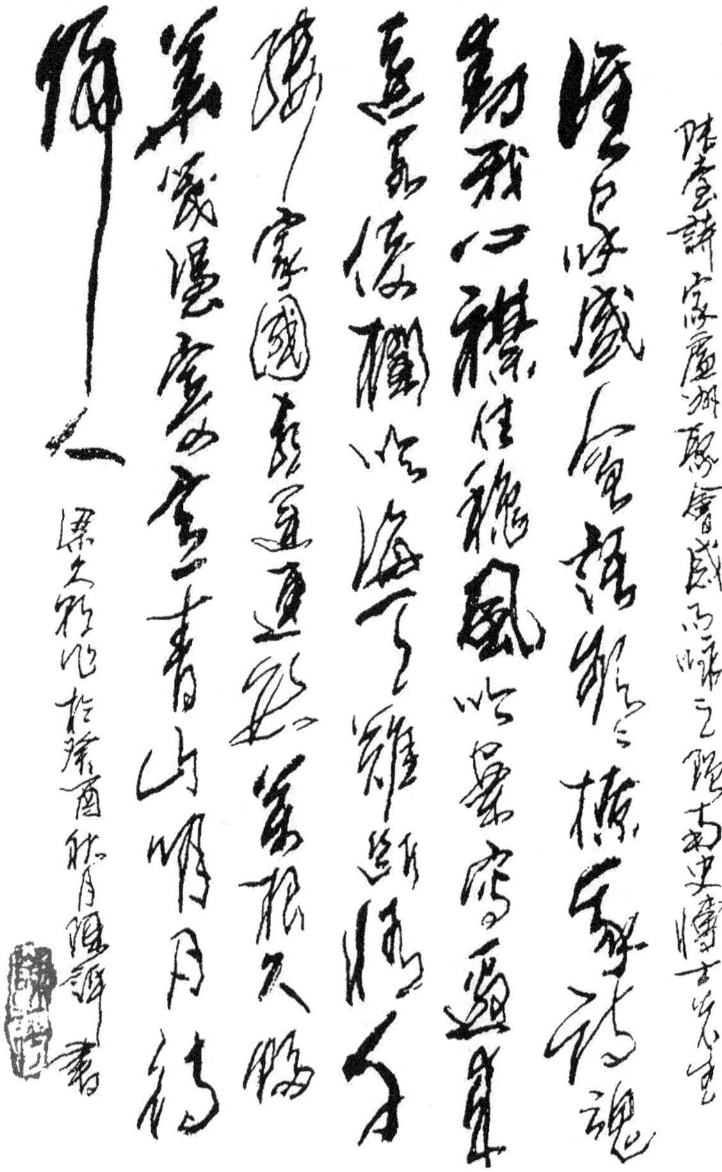

让千家万户菜篮如意

我省八市创最佳菜篮竞赛开始了。这是一件值得称道的大好事。

近来，人们街谈巷议“菜篮子”问题。的确，随着改革的深入，商品生产的发展，职工收入增加，城市许多家庭菜篮里的东西由少变多、由粗变精。这是有目共睹的事实。但是，不可否认，菜篮子问题还没有根本解决；副食品上市量还不那么充足，品种还不那么繁多，价格还不那么平稳，服务还不那么热情—— 一句话，人们还不满意。

为人民服务不是一句空话，解决菜篮子问题就是最实际的服务。它深得人心，对改善群众生活、密切党群关系将产生巨大的影响。开展创最佳菜篮子竞赛，是解决这一问题的好形式。当然，竞赛不光是竞赛单位的事情，它需要各级党委、政府切实加强领导，需要工会、农牧渔业、商业、供销、物价、工商、卫生、运输等各方面的密切协作，需要全社会的关心和支持。

必须看到，解决菜篮子问题，不能回到改革之前的产供销老路上去，只有坚持改革，放开搞活，才能为解决这一问题创造较好的条件和开辟广阔的前景。当前，特别要在组织生产、广开货源、增加上市数量和品种、平抑物价以及优质服务等方面下大功夫，花大力气。特别是菜价，市民特别敏感。在一定意义上，它成为衡量改革成果大小的重要标志。既要尊重市场规律，实行优质优价，又要严防乱涨价。这方面要充分发挥政府物价部门、工商行政部门和新成立的职工物价监督站的职能作用。

让我们积极行动起来，投入竞赛，给千家万户带来一个如意菜篮。

（1986 年 3 月 14 日《安徽工人报》）

保护“出头鸟”

先进难当，劳模难当，改革者难当。这是近年来不少人的感受。正应了“人怕出名猪怕壮”“枪打出头鸟”的老话。

并非危言耸听。君不见：郑州市卓有成效的改革者宋北方终于被人赶下台；某先进人物汇报团一位成员正在外地汇报，其上司却说，他不是有本事嘛，就让他到某单位干干瞧，从而决定将其“发配”出去；一位挺有名气的画家终因受不住种种流言拂袖而去；一位新长征突击手终因顶不住来自各方面的压力发誓一辈子再也不当先进……

“枪打出头鸟”常常是一种嫉妒心理在作怪。“我不行，你也别能！”不惜抓辫子，使绊子，散布流言蜚语，反正要把人家搞臭。而有些领导同志对此听之任之，令先进人物自生自灭；有的故意给先进人物出难题，当了先进只能带头干，工资不能提，奖金不能多，房子不能要……

这实在是一种不正之风。现代化事业要求造就千百万奋发进取、锐意改革、多做贡献的先进分子。他们代表着时代的本质和前进方向。因此，保护“出头鸟”已成为亟待解决的一个社会问题。

保护办法有三：一要造成一个当先进光荣的强大舆论，单位、家庭、社会都要抵制对先进人物的种种流言，使其没有市场。二要正确对待先进人物的缺点。人无完人，要求先进人物十全十美则无异于扼杀先进。应帮助他们逐步克服自身的缺点，一时克服不掉也不要紧，他们本质上还是先进分子。三要保护先进人物的积极性，敢于鼓励和奖励先进人物。

学先进，赶先进，创先进，让“出头鸟”展翅高飞。

（1986 年 4 月 29 日《安徽工人报》）

在阵痛中更新观念

本报今天报道的马钢焦化厂老工人更新观念的事实说明，在改革过程中树立新的观念，不是说说就能办到的，而要经历一个痛苦的过程，要走曲折的路。

旧体制上产生并与其相适应的一系列旧观念，在体制改革的变动中，还会比较长时期地盘踞在人们头脑里，当与个人利益发生冲突时，还会成为改革的阻力。比如，与“铁饭碗”紧密联系的固定工制度，其弊端显而易见，一旦真的改变这一制度，端掉“铁饭碗”，不少人思想上横竖不能接受。

但是，新体制代替旧体制，新观念取代旧观念，这是社会主义市场经济在其发展过程中的必然规律。做领导工作的同志要善于通过细致的工作，引导群众去认识这一规律，从而自觉地树立与市场经济相适应的新观念，适应改革的要求。这是一个从必然到自由的过程，是一个充满痛苦和欢乐的过程。因为改革不但会给国家和广大人民群众带来无法估量的好处，还会牺牲一部分人的暂时利益。牺牲过后是受益，阵痛之后是欢乐，这就像母亲分娩的情形一样。我们只能走历史必然要走的道路，只能在阵痛中更新观念，加速改革步伐。

（1986 年 10 月 31 日《安徽工人报》）

打破板块　冲出藩篱

合肥拉链厂在进口货的冲击下，销售无门，还债无钱，生活无着，生产停顿，眼睁睁就要破产了。对此，谁不痛心！可是，当厂家为求生存，自找“婆婆”，意欲重振企业时，却又遇到那么大的阻力。

为什么好事如此多磨？无须追究谁家的责任，根子在于条块分割的管理体制。这种体制自我封闭，互不“侵犯”，当市场情况波动较大时，便无能为力，倒霉的是国家、企业和职工群众。

拉链厂的教训告诉我们，条块分割体制是一种凝固力很强的板块结构，是束缚生产力的藩篱，不拿点改革的真功夫是冲不破的。当前，最好的办法是联合——跨行业，跨部门，跨地域联合。除企业自身要有胆识以外，关键是主管部门要放手。那种既无回天之力，又死守摊摊不放的家长作风是要不得的。

（1986 年 11 月 7 日《安徽工人报》）

以良好的纪律和道德展示主人风采

全国总工会执委会最近通过决议：加强劳动纪律，培养职业道德；在两个文明建设中发挥主力军作用。这是当前工会工作的破题之举，是贯彻中共十二届六中全会精神的生动体现，具有重要战略意义。

纪律和道德修养是社会主义精神文明建设的重要组成部分，作为领导阶级的工人阶级当然要以主人翁的崭新精神风貌去影响整个社会。在这方面，我省广大职工是做了好样子的，涌现了一大批先进模范人物。但是，由于小生产的传统势力和长期“大锅饭”“铁饭碗”的影响，不少职工在思想观念、劳动习惯、工作节奏、服务质量等方面还不适应两个文明建设的需要，直接影响了企业经济效益和社会效益，影响了改革的进程，也影响了职工的切身利益。

自觉的劳动纪律和高尚的职业道德，是社会化大生产的客观要求，它来自对国家、对企业高度的主人翁责任感和对美好生活的热烈追求。主人就要有主人的观念，把主人翁的地位和责任、权利和义务统一起来，自觉服从社会化大生产的管理权威，自觉地把“热爱本职、忠于职守、为人民服务、对社会负责”作为时时恪守的职业道德。同时各行各业各单位还要树立独具风格的道德风尚，形成闪耀社会主义思想光辉的企业道德、商业道德、师德、医德、文德、艺德，等等。

纪律、道德建设不能停在空洞说教上，要拿出切实措施，做艰苦细致的工作。要从抓管理层入手，以干部的模范行动带动广大职工；要与完善民主管理制度和经济责任制结合起来，与创最佳效益和优质服务竞赛结合起来，与关心职工疾苦结合起来，与提高职工科学文化水平结合起来；要大力表彰守纪律、讲道德的先进人物。我省工人阶级具有光荣传统，在两个文明建设中，也一定能以良好的劳动纪律和职业道德展示主人翁的风采。

（1986 年 11 月 28 日《安徽工人报》）

把福利的华厦建在坚实的基础上

时代的车轮把我们推入“言必称钱”的社会，我们可以用“经济”眼光打量一切而不必耳热面红。国家要建设须征税，集体要发展须谋利，都要讲求点儿最具有时代风味的经济效益。至于个人，只要你付出了劳动，做出了贡献，当然也应当得到相应的报酬。然而眼下，于“福利”二字尚不宜聒噪太甚，因为福利的大厦必须建筑在坚实的物质生产基础上。

一切有识之士都会看到，改革的步伐才刚刚迈起，濒临崩溃的国民经济才刚刚复苏，国库的些许积存，尚不敷待举百业的开支，要拿出大把的票子来满足人们对物质生活日益增长的追求，不过是空谈而已。摆在我们面前的严峻事实是一个需要国民长期艰苦奋斗才能解决的大大的矛盾——财富与分配的矛盾。一些人由于无视这个矛盾的存在而使自己的心理倾斜。他们无意着眼并着手为解决这个矛盾作贡献，而是跨越现实孜孜以求于高工资、高消费，急切切想一步登天。这些人以浪漫主义的态度标榜自己的所谓跟上时代步伐的新观念，其实他们对于劳与酬的辩证关系的认识处在混沌之中。抛开创造谈享受的结果是大失所望，因为我们的国家不允许巧取豪夺，也没有巧取豪夺者滋生的土壤。

对于贡献与报酬孰轻孰重的问题，大致有两种态度：一种是做了一点贡献，就要求加倍偿还，而且要立竿见影，否则便觉得是吃了大亏；一种是贡献再贡献，至于物质待遇，过得去就行。前者为数不少，后者大有人在。不要以为如今唯钱是命的人已经多到足以陶冶整个中国人的情性，孰不知把事业当作命根子，不为钱惑的人仍在砥柱中流。他们富有的是贡献智慧和力量的高尚情操，而缺少一般人所谓多劳多得或不劳而得的“当代思维”。他们把先天下须做的事与后天下需求的物分开了档位，审时度势，先先后后，将一颗火热的心融进了为多数人提供享受条件的事业中，在国家与个人、贡献与报酬、事业与金钱之间，作出了可贵的选择。他们的信条是：创造第一！

当今的中国，是发展中的中国，经济的腾飞远没有达到令人眼花缭乱、忘乎所以的高度，还有赖于坚忍不拔地去发展生产、创造财富，把祖国向真正繁荣富强的境界推进。因此，我们在现阶段还需要崇尚艰苦，少事奢华。不过现在的所谓艰苦奋斗，已不是十年前的勒紧裤带，而是提醒我们时刻不忘创造第一的箴言。

（1987 年 2 月 13 日《安徽工人报》）

积极稳步地建立乡镇企业工会

随着改革逐步深化，我省乡镇企业蓬勃崛起，目前，全省镇乡（村）办企业职工达353万余人，总产值达63.46亿元。约占当年全省工业总产值的21.9%。

乡镇企业的发展，造就了一支新型的工人阶级队伍。这支队伍与全民所有制职工一样同社会化的机器工业相联系，已逐渐成为先进生产力；一样以主要精力从事工业生产；一样以工资收入作为生活的主要来源；一样是企业的主人。因此，乡镇企业的职工已具备了工人阶级的主要条件和基本素质。从发展趋势看，这支职工队伍将越来越大，对国家和社会的贡献也越来越大。因此，必须满足广大乡镇企业职工要求加入工会组织的愿望。

建立乡镇企业工会势在必行，但要健康稳妥地做好这一工作，必须进一步宣传党在新时期的工人运动和工会工作的方针、任务。要抓好试点工作，不能一哄而起。要选择那些经主管部门批准的企业，建会单位要党、政组织健全，职工人数较多，有固定的生产场所和设备，有定型的、主要的产品，经济效益较好，企业实行了退休或保险金制度。县总工会要抓好乡镇企业工会经费的提取，短期内在物质上给予支持和扶助，加强指导。重要的是，乡镇企业工会要遵循中国工会十大方针和工会章程的要求，结合企业特点，抓好经济性的活动，促进企业和职工素质的提高，增强企业的活力。当前，主要抓好以下几项活动：一是加强“四有”职工队伍建设，使职工在思想上逐步地实现由农民向工人阶级的转化。二是加强职工民主管理，促使企业决策科学化、民主化。三是加强对职工进行文化技术培训，走出“敲敲打打”的工作坊，适应现代化大机器生产的需要。四是加强和改善劳动保护措施，维护职工的具体利益。五是加强社会主义精神文明建设，开展有益的业余文体活动，抵制农村封建残余势力的侵袭。

（1987年11月27日《安徽工人报》）

民主对话的“热线”

读罢《千家万户呼唤市长监督电话》这则消息，十分欣慰。市民们遇到停水停电、交通拥挤、物价乱涨诸类生活急难问题，不用上“衙门”，就可直接迅速地向市长反映，而且许多问题会迎刃而解，这不能不说是改革年代开放的一朵奇葩。它体现了社会政治清明，体现了上下民主平等。有了它，市长可以兼听则明，市民可以直言不讳，行使当家做主的权利。

市长监督电话不是闲摆设。搞好它，关键在于发挥其监督作用。老实说，市长坐在办公室里，坐在会议桌旁，听到的多是好话，甚至恭维话，很难听到平民的逆耳之言。安起了市长监督电话，市长就应诚心诚意地听取市民呼声，切实解决他们“电呼”的问题。不然，打来的电话你不接，接了电话不处理，几次以后市民再不会理你那个“九点”了，监督电话也就等于不设。铜陵市的市长监督电话 24 小时有人值班，市长定期轮流值班受话，确是个好办法。

既然是市长监督电话，也就不应只限于监督城市生活设施。通过它，市民可对市长工作进行全面监督，城市建设中政治的、经济的、文化的方方面面都在监督之列。总之，它应成为市民参与管理国家和社会生活的重要渠道，成为市长与市民民主对话的固定“热线”。

（1987 年 12 月 19 日《安徽工人报》）

立改革鹄志　做改革模范

吴敬梓在他的《儒林外史》中以辛辣的笔触揭露了封建官场上的种种丑行。如今，在这位吴老先生的家乡全椒城，却爆出了另一类型的新闻：共产党员钱进放着堂堂正正、安安稳稳的县经委主任官不做，却去承包充满风险的县柴油机厂，而且居然在较短时间内把这个岌岌可危的厂搞得红红火火。

此举令人瞠目，发人深思。

坚持四项基本原则的同时，坚持改革、开放、搞活的总方针、总政策，这不是一句空话。改革是一项十分复杂、艰巨、甚至充满风险的工程。它要求我们脚踏实地、坚忍不拔地去探索去实践。每个共产党员都应有这种神圣的使命感，立改革之鹄志，做改革之模范。老实说，现在不少地方和方面还不能尽如人意。有的同志囿于僵化的思想观念，不愿改革；有的地方官僚主义作风愈演愈烈，在拖垮改革；更有甚者迷恋官场追逐，投机钻营，实质上在破坏改革。这不能不引起我们的警觉！

钱进同志不图利禄，勇于改革，全心全意为人民服务，他以实际行动表现了当代共产党员应有的可贵品格。党的事业多么需要更多的这样的好党员啊！我们每个同志难道不应从他身上领悟到一点什么、学习到一点什么吗？

（1987年6月30日《安徽工人报》）

两会留下的话题

第七届全国人大和全国政协会议结束十余日了，至今仍是职工们议论的话题。

众口一词：两会民主气氛撩人心扉。人们在屏幕前、广播里、报纸上，看到听到许多堪称“第一次”的新鲜事。选举时有人行使否决权、有人弃权。有道是“党委有权、政府有钱、人大举手、政协发言”，如今人大的形象高大了。

许多代表的发言使人耳目一新。一位政协委员就舆论监督问题慷慨陈词30分钟，博得鼓掌31次。这在历届两会讲坛上怕是极为罕见吧！这掌声真正发自代表的肺腑、人民的肺腑！它说明人民通过大众传播工具拥有对国家大事的知情权、建议权、监督权。

但是，就两会的民主而言还有不尽人意的地方。使人费解的是，人大选举国家领导人竟把记者全部“请”出去。难道这么大的事连记者也不能看？莫非是出于保密的需要？尽管有关领导人在记者招待会上作了说明，但终究不能让人释怀。

又如，开设秘密写票点，让代表不受任何干扰地写选票。意在民主一下，殊不知这种做法本身就是对代表的心理的巨大干扰。试想，秘密写票点很少，某代表很可能担心会引起别人的怀疑而不愿到那里去写票。笔者认为，所有代表都应有一个不受任何因素干扰的写票环境，这才是真正的无记名投票。

纵观两会，可谓代表直言议政，民主蔚成风气，这是问题的一方面，主要的方面；不尽人意处虽非主要方面，但却是值得重视的方面。

（1988年4月26日《安徽工人报》）

唤起危机感、紧迫感和使命感

“远学粤闽，近学江浙”，省委、省政府提出的响亮口号，多么令人振奋！这是深入贯彻党的十三大精神、加快我省改革开放步伐的一个重要步骤。全省广大职工要和全省人民一道就此展开一次大讨论，进行一次大发动，千方百计使我省经济上得更快一些，人民生活更富一些，对国家的贡献更大一些。

必须清醒地看到，安徽比粤闽江浙落后了一大截。长期以来，我们喜欢和自己的过去作纵向比较，不敢或不愿同兄弟省市作横向比较。一首民谣说：“××没有不敢说的话，××没有不敢赚的钱，××没有不敢吹的牛！”不能不承认这话不无道理。诚然，安徽在农村第一步改革中带了头，取得不少成绩，但是后来在以全面发展商品经济为主要内容的更深入改革中，安徽大大落后了。更为严峻的是，在周围省份中，我省经济处于“锅底”地位，而且“锅底”还有越来越深、越来越陡的趋势。

这一严峻的事实难道不令皖人汗颜？难道我们还能夜郎自大？不能！每个党员、干部、职工都应从这一“锅底”经济中唤起深深的危机感！

承认差距是为了奋起直追，缩小差距。我们完全不必灰溜溜的。在九年的改革实践中，我们毕竟积累了不少经验，教训也是财富么。何况我们还有丰富的地下资源、广阔的水面和较多的耕地等先天优势。另外，世界经济结构正处于一个新的调整时期，劳动密集型产业正在向劳动力低廉的地区转移。这为沿海地区，也为我省经济的发展，提供了一个良好的历史机遇。学习粤闽江浙，就是要把握这一历史机遇。人人要有一种强烈的紧迫感和使命感，坚定改革开放意识，从产品经济习惯思维中跳出来，转变成商品经济的新思维，用粤闽开放的观念撞击安徽小农经济的思想；下功夫放权、撤卡，多琢磨事，少琢磨人，创造改革开放的好气候；千方百计用早、用足、用活一切有利于发展生产力的好政策。

安徽人民有志气，以坚实的改革开放步伐，尽快填平“锅底”，振兴一个外引内联、在国际经济大循环中占一席之地的新型安徽经济。

（1988 年 2 月 7 日《安徽工人报》）

自我曝光好

在争相举行“××成果新闻发布会”的今天，合肥无线电器材公司居然开了一个“自我曝光”新闻发布会，主动地、毫不留情地将家丑公布于众。这不能不说是治理整顿中的一股春风，不能不令公众拍手叫好。

他们的自我曝光，好就好在把企业置于舆论和消费者监督之下，主动消除人们对物价问题的不满情绪，主动消除权钱交易的温床。不少企业常常发生损害消费者权益的事情，当事人往往托人情、拉关系，大事化小糊过去。在这过程中权力与金钱交易的腐败现象滋生了。这种丑恶现象不曝曝光怎么得了？曝光也是治理、整顿的好办法。

自我曝光是要有一点勇气的。有的人明明脸上很脏，却一个劲朝脸上涂脂抹粉。报纸上揭了他的短，给他曝曝光，他一跳多高，生怕损害了他的“光辉形象”；更有甚者抓住报上片言只语，指责记者报道“严重失实”，要求给他“恢复名誉”。这种人被动曝光尚且不易，谈何主动？其实，出现了失误和错误并不可怕，只要以坦诚的态度改正，那么教训和挫折就会变成宝贵的财富，形象会真正高大。可以肯定地说，合肥无线电器材公司自我曝光后信誉是高了，而不是低了。

广而言之，当今需要曝光的丑事实在太多了，尤以腐败现象为最。如果我们的党政机关，我们的某些领导同志，带个头，也开一个新闻发布会，主动将自己的或单位的严重官僚主义和腐败现象公之于众，那么我们的党风和社会风气就不难好转，我们的民主政治和廉政建设将定能加快。人民注视着，新闻舆论也注视着。

（1989年5月12日《安徽工人报》）

在“全心全意”上下功夫

在新春喜庆的氛围里，淮北矿务局线材五金厂冒出了一个职工审计组，他们以主人翁的姿态从严把关，博得上下称道。这一创举鲜明地体现了全心全意依靠工人阶级的思想，着实令人振奋、瞩目。

近几年来，各种各样的检查组可谓多矣，不过几乎清一色是上对下的检查。如今淮北线材五金厂“反其道而行之”，来个职工对企业进行审计、检查，而且做得十分成功，十分光彩。用该厂厂长安晓东的话说：“这个刺挑得好！”我想，该厂领导如果没有对全厂职工的充分信任，是不敢如此放手让职工挑刺的。

不是说要全心全意依靠工人阶级吗？在线材五金厂的这个实践面前，我们的厂长（经理）、书记们可以扪心自问：自己是全心全意的呢？还是半心半意抑或是假心假意的呢？全心全意依靠工人阶级绝不仅仅是一句时髦的口头禅，在企业它体现在生产、经营、分配等一系列决策和实施过程中，体现在《企业法》有关职代会各项职权的具体规定中。我们不少同志津津乐道于让工人群众在生产中发挥主力军作用，而不情愿让职工群众在各项决策及其实施过程中发挥监督作用。这充其量只能算半心半意。须知做到全心全意是要下真功夫的。我们的企业头儿们不妨借鉴淮北线材五金厂的做法，创造出适合本单位实际的好形式，把厂长中心地位和职工主人地位有机地结合起来，最大限度地启动职工群众参政议政的意识，把全心全意依靠工人阶级的指导思想落到实处。

（1989 年 1 月 16 日《安徽工人报》）

把“尚方宝剑”交给职工

——厂门关闭后的沉思

一个百万资产的企业，竟在两年多的时间内成了亏损大户，被迫关门停产。这件事发生在深化改革的今天，确实令人深思！

蚌埠皮革厂由兴变衰的原因，主要是厂领导班子更迭频繁，两年多换了五个厂长，各吹各的号，各唱各的调，短期任职带来了短期行为。试问：企业怎能搞得好？

那么，厂长更迭何以如此频繁呢？显然，任免厂长的“尚方宝剑”仍掌握在主管部门的手中，企业的主人——职工群众无权选择自己企业的领导者，是一个重要因素。因此，要想从根本上解决这个问题，必须改革现行的企业领导任命制度，把竞争机制引入企业，把任免厂长的“尚方宝剑”交给广大职工群众，变自上而下任命为自下而上选举厂长。或面向社会公开招标，再经厂职代会和有关部门考评，产生既对上级负责又对企业职工负责并接受职工监督的领导班子。

在目前企业选举厂长条件尚未成熟的情况下，上级任命厂长时，要按“三个条例”的要求，充分征求职代会意见；一经选准，切勿朝令夕改。

人们关注着这家关闭的工厂大门何时打开？

（1989 年 3 月 17 日《安徽工人报》）

要紧中有暖

当国民经济遇到暂时严重困难的时候，广大职工群众响应党的五中全会的号召，以过紧日子的实际行动，展现了国家主人翁的精神风貌，显示了中国工人阶级的可贵品格。但是有的职工对过紧日子尚有疑虑，担心基本生活无保障，又要像1960年那样勒紧裤带过苦日子，广大职工殷切希望有关部门能多做些紧中有暖的工作。

职工的这一愿望是合情合理的。

过几年紧日子，这是当前治理整顿、深化改革、克服暂时经济困难的客观要求，上上下下、方方面面都必须牢固树立这一思想，并在经济生活中切实精打细算，紧缩开支，艰苦奋斗。

但是这绝不意味着要职工群众勒紧裤腰带。这是因为十年改革开放，我们取得了举世瞩目的成就，人民生活水平有了根本性的提高；我们所遇到的困难完全是前进中的暂时的困难。就其大背景来说，无论在指导思想上，还是在物质基础上，都和20世纪50年代末60年代初的困难时期不一样。再说，实行改革开放这一大政策，其首要目标就是解决人民群众的温饱问题，怎么会在改革开放十年后的今天又让人民群众勒紧裤腰带过苦日子呢？当然，个别企业由于受当前原材料、能源、资金紧缺和市场疲软的冲击较大，生产暂时萎缩，甚至停产、半停产，使职工生活暂时会受到影响。但是，只要采取正确的对策，这种状况是可以很快扭转的。

立足于过紧日子，紧中有暖，这才是我们应取的正确态度。做好紧中有暖的工作，这是关系到维护职工群众切身利益，调动职工群众积极性，从而稳定职工队伍、稳定大局的重要问题，必须引起各级党、政领导机关和工会组织的高度重视。

当前，要特别注意帮助停产、半停产企业安排好职工生活。一个企业要不要停产，一定要经过职代会充分讨论，报经上级批准。即使必须停产，一般也不可放长假。可以组织职工开发适销对路新产品，开展生产自救，搞技术改造、设备维修，或者组织职工集中进行技术培训。要保证停产、半停产企业职工的基本生活条件，对不得不少发工资的职工应按有关规定做好救济工作。元旦、春节将至，各级工会要协助行政部门精心安排好职工节日生活，可适时地组织一次职工生活大检查。总之，要把党的温暖送到职工心坎上，使广大职工振奋艰苦奋斗、无私奉献的精神，同心同德，共渡难关，为稳定经济、稳定大局做出新的贡献。

（1989 年 12 月 22 日《安徽工人报》）

可喜的社会尊重

——感于工人评技师

我省首批1155名能工巧匠被授予工人技师称号，为工人阶级的形象增添了新的光辉。我们向他们表示衷心的祝贺！

全心全意依靠工人阶级不是一句空话，其中就包含着对工人群众劳动技能的社会承认和尊重。可是长期以来，一提到工人，总有人自觉不自觉地冠之以“大老粗”，似乎这是体力劳动者的特征。其实这是从根本上歪曲了工人群众的形象。在我国，经过数十年的锻炼和培育，一代“四有”职工队伍迅速成长。他们的文化素质和知识结构得到了巨大提高和改善，正在成功地由单纯体力型向体智结合型转变，成为四化建设的主力军，成为社会生产力的先进代表。在工人中实行技师评聘制度，正是对工人群众知识和技能的有效社会承认。

正因为如此，实行技师评聘制度又反过来给广大工人群众带来机遇和希望，成为促进工人技能提高的一个重要激励因素。因此，企业的党、政、工组织都要保护工人的积极性，善于利用这种激励因素，采取多种措施加强技术培训，奖励自学成才，让更多的职工通过考试、考核、评聘取得相应职称。

评聘技师工作政策性很强，必须健全评聘组织，严格执行政策，把政策原原本本交给工人，接受工人群众监督，坚决防止和克服评聘工作中的腐败现象，保证技师的质量和荣誉。

（1990年2月12日《安徽工人报》）

腾跃于开发皖江大舞台

抓住机遇，开发皖江，强化自身，呼应浦东，当好配角，迎接辐射。最近，省委、省政府作出的这一重大决策，极大地鼓舞了全省人民。我省各条战线上的广大职工群众坚决响应省委省政府的号召，以主人翁的姿态投身到开发皖江的伟大斗争中去，为加快振兴安徽贡献自己的力量。

当前，我们工人阶级要深刻认识在实施开发皖江战略中自己所肩负的历史使命。我省沿江四市三地具有地理位置、气候、资源、交通、产业和技术人才等方面得天独厚的优势，加快沿江地区经济开发、开放，对于实行重点突破，推动全局，实现全省全方位开放，积累经验，培养人才，增强安徽经济实力，具有重大战略意义。开发皖江是安徽改革开放十余年来经济发展的必然趋势，是关系我省全局的重大决策。它不单是党政领导机关和经济部门的事，也不单是沿江四市三地人民的事，而是关系到全省工人阶级切身利益的大事。在实施沿江地区经济开发、开放战略中，同样要全心全意依靠工人阶级。作为现代化建设主力军的工人阶级无疑要把实现这一战略决策当作自己义不容辞的任务，增强主人翁的责任感和使命感，以崭新的风貌、严整的纪律，投身到实现这一伟大任务的斗争中去。

开发皖江，呼应浦东，是贯彻改革开放方针的一大动作，当然要尽可能多地吸引外资，争取国家支持。但是企图一下子引进大量外资，一个早上改变面貌，是不切实际的幻想。起决定作用的是内因，是靠我们脚踏实地干，也就是省委所提出的“强化自身”。我们广大职工群众在这一伟大斗争中，要继续发扬顽强拼搏、开拓创新、自力更生、艰苦奋斗的精神。同时要努力学习，提高自身素质，增强改革开放意识，增强社会主义市场经济意识，以跟上迅速发展的形势。各级工会要积极围绕开发皖江，呼应浦东，组织职工开展提合理化建议活动，技术革新、发明创造活动，创佳创优活动等，形成一个人人关心开发皖江、人人为开发皖江作贡献的动人局面。

开发皖江是一个长期、繁重而复杂的任务，在其实施过程中，会出现许多新情况、新问题，会产生许多利益关系方面的矛盾。各级工会组织要深入实际，深入基层，深入职工群众，调查研究，积极探索，为党政领导机关尽快完善决策提供科学依据。要引导、教育职工在任何情况下都要稳定大局、服从大局，正确处理好各方面的利益关系，推动开发皖江，呼应浦东的伟大斗争健康有序地、生机勃勃地向前发展。

（1990 年 7 月 27 日《安徽工人报》）

从化名提建议说开去

《安徽工人报》载：淮北童亭煤矿一位化名寒喧的矿工提两个合理化建议都被采纳，可就是找不到寒喧其人。为此，矿长在报上呼叫：寒喧，你在哪里？

一次与笔友谈及这种现象，颇为纳闷：提合理化建议是主人翁精神的体现，并不存在打击报复问题，与学雷锋做无名英雄也非一码事，何必真人不露相呢？

近读《安徽工人报》关于叶莲化名提建议的报道，对此似有所悟。原来，提合理化建议也不是很风光的。既然是合理化建议，当然是对不合理现象而言，免不了要亮丑、揭短，得罪人。即使不得罪某个人，在这“人微言轻”的环境里，也会招来种种非议，如“想出人头地”“也不撒泡尿照照自己啥模样”，云云。君不见，当叶莲揭露了质量管理方面存在的弊病后，不是有人说企业自有章法，她叶莲管不着，甚至怀疑她的动机吗？可见，像叶莲这样的“小工人”提合理化建议，需要多大的勇气呀！毛泽东同志有句名言：“人民群众中蕴藏着极大的社会主义积极性。”但是，蕴藏的积极性还不是现实的积极性。要把这种蕴藏的积极性变成现实的积极性，须有一个开发的过程。这是一门领导艺术。我想，“叶莲现象”的积极意义不仅是显示了当代工人阶级的主人风格，而且还揭示人们要为保护和激发职工群众的积极性创造必要的条件。有些同志很精于这种领导艺术。古井酒厂厂长花钱买批评、买建议的做法就很高明。那里的“小工人”提建议大概无须化名的。毋庸讳言，我们还有不少企业的领导同志习惯于发号施令，什么职工是企业的主人，只是装潢门面的口号而已。这些同志应从思想观念上真正来一个变革，牢固树立全心全意依靠工人阶级的指导思想。特别在当前的“质量、品种、效益年”活动中，要采取各种有效的措施，广开职工群众的言路，让我们的企业涌现出更多的叶莲来。

（1991 年 3 月 12 日《安徽工人报》）

生产一线呼唤“以干代工”

安徽黄山电器厂出现了一条“以干代工”的生产线，线上16名操作工全是大专毕业生。这无疑狠狠触动了现行干部体制的“神经”。长期以来，大学毕业生只愿进机关、不愿去工厂；只愿蹲科室，不愿下车间；只能当干部，不能当工人。这似乎成了人才流向的“定则”。在这一“定则”的魔法下，许多在岗工人一旦获得大专文凭，便拼命“改名换姓”，往干部队伍里挤，至少也要争个“以工代干”。

衡量企业人才结构优劣的标准，在于看其是否适应企业生产经营的需要。现行的人事制度导致科室干部队伍越来越膨胀，生产一线越来越薄弱。这种状况再不能听任下去了。要在注重从有实践经验的优秀工人中选拔企业管理干部的同时，更加注重把专业技术人才放到对口的生产一线上。特别是刚出学校门的大专毕业生，放到一线当工人，更有利于他们的成长。不仅青年学生要走这条路，在职的科室干部不妨也有计划地实行“以干代工”。这样做对于密切干群关系，优化人才结构体制，促进经济发展将大有裨益。

生产一线呼唤“以干代工”，愿“以干代工”成为新时尚。

（1990年12月1日《安徽工人报》）

强化质量意识的妙方

长期以来，对于产品质量的强调可谓多矣，成效也不能说甚微，但是却没有一种像安徽丝绸厂这样实行一等品率工资制对促进产品质量来得如此快捷和明显。显然，这是一个改革的成功之举，是强化职工质量意识的一个妙方。

通过近年的市场疲软和一些企业的经济滑坡可以看出，产品质量对于搞活企业太重要了，而提高质量又不是泛泛号召，颁布几条诸如层层严把质量关的老生常谈的措施所能奏效的。提高产品质量最根本的在于牢固树立职工全员的质量意识，让每个职工都把一等的质量作为自觉追求的目标，作为和自身利益攸关的大事。实行一等品率工资制正是瞄准了这个根本点。它把产品质量直接地、硬性地、牢牢地同职工的工资、奖金收入挂起钩来，达标者、超标者、未达标者的收入明显地拉大了差距，大大调动了职工的积极性，真正起到了激励作用，又真正体现了按劳分配的原则。

在开展“质量、品种、效益年”活动中，一等品率工资制无疑具有较强的生命力。据说纺织系统已有数家企业开始实行这种办法。各个企业千差万别，当然不可照搬。但是那些主要因产品质量而影响效益的企业，不妨对这种办法搞搞试点，取得经验，逐步推开，让一流的产品占领市场，一流的收入鼓起腰包，一流的效益永伴企业。

（1991 年 5 月 24 日《安徽工人报》）

机关也要破“三铁”

企业破“三铁”，机关怎么办？今天本报关于合肥市总工会搬掉“铁交椅”的报道，对此作出了响亮的回答：机关也要引进竞争、激励和约束机制。

实践证明，“三铁”不打破，企业难兴旺；干部无压力，机关少活力。而企业改革的深化又必然引发有关政府主管部门和党群机关作出与之相适应的配套改革，以便紧紧围绕经济建设这个中心，更好地发挥机关的组织领导和协调服务作用。我们要认清改革的这一大趋势，做改革的促进派。但遗憾的是，有些企业主管部门，有些机关干部，习惯在老框框里转，仍按旧规则去“裁判”今天企业改革的是是非非，自觉或不自觉地阻滞了改革。人家在忙着搬掉“铁交椅”，他却在人为地制造干部、工人界限。甚至有的机关好不容易进行了有益的改革尝试，但由于力单势孤，又被迫还原走老路。可见，旧的习惯势力是非常顽固的。因此，机关也要来一个思想大解放，冲破“左”的束缚，敢于打破机关的“三铁”，切实引进竞争机制和约束机制，使机关员工人人有压力，增强紧迫感和责任感，提高办事效率。

机关的改革比起企业更为复杂，更为艰巨。因此不能一哄而起，照搬照套。要在党的领导下有组织有计划地进行。一切从实际出发，先行试点，取得经验，逐步推开。

当前，企业改革势头喜人。企业改革的深化一方面向机关提出了配套改革的要求，同时也为机关改革提供了良好的契机。我们要抓住这个契机，切实行动起来，迈出机关改革的第一步。

（1992 年 10 月 3 日《安徽工人报》）

工会工作要经受市场经济的洗礼

党的十四大确立的社会主义市场经济理论，为我国的现代化建设和改革大业注入了新的活力，同时也为包括工会工作在内的各项工作指明了改革的方向。研究市场经济条件下的工会工作成为摆在各级工会面前的新的重要课题。

一切都在变，市场经济的发展，社会经济关系和劳动关系的变革，使工人阶级的成分构成、思想观念、利益关系随之发生了显著变化。非国有企业、乡镇企业和第三产业为工人阶级队伍补充了新的成分；在三资企业和私营企业中，相当一部分职工的雇佣观念滋长起来了；随着国有大中型企业转换经营机制，职工的利益与企业的命运和市场的关系更加紧密了……

所有这些变化都要求作为工人阶级群众组织的工会必须进行相应的改革。从本质上说，工会是社会经济矛盾运动的产物。我们现在的这套工会工作体制和传统的活动方式，是适应计划经济的需要建立起来的，远不适应社会主义市场经济的要求。广大工会工作者特别是各级工会领导同志要切实转变观念，勇于接受市场经济的挑战，在指导思想、工作体制、工作内容、活动方式等方面来一个转轨变型，只要有利于充分调动职工群众的积极性，促进生产力的发展，只要能更有效地行使工会的四项职能，都可以大胆地闯，大胆地试。

当前，要注重如何把职工利益与市场经济紧密地联系起来，更好地维护职工的利益；要探索市场经济条件下的民主管理新形式，更好地维护职工的合法权利，使不同经济关系的职工主人翁地位和权利，通过不同方式都能得到切实保障；要探索三资企业、私营企业，以及乡镇企业和第三产业的工会工作特点和规律，加强这些企业的工会工作；要研究如何搞好对各项与职工相关的改革的参与工作，特别是事前参与、高层次参与和企业转换经营机制的参与；要大力发展工会第三产业，使工会直接进入市场，充实工会的物质基础。

变则通。经过市场经济的洗礼，具有中国特色的工会工作新体制将充满活力。

（1992 年 11 月 20 日《安徽工人报》）

心中有法腰自直

阜南县麻纺厂工会、县总工会肩负八百工人的重托与希望，勇敢地参政议政，维护职工群众和企业的利益，推动企业改革进程，终于奏出胜利的交响。这固然可喜可贺，但更为珍贵的是，它留给我们一个至理明鉴：心中有法腰自直。

假如，厂工会主席张自清不坚信《工会法》，很可能会在厂方重重压制下退缩，那还谈什么工会的地位、工人的权利！假如，县总工会不依靠《工会法》，采取和事佬态度，其结果才真正是剪不断、理还乱，活该张自清和职工群众倒霉；假如，县委、县政府不尊重《工会法》和工人们的意见，那么厂工会、县工会也成不了气候，说不定有关方面一纸文件把你工会主席的帽子摘了。

这绝非危言耸听，现实生活中类似可悲的事情不是时有所闻吗？新的《工会法》颁布一年多来，各地在贯彻执行《工会法》中取得可喜成绩，积累了丰富经验，工会与职工群众的合法权益越来越得到有效的保障。但是也确有少数人不把工会放在眼里，不把工人群众摆在主人位置上，似乎议政只是领导人的事，工人只能干活吃饭；极个别单位甚至借口改革把工会撤并了。对这种明显违反《工会法》的行为，我们工会组织不能缄默闭口。

广大工会干部要进一步增强贯彻《工会法》的胆识和能力。《工会法》把工会工作纳入法制轨道，是历史的一大进步。在新的历史时期，工会不是可有可无，相反，其地位与作用更加重要。最近，省人大常委会又通过并颁布了安徽省实施《工会法》细则，这充分表达了党和人民对工会组织的关心和支持，也使贯彻《工会法》更具可操作性。有这么一部好《工会法》和《实施细则》作靠山和准绳，还怕什么？正所谓心中有法腰自直。我们还要善于把职工群众的情绪、意见和要求，同企事业行政沟通，同各级党委和政府沟通，当好桥梁和纽带。对出现的各种利益纠纷、矛盾，该化解的化解，该依法办的依法办，正所谓心中有法办法多。

（1993年11月2日《安徽工人报》）

从败境中奋起

——寄语部分企业“败军之将”

最近本报周末刊《展望》报道一批企业“败军之将”被摘乌纱帽。据说，其中有的“将”们心里很不平衡，打电话找有关领导同志问怎么处理这些“败军之将”。我想，这大可不必。

市场如战场。从计划经济的习惯中解脱出来，向市场经济的轨道转移，对一些同志说来，一下子还不适应，甚至打了败仗，是可能的。事实上，世界上没有常胜将军。打了败仗要认清两点：一是自己确是“败军之将”，你带领的企业确实亏损了，在市场经济的战场确实失败了。二是不服输，找出原因，分清责任，吸取教训，以利再战。不是说责任都要“败军之将”来负。造成失败的原因很多，有主观的，也有客观的，或因经营决策失误，或因市场情况不明，或因积重难返，或因外来不适当干预，等等。要具体分析，从中总结出经验教训，以图重整旗鼓，东山再起。所谓“失败是成功之母”就是这个意思。

当然，市场经济不允许一个厂长、经理当“常败将军”。有关主管部门视其情况免去厂长、经理职务是必要的。在市场经济的浪尖上航行，风险很大，弄不好就会翻船。从这个意义上说，“胜将”和“败将”都是相对的，只不过我们要求较多地打胜仗，较少地打败仗罢了。这里，关键在于“将”的素质。所谓千军易得，一将难求。好的厂长、经理总是观念新、信息灵、决策准、管理严、产品优、服务好、效益佳。做到这些很难很难，但又必须做到，因为市场的“剑”是无情的。因此，败军之将大可不必牢骚满腹，赶快从败境中奋起。其他企业的“将帅”们也千万大意不得啊！

（1994 年 2 月 12 日《安徽工人报》）

非儿戏 足为戒

——感于一批地县干部被查处

有的被开，有的被撤，有的留察，有的问刑……日前，蔡木森、王晓云等一批地县级领导干部因严重违纪被严肃查处的消息，借助于传媒，广为传播，群众一片叫好。说，不如此，不足以正纪法；不如此，不足以诫后人。

查处违纪，岂是儿戏。偏偏有些人，特别是少数领导干部当作耳边风。他们看来，当官就该有名有利，把党和人民给予的权力当作谋取私利的手段，信奉所谓有权不用过期作废的箴言。尽管中央三令五申廉洁自律，三番五次整顿党风，他们却嗤之以鼻："这不过说说而已，走走过场罢了。"仍我行我素。君不见，蚌埠市堂堂一名副市长王晓云，为贪个三五千元不义之财，竟去倒卖一部"大哥大"（老百姓说，这太不值得了），活脱脱一个利令智昏的贪官形象。诚然，在某个时候，在某些地方，纠风查纪工作确有走过场现象，但这并非我们的本意，更不许令其长此"疲软"下去。随着社会主义市场经济的进一步发展，社会主义法制建设必将日趋完善。这不，仅安徽省地市级干部一下子就处理了四个，可谓"动真格"的了。

此次查处，足为贪官者戒：手莫伸，伸手必被捉。也许，时下贪官较多，他们自己贪，以为别人也贪，侈谈起什么"法不罚众"来，自以为得计——哪里会真的撞到枪口上。他们大大低估了我们的党和人民。在严肃的法纪面前，殊不知终究会撞到"枪口"上。

此次查处，也足为执法掌纪者戒：手莫软，手软必误国。有党政支持，有群众参与，纪检、监察机关腰杆要硬起来，打苍蝇，要不放过老虎。不管他官位多大，后台多强，只要触犯党纪国法，事实确凿，决不姑息。学学包公：明镜堂前威重振，还把铡刀架更高！

（1994 年 12 月 20 日《安徽工人报》）

理直气壮做主人

华东地勘局物探队职代会从企业发展大局出发，要求队领导班子辞职的意见终于画上了圆满的句号。从中人们可以看出该队职工闪光的主人翁风采，也可以看出上级主管部门可贵的领导风度。

其实，职代会有权对企业领导者进行评议，有权对其作出罢免的建议或决定，这是明明白白写进有关法律和法规的，是完全合理合法的。但是在具体工作中，职代会往往自己看不起自己，只能对企业领导人投赞成票，说不得一个“不”字，甚至怕提了意见给“小鞋”穿。也就是说，职代会在行使民主权利时，理虽直气不壮。这种情况必须改变。应当看到，市场经济在其建立和完善过程中，原来的利益格局受到冲击，诸多利益关系需要调整，职工群众与企业的命运更加紧密地联系在一起，职工群众比以往任何时候都更加关心企业的发展。这种主人翁精神正是企业活力的源泉，十分可贵。作为代表职工行使主人民主权利的职代会岂可畏畏缩缩？华东地勘局的做法为我们提供了有益的借鉴。首先，要建立健全职代会制度，职代会要以高度主人翁责任感关注企业发展，依法行使民主管理权利，特别要加强对企业重大决策和有关职工切身利益的决策的参与，加强对企业领导人的监督，对其工作作出实事求是的评议。其次，企业领导者要把职代会摆到应有位置上，不能当成聋子耳朵；要乐于、善于倾听职代会意见，自觉把自己置于职工群众监督之下，使厂长（经理）的中心地位和职工的主体地位统一起来，减少企业决策失误。企业的上级主管部门要尊重职代会的民主权利，把职代会对经营管理者的评议作为选任干部的重要依据。

这样，才能造成理直气壮做主人，团结一致求发展的生动局面。

（1995 年 9 月 26 日《安徽工人报》）

让职工放心

——再说职工入股应自愿

《安徽工人报》9月9日一版《职工热线》谈不能强迫职工投资入股，可谓抓住了当前改制中一个普遍存在而又亟待解决的问题。不过言犹未尽，不妨借题发挥一二。

笔者认为，在当前改制，特别是实行股份合作制中，解决职工投资入股问题的关键是要让职工放心。

职工不愿入股，主要是对入股不放心，害怕好不容易攒的一点血汗钱打了水漂。他们说，“有人过去玩国家的（钱），后来玩银行的，现在又要玩咱工人的”；“掏票子，翻牌子，还是那几个熊孩子”。这在一定程度上反映了职工的情绪。

让职工放心，首先要让职工懂得当前推行包括股份合作制在内的公有制实现形式，是国有企业改革的重要举措，从根本上代表了职工群众的利益。不走这一步，那么已经暴露和正在暴露的国有企业的矛盾就无法解决。企业搞不好，职工的生活和就业就会受到严重影响。股份合作制是资本合作和劳动合作有机结合的新的公有制实现形式，它集投资、投劳两方面的优越性，产权明晰。如果说过去在国有企业职工主人地位看不见摸不着，那么在股份合作制企业，除了有国有经济成分外，还有职工自己的股份，这使职工事实上成为企业主人，更有助于激发职工的主人意识，道理讲清了，职工是会拥护的。

让职工放心从根本上说是让职工对企业的班子放心。改革不是简单的换牌子。要按股份制、股份合作制对企业班子的要求规范运作，从一开始就让职工参与和监督。防止个别人说了算，防止董事长、总经理由主管部门直接任命，防止选举走过场，使那几个随意“玩”国家和集体钱财的“熊孩子”进不了班子。

让职工放心还要建立健全在新体制下职工民主管理和监督机制。要按《工会法》《公司法》和有关改革配套文件规定，保证一定数量的职工代表参加董事会、监事会，充分发挥职代会、职工股东大会、工会，以及职工董事、职工监事的作用。职工股东大会是股份合作制企业权力机构，必须保证其行使职能，使职工主人地位和权利不受侵害，保证企业领导班子置于职工群众的有效监督之下，使他们中的个别人不敢随意“玩”国家和集体的钱财。

职工群众放心了，投资入股还不自愿吗？

（1997 年 9 月 16 日《安徽工人报》）

规范职工下岗行为

淮北矿业集团工程处四工区不以个人好恶随意决定职工下岗的报道，以雄辩的事实证明，实施再就业工程，必须首先规范职工下岗行为。

减员增效、下岗分流是当前搞活国企的重要举措。但怎样减员已经成为亟待解决的问题。不少企业在下岗分流过程中存在着比较严重的随意性和不公正性。有的企业草率从事，搞下岗年龄一刀切；有的厂长凭感觉，甚至凭个人好恶，说谁下岗就下岗；有的企业强令双职工、怀孕和哺乳期女职工下岗，等等。这些主观随意性和不公正性造成职工下岗的无序状态，甚至给权力腐败留下可乘之机，弄得人心惶惶，企业不安，地方不宁，还谈什么“增效”“搞活”？

为了正确地、稳妥地实施减员增效、下岗分流，必须要有个章法。在这方面，不少省、市，以及企业做了有益的尝试，值得尚未对下岗进行规范运作的地方和企业借鉴效法。因为事关职工切身利益，对于什么人该下该留，对于下岗程序，都应作明确的切实可行的规定。企业在制定下岗方案前，要向职工讲清楚企业的现状和减员增效的前景，充分征求职工群众的意见；初步方案形成以后，要提交职代会认真讨论和审议。要强调工人、干部按比例下岗；充分考虑40岁以上老职工、双职工的承受能力，尽可能不下岗，少下岗；要按照《劳动法》善待怀孕、哺乳期女职工，不能强令下岗。

规范运作下岗行为，必然会形成一个分流有序、人心安定、企业增效的良好局面。

（1998年4月22日《安徽工人报》）

摆脱“兴勃亡忽”周期律

1945年抗战胜利前夕，党的诤友黄炎培先生应邀访问延安，在毛泽东家中两人促膝长谈。黄炎培不无担心地问道，中共怎样才能不走历史老路，即摆脱“其兴也勃焉，其亡也忽焉”周期律的支配。毛泽东同志肯定地回答：“我们已经找到了新路，我们能跳出这个周期律，这就是民主。只有让人民起来监督政府，政府才不会松懈；只有让人民起来负责，才不会人亡政息。”半个世纪后的今天，重温毛泽东这段关乎国家命运、政权兴衰的论述，无疑具有重要意义。

翻开中国2000多年封建社会史，的确存在这样一个“兴也勃亡也乎”的周期律。秦始皇统一中国，开启了中国封建王朝。他本想建立万世基业，未料二世而亡。李自成的大顺朝几乎刚刚建立就开始衰亡。隋文帝开创的基业到昏君炀帝手中仅12年便土崩瓦解。历史上显赫一时的汉文景之治、唐贞观之治、清康乾盛世，也很快成为过眼烟云，“忽喇喇似大厦倾”。粗算一下，2000多年15个封建王朝，平均每朝才100多年，正所谓“君子之泽五世而斩”。

这些“真命天子”何以都逃不脱“兴勃亡忽”周期律的支配呢？原因固然很多，但从根本上说盖缘于失去民心，政权腐败。其封建专制制度决定了他们不可能让人民监督，让人民负责。历代封建王朝的覆灭无不与其政权腐败丛生，弄得民不聊生有很大的关系。一些开国明君，出于巩固政权计，在一定程度上注重实行休养生息政策，顺应人民群众的要求，保护和发展社会生产力。唐代名相魏征甚至看到人民群众的强大力量，向太宗皇帝谏言“水能载舟，也能覆舟”，促使唐太宗推行一系列富民强国举措，开创了兴也勃焉的贞观之治。但是一旦封建王朝政权稳固，那些后世君王便骄奢淫逸，横征暴敛，陷人民于水火。不要说倾听人民呼声，就连苦苦谏言的大臣也常以“犯上”罪名被诛之，所谓“武死战文死谏”是也。可以说，开国君王有较多忧患意识，较能顺应民意，兴利除弊，因而“兴也勃焉”；末世君王更多安乐思想，违背民心，腐败丛生，因而“亡也忽焉”。古人云：“兴于忧患，衰于安乐。”即是这个意思。

毛泽东同志是以马克思主义的哲人巨眼看到了这一周期律的，也找到了跳出的新路，这就是民主，让人民监督，让人民负责。在他的领导下，我国很快建立起人民代表大会这一让人民当家作主的根本政治制度。这是一个伟大的历史进步。但是由于种种原因，在长期的政权建设实践中，没能建立健全完善的民主保障和监督制约机制，导致人民群众的民主权利常常被肆意践踏。不少党政领导干部压根儿就忘记了“人亡政息”的训诫，骑在人民头上当官做老爷，只知向顶头上司“负责”，严重脱离群众，由松懈而腐败，贪污受贿，腐化堕落。此风正愈演愈烈，已成为危及我们政权的一个最大的毒瘤。缺乏监督的权力，必然产生腐败。同样，惩治腐败最根本最有效的法宝，还是“让人民起来监督政府”。舍此，腐败除不尽，贪官杀不完，最终难逃“人亡政息”。

说到人民监督，不能不提到新闻舆论监督。新闻舆论监督是人民群众监督的重要组成部分，体现了人民群众对国家和社会管理的知情权、发言权和监督权。它是社会主义民主政治建设的重要内容之一，并多次写进我们党的重要文献中。可是这么重要的大事迟迟出台不了规范性的法规，常常被套上形形色色的紧箍咒，监督的路子越走越窄，越走越难，令新闻媒体无所适从。

江泽民同志在党的十五大报告中十分强调加强社会主义民主和法制建设的重要性。实现这一任务不能停留在口头上原则地泛泛而谈，而要一步一步扎实地具体行动。在这个过程中，会遇到各种阻力，同样要解放思想，敢于创新。尤其在当前，应当把尽快建立键全民主选举、民主决策、民主管理、民主监督等一系列民主机制，作为贯彻“三个代表”指导思想的重要内容之一，抓紧抓好。我们高兴地看到，在农村不少地方正在推行村民“海选”村官这一具有创新的民主形式。这是我国民主政治建设的新曙光。随着民主政治建设的推进，我国真正“让人民监督，让人民负责”的社会主义政权必将永葆其美妙之青春，彻底摆脱“兴勃亡忽”周期律的支配。

（《商界》2001 年第 7 期）

荡腑箴言话“一把”

——《怎样当好一把手》读后感

我友玉叶继《做人做官》一书之后，又推出《怎样当好一把手》。书未成，我先读了在《经济快报》上陆续发表的十几篇。作者问我有何感想，我说了四句话：作者有意，言者无忌，箴言荡腑，“一把”切记。

此话怎讲？

吴玉叶同志为什么请少许党政一把手为更多的党政一把手立言呢？这是因为：这些年来，老百姓对一些当官的意见太大了，干部队伍中极少数腐败分子太猖狂了，提高干部队伍的素质太重要了。正是这三个“太”驱使他以一个记者的责任感，把精力、把笔触投向“做人做官”，特别是“怎样当好一把手”这个当代中国最热门的热门话题。我猜想，这也许就是“作者有意”的最好的诠释吧。

我说言者无忌，主要指那些被采访的一把手们，谈起为官之道来，都是直言不讳。尤其是曾任一把手现在又不在其位的老同志，既谈经验，又谈教训，直抒胸臆。就我所读的几篇中，这样的同志就占不少。正因为他们不在台上了，所以胆子更大一些，眼睛更亮一些，看得更客观一些。

当然，言者无忌也包括作者在内。有的文章是以作者和被采访者对话的方式展开的，循循善诱、侃侃而谈、相辅相成。其实，采访这样的稿子难度是很大的，作者不仅需要有政治头脑、政策水平、文字功底、理论水平，而且还需要会把握“度”，能吃苦耐劳。据说，有好心人劝过我友玉叶：“怎样当好一把手这个话题太敏感了，干脆停笔算了。”作者对好心人表示谢意但没有辍笔。七八月间，酷暑难当，他在不影响本职工作的同时，一个星期采访一人，写成一篇，发表一篇，真不容易。有一次我问玉叶友：“你这是何苦来哉？”他说，一是因为很多领导、朋友对此不断关心、支持、鞭策和鼓励；二是因为当今世界以经济和科技为基础的综合国力的较量，实际上是人才与人才之间的较量（竞争）、领导者（尤其是一把手）与领导者之间的较量（竞争）。首先是领导者素质的较量（竞争）。因此可以说，要把建设有中国特色的社会主义事业不断推向前进，就必须努力培养造就一支高素质的干部队伍，尤其是各级各地各单位的一把手。这是保证我们党始终站在时代前列，经受住各种风险和困难的考验，更好地服务于人民的必要条件。我们作为共产党领导下的报社记者，有责任有义务做好这些方面的工作。我明白啦：我友玉叶此举之目的只是巴望中国出现更多的好官。

难能可贵！

正因为采访者与被采访者都敢于直言，加上作者的生动笔法，不时采用民谚、俚语、警句、排比，所以文章全然没有空泛的说教、官腔官调，常常是妙语连珠，读来清心荡腑。省交通厅原厅长金明生从“一把手”的心性道德修养方面苦口婆心，谆谆告诫后来人不要迷恋酒色财气：“酒多要误事，好色要丢脸，贪财要犯罪，抢权要倒霉”“酒啊，是穿肠的毒药；色啊，是刻骨的钢刀；财啊，是良心的蛀虫；气（权）啊，是惹祸的根苗。”这些（其他篇中也有，不在此一一列举）诤诤箴言令人过目成诵，终身受用。

尚未连缀成册的《怎样当好一把手》，定是一本好书。一把手们不妨案头摆上一本，忙里偷闲读一读，大有裨益。如果大家都能从中感悟到为人为官之道，真乃国家之幸，百姓之幸。

（此篇收入吴玉叶《怎样当好一把手》书中）

即使死去，也是壮烈的

——写在“百姓缘”药店遭遇封杀之际

平均降价45%的合肥“百姓缘”大药房，2003年元旦开市短短十几天来，出现了两种截然不同的景观：一方面，苦于药价虚高生不起病的老百姓欢呼雀跃，趋之若鹜，争相购买；另一方面，乐于药价虚高从中渔利的经销商甚至厂家联手封杀，或电话威胁，或拒不供货，或派出假顾客暗暗买回自家生产的药。面对这种强烈的反差，人们不由发出“百姓缘”到底能坚持多久的慨叹！

商场如战场。在平等竞争状态下，失败本属正常。可是，在不平等状态下，像“百姓缘”这样的新生儿，不是没有可能被扼杀在摇篮里。这是因为对手太强大了。现在封杀才刚刚开始，还主要限于经销商这一中间环节。君不见，在外地，有的医药监管部门和行业协会带头封杀平价药店；一些医疗专家对平价药品超市口诛笔伐；在南昌，有人扬言出1000万元不惜血本打垮“开心人”大药房；在武汉，一个月内三家平价药房都遭到暴力袭击……谁知道更大的厄运会不会降临到合肥“百姓缘”头上呢？

但是，即使新生的“百姓缘”被封杀死去，也是壮烈的，在安徽医药市场发展史上也是一个不灭的亮点。作为向药品市场不正当竞争的勇敢挑战者，“百姓缘”掀起的冲击波是不可阻挡的。

事实证明，多年来我国医药市场已经形成一个特殊的“既得利益集团”。药品不经过招标从出厂到消费者手中，要经过总经销商—大片或省级代理商—地市级代理商—批发销售商—医院主管领导—药剂科主任—医生—统方员等八九个环节，每个环节都要从中扒一层皮。这是一张严密织就的网。凭借这张网，数倍、数十倍地抬高了药品价格。价格越高，他们从中渔利越多。药价虚高掩盖的是一个“隐性的价格同盟”，一旦财路受阻，加盟者必然联手对挑战者封杀。对这张无形的网，单靠政府行政降价手段是不够的，必须靠市场法则这只魔力的手，才能撕破这张网，打破这块坚冰，使药品流动回到正常的市场轨道。而平价药店正是市场呼唤催生的新生儿，它超越了层层中间环节，直接从厂家进货，采取仓储式超市经营，与消费者零距离见面，可谓应时而起，顺势而兴，因而具有旺盛的生命力。可以断言，假如今天“百姓缘”被强大的对手封杀而亡，那么明天会有更多的“百姓缘”破土而出。从全国来看，尽管有上述不一而足的重重封杀，而平价药店不是由一而二、由二而四、而数十地裂变勃发起来了吗？在省城合肥，在对“百姓缘”的一片封杀声中，第二个平价药店——“为民”大药房不是也凌寒绽苞了吗？

不过，眼下“百姓缘”遭遇封杀的态势毕竟令人忧虑，理应引起政府、工商部门、物价部门、药管部门，以及社会各方面的关注，从政策上扶持它，从道义上支持它，从法制上保护它。可喜的是，省及合肥有关职能部门近日对此作了积极响应。当前亟需以此为切入点，努力创造一个平等竞争的市场环境，让平价药店在公平竞争中成长壮大。如此，则百姓幸甚！市场幸甚！

（《商界》2003 年第 1 期）

让维权旗帜永远飘红

今天是第四个记者节。有人问我这个老记体会最深的是什么？我说，新闻舆论监督是党赋予新闻工作者的光荣使命。不过它既令新闻工作者跃跃欲试，又令其避之不及。这是因为它太敏感，太棘手，弄得不好会引火烧身。

然而对于工人报和工人报记者而言，更多的是使命感。这是工人报的性质决定的。党中央赋予工会组织的首要职能：在维护全国人民总体利益的同时，维护职工群众的具体利益。这一职能也明确写进《工会法》中。大家知道，随着经济体制改革的深化，多种所有制形式的并存，社会群体间的利益冲突日益显露，职工群众合法权益屡遭侵害。你好称“工人报”，不为职工说话，不维护职工利益，谁订你的报纸？作为安徽省总工会机关报和全省职工喉舌的《安徽工人日报》，其首要职能当然是维护职工合法权益，作为工人报记者当然要肩负起维权的崇高使命。而实施新闻舆论监督正是维权的基本形式和重要手段。

事实上，本报从一开始就把“为职工代言”旗帜鲜明地写进办报宗旨中，并体现在见诸每期报头的“求实、写真、匡正、布新”八字编辑方针中。

正是基于对这一问题的不断深入的理性认识，本报创刊18年来一直比较自觉地坚持新闻舆论监督，维护职工权益。仅在我主持报纸工作的15年间，就刊发舆论监督稿件千余篇，其中绝大多数是维权篇，产生较大社会反响。

结合报纸工作实践，我有如下几点体会：

一、抓重点，主动维权

职工权益涉及工作、生活、物质、精神等诸多方面。除了要经常维护职工的具体物质利益之外，更重要的是维护职工群众的主人翁地位，维护职工参与企业和社会管理的民主权利。

合肥砂轮厂原厂长王光金，无视职工的反对，不经职代会擅自将企业技改资金拿来为自己买住房，激起全厂公愤。本报记者陈评、王贤庆经深入采访写成通讯《厂长买房的风波》，本报于1986年6月20日头条刊出，此后又多次以消息、评论、来信形式跟踪监督，引起企业主管部门高度重视，召开职代会罢免了其厂长职务。

淮南蓄电池总厂原厂长刘玉振，自称“刘一刀”，扬言“职代会算什么，我三分钟可以整倒一个人”。他在工人头上作威作福，激起众怒。300 多名工人将他围住，搜去了他身上的小轿车钥匙，将他轰出工厂，并联名上书要求罢他的官。由我执笔写成消息于 1996 年 11 月 19 日头条刊出。《报刊文摘》和《羊城晚报》先后转载，《羊城晚报》还配发评论《狗官，狗官，罢他的官》。报道引起省纪委的重视。1997 年春，本报周末刊《展望》又以通讯形式详细报道“刘一刀”如何被职工轰下台。

二、抓典型，具体维权

对于报纸来说，宏观维权难度相对小一些。任你发评论，只要不涉及具体单位具体人，一般没有人会阻止你。因为这像放空炮。空炮要放，实炮更要放。我们的做法是选择典型个案，抓住不放，造成威慑和声势。

蚌埠火柴厂不经职代会擅自出台一部有悖法律法规的厂规厂纪，以罚代管，保卫科随意体罚、殴打工人，激起公愤。《工人日报》率先监督。工会的一些好心人劝我们地方报纸绕道走，问题复杂，不要碰它。那怎么成？在安徽的侵权事件，安徽的工人报纸岂可装糊涂？不行，一定要紧密配合。于是即派记者朱进星前往采访。从 1997 年 12 月至 1998 年 2 月先后发表《蚌埠火柴厂：你理睬不理睬》《岂容厂规践踏法律》《耳边常响法制钟》《蚌埠火柴厂侵权事件终获解决》《来一次厂规厂纪大检查》等多篇报道和言论，有效地维护了职工的合法权益。

长期以来，劳模只能奉献不能享受成了人们的认识误区。本报也为此发过不少言论，但成效不大。1994 年 3 月 10 日，本报在一版以《周劳模，我们应该怎样帮您》为题，刊登了 3 幅照片，报道淮北市劳模周允富一家三口靠捡烂菜叶为生的悲惨情景。这一典型报道立即引起强烈社会反响，读者纷纷来信来稿提建议，谈看法。从 4 月 26 日起本报又开辟《怎样对待周劳模》专栏，陆续刊登反响文章《周劳模，您听我说》《为他创造良好的生活环境》《形成完备的社会保障体系》《设立劳模奖励基金》《让劳模吃香不吃亏》等，最后促成周劳模的问题圆满解决。

三、积极审慎，保证维权

舆论监督虽说是报纸的主要功能之一，但由于它触及被监督方的切身利益，并且现阶段又缺乏法律对监督的有效保障，因而实施起来难度很大，必须既积极又审慎。

审慎主要体现在遵守宣传纪律，把握监督的量与度，以不诱发社会震荡为原则。要尽量减少被批评者的伤害度。批评的目的是帮人家改正，要见好就收，有时还允许人家在报上申辩。

审慎的另一层含义是保证事实准确。偏听偏信，半真半假，往往给监督、维权带来被动，所以一定要核实，调查清楚。

与审慎相比，积极更重要，现在的问题是审慎有余，积极不足。报社老总大多存在一个“怕”字——弄不好吃官司，丢帽子，掀摊子。因而多一事不如少一事，打苍蝇不打老虎。

这里关键是老总的腰杆要硬，你老总患软骨病，怎能叫记者去监督、去维权？在舆论监督面前，必然有人笑，有人跳，告状者、说情者纷纷找上门来。他说情，我说理；他告状，我陪到底。当初通讯《厂长买房的风波》成稿后，厂长王光金找上门来，与本总编交朋友，套近乎：什么都好说，就是别见报。我说“不见报不行，你改了我们再正面报道”。他脸一变：“法庭上见！”见报后，他真的一纸告到法院，说本报侵了他厂长的权。法院初步调查认为他告不赢，建议他撤诉，官司才没打起来。

像这样的例子我们经常碰到，对方甚至跑到省总机关从楼上喊到楼下，说工人报造谣，扬言要告倒工人报。但往往官司没打起来，对方已受到法律制裁。的确，本报也被正式拖进两起因维权而引发的所谓“侵权”官司中。因本报监督有据，事实准确，都没有败诉。

如1996年4月27日周末刊《展望》头条刊登的记者通讯《坎坷劳模路》，报道全国教育系统劳模、宿州市聋哑学校校长尹正路前进道路上遭遇的权力障碍和人为陷阱。此文引起被批评者张某的强烈不满，张上告到宿州市法院，说本报侵了他的权，索赔20万。本报律师和我在法庭上据理辩护，博得主审法官当庭高度评价《坎》文主持了正义。随后张某又将本报上诉至地区中院。中院审阅材料后认为张某无理，采取法庭调解，劝说张某撤诉。

四、多种形式，有效维权

我们说的监督、维权，着眼点是解决问题，不是图一时之快。为了达此目的，要采取多种形式和手段。这里重点谈谈“职工热线”形式。

维权不能被动等待来稿，要为职工群众提供一块阵地，让他们参与进来。本报经过策划从1995年7月20日起，创办了“职工热线”专栏，公开主持人的姓名和电话号码。到1997年底，先后受理职工电话、来函、来访等各类投诉200多起，其中大多数通过信函、电话等方式予以回答，反映的大部分问题得到合理解决。其中60余起较有典型意义、为职工普遍关心的热点难点问题，直接刊登在“职工热线”上，采取热线答疑、热线监督、热线追踪、热线聚焦、热线服务等方式，使“职工热线”愈办愈热。职工反映这个专栏成了党、政府和广大职工的“连心线”、维护职工权益的“专用线”。

我高兴地看到，在我退休后《安徽工人日报》不辱维权使命，刊发了大量维权报道。就在此文行将结束时，11月4日一版头条《诚信医院岂能如此创建》赫然入目。维权是本报一大特色，我企盼《安徽工人日报》的维权旗帜永远飘红。

（2003年11月8日《安徽工人日报》）

让环保风暴来得更猛烈些吧

新年伊始，国家环保总局以“严重违反环境法律法规”的名义，叫停了30个总投资达1179亿元的在建项目，继“审计风暴”之后刮起了一场“环保风暴”。

这场风暴来得何等及时，何等好啊！风暴所指，大都是当前热门的电力项目。连年电荒之际，诸多电力项目无视资源和环境的承受能力，无序上马，违规开工。专家分析，如任其下去，从环境角度讲，将再次形成高耗能工业与电站建设相互推进的恶性循环；从经济角度讲，势必导致今后一段时间内发电能力过剩，金融机构不良贷款增加，破坏经济的稳定发展。这场风暴对此及时敲响了警钟。风暴过处，目前已有27个项目应声停建，避免了造成“更加严重的后果”。

可是，人们也不无担心：这场环保风暴能刮多久，能刮多大？担心不是没有根据的。至今仍有三峡总公司所属的3家电站否认“违反环境法律法规”，拒不停工。再说，淮河十年治污，到头来污染反弹比十年前还严重，也是一面镜子。鉴往知来，对环保问题，光有法律法规还不够，执法中一味“和风细雨”也不行，在一定时候须来个至少“八级风暴”，才能起到震慑和警醒作用。这次叫停的30个项目，投资之巨、门头之高、涉及的利益关系之复杂、面对的阻力和压力之大，都是显而易见的。如果仅来些梢头风、毛毛雨行吗？

值得庆幸的是，这场环保风暴并未遇阻即减，相反呈一波连一波的强劲态势。继叫停了30个在建项目之后，国家环保总局再发通报，向46家火电厂亮黄牌，要求加大火电厂脱硫力度；下一步还得重点整治钢铁、水泥、电解铝等高能耗、高物耗的行业。对于拒不停工的3个电站，环保总局日前已向三峡总公司发出了“行政处罚事先告知书”和“限期改正通知书”。内部人士称，如三峡总公司继续坚持，环保总局有可能和司法部联合起来，强制执行。环保总局局长解振华近日表态：“国家环保部门对新建项目的环境管理只会更加严格，对未按规定履行环评报批手续而先建的项目，一律责令停止建设，依法处罚。”

为使我们的国家更美丽，让“环保风暴”来得更猛烈些吧！

（2005年1月17日《安徽日报》）

治庸先治臃

报载，近期山西、湖北、湖南、新疆等省（区）纷纷掀起“治庸”风暴，矛头直指党政机关的“庸、懒、散”现象。山西省已经处理了涉庸官员421人。湖北省武汉市最近派出3个暗访组，暗访了3区14个单位，十几天下来已有71人被通报批评、责令检查、诫勉谈话，1人被辞退，2人被停职。

“治庸”对改进干部作风，提高机关办事效率，优化投资发展环境，无疑具有积极意义。但是，采取短暂的“风暴”形式，摆出杀气腾腾的高压姿态进行个案查处，能否比较彻底地治好“庸症”，则令人质疑。

干部队伍中的“庸、懒、散”现象由来已久，积习颇深，范围颇广。在计划经济年代，流传所谓“一杯茶，一支烟，一张报纸看半天”的民谣。改革开放以来，此风似乎有增无减，“平平安安占位子，忙忙碌碌装样子，疲疲沓沓混日子”，是对时下庸官生存法则的概括。不过这些都是表征。“治庸”不能只治标不治本，否则你今天来一场“治庸”风暴，他似乎收敛了些，风暴过后却又旧病复发，甚至越发严重。

庸病的根子在哪里？原因有个人方面的，有环境方面的，有体制方面的。其最根本、最直接的原因在于机构臃肿，人浮于事。机关就那么点事，却养着那么多人。无论古今中外，这种情况都会催生“庸、懒、散”现象。正应了那句“一个和尚挑水吃，两个和尚抬水吃，三个和尚没水吃”的俗语。试想，如果机关里每一个人肩上都有较重的担子，没有空闲的位子，加上严格考评，他能懒散得了吗？

改革开放30多年来，中央多次推动机构改革，从上到下撤并了不少机构，裁减了不少人头。但是每次裁撤之后，变相的机构又纷纷冒了出来，机关人头更以加倍的疯狂猛增。有的单位因人设岗，领导班子副职足够一桌。有些机构的职能重叠交叉，有利抢着上，有过推个光。据报道，日前沈阳市查获40吨毒豆芽，市打假办会同有关部门召开专题会议，研究处理意见。会上工商、质监、农委等所有职能部门均称“不归我管”。上网搜索，《半月谈》2010年第18期刊文称，我国公务员人数每年递增约20%。2011年3月2日，全国政协11届4次会议大会发言人赵启正说，我国公务员总数已接近1000万人。另据零点研究咨询集团一项调查报告显示，按公务员与GDP比例，中国公务员

“超标”近20倍。

可以说，我国臃肿的机构和庞杂的公务员队伍，正是产生“庸症”的温床。温床不除，疾之焉灭？因此，欲治庸，先治臃。离开治臃单纯治庸，是治标不治本，是舍本求末，起不了大作用。甭说好多年来这一次“治庸”风暴，即使一年一次风暴，那也只是一阵风。阵风过后，依然会是昏庸庸、懒洋洋、疲沓沓。只有先下真功夫精简机构，裁撤冗员，厉行严格、科学的考评机制，才能从根本上治好官场“庸病”。

（《做人做官研究》2011年）

给骑行让道：城市交通治本之策

据报道，丹麦首都哥本哈根市府正在规划将最繁忙诺尔博根大道机动车道让出一条，改建成自行车专用道。这座北欧名城已是全球最适合骑行的城市之一，各阶层人士首选自行车代步，连政治人物也不例外。据悉，哥本哈根市自行车总量已超过市民总数，55%以上市民骑车出行。但市政府仍不满足，决定将市内四通八达的自行车专用道网络改建成自行车高速公路，以吸引更多市民弃汽改骑。

反观中华大地，曾是世界最大自行车王国，忽然“观念更新”，国人多以拥有轿车为“身份”和“地位”的象征。随着城市化急剧扩张，城市汽车保有量疯狂增长。尽管机动车道不断增多加高（高架），交通依然拥堵。继保有汽车460多万辆的首都北京沦为“首堵”城市之后，其他一二线城市也纷纷以车满为患。许多城市原有自行车道被挤占：或改作机动车道，或辟出半边作汽车“停车位”，或并入人行道。君不见，仅存约2米宽的自行车道上，自行车、三轮车、摩托车和行人拥在一起，加上频繁进出“停车位”的汽车，险象环生，令人怵目惊心。更兼成千上万汽车排气管如同流动的烟囱，满街排放有害废气。可以说，因汽车引发的“拥堵、污染、耗能”已成中国城市交通一大“顽症”。

城市交通的治本之策当属给自行车让道，形成以骑行为主，辅以公交、汽驾的城市交通网络。相对于汽车“耗能、污染”，自行车“节能、环保”自不待言。“让道”的实质在于彻底改变出行观念，放弃汽车，改骑自行车。唯此，方能从根本上“化堵、清污、节能”。

改变出行观念谈何容易！仅靠加大宣传力度、多办几个“无车日”肯定不行。综观国内外经验，还要一“诱”、二“逼”、三“让”。

“诱”策有二：一是积极兴建、改建自行车（含电动）专用道，让骑行安全、舒适、畅通，自然会吸引更多人选择自行车代步。二是广开自行车出租服务，低价甚或免费出租，并完善沿途充气、存放、维修等配套设施，也会大大增强骑行之诱惑力。如今杭州、济南、武汉等城市租赁自行车观光俨然一道风景线。

“逼”乃不得已而为之。首先，配合公车改革，限制领导干部专车和公务车数量，逼其市内弃汽改骑或乘公交；其次，可加重征收燃油税，令自驾族主动减少市内驾行，改为骑行。

“让”策是根本。先让出强占自行车道上的“停车位”，不与自行车争道；再给公交车让出专用道，方便市民“公交”出行；在此基础上，创造条件，有计划让出机动车道，改为自行车道，逐步形成以骑行为主，辅以公交、汽驾的城市交通网络。

“让”中有“诱”也有“逼”，三策并施，刚柔相济，出行观念则因势而易，城市交通“拥堵、污染、耗能”之顽症可望根治。

（2013 年《安徽市场报》）

平民逝者牛耘的“新闻现象”

2014 年 11 月 24 日凌晨，87 岁的牛耘先生因病在合肥逝世。

当日《合肥晚报》即在头版报道了这一消息，接着于 25 日用两个版分别刊登访谈和怀念文章，冠以大标题《走了牛老，痛失一宝》。

同日《新安晚报》8—9 版通开刊文《老牛还了耕耘债，啃草坡头卧庐阳》。

同日《安徽商报》7 版半个版刊文《合肥痛失活地图》。

同日《安徽市场报》10 版头条刊文《合肥的城市记忆少了一抹亮丽颜色》。

27 日《安徽工人日报》分别在头版和 2 版刊登牛老人生告别会消息、怀念文章、挽联及牛老生平事迹。

除了党报（据说党报对逝世人物报道有其职别的严格界定），合肥地区几家主要纸质媒体都对牛耘的逝世作了大篇幅、详细报道。其中《合肥晚报》《新安晚报》还在头版配大幅照片刊登牛老逝世大字标题新闻。

笔者在合肥新闻单位工作、生活了 50 多年。据我记忆，这是一次罕见的新闻现象。

说罕见，主要是因为严格说来牛耘只是一介平民。他于 1988 年 11 月 27 日退休之前，在本职工作中，只任过合肥市总工会工人政治辅导员、合肥市工人文化宫宣传组长、市总工会内刊《合肥工运》副主编，最多也就是个科级。而 1988 年 11 月 26 日（牛耘退休的前一天）《安徽工人报》合肥记者站成立，即聘牛耘为专职站长。几十年来，他的社会职务如雪片般飞来：中国民间文艺家协会会员、中国通俗文艺研究会会员、安徽民俗学会顾问、安徽李鸿章研究会顾问、合肥包公研究会理事、合肥三国历史研究会理事、合肥市地名专家咨询委员会委员、合肥政协文史委员会特邀研究员，等等。说到底这些只是社会职务。

当下合肥人对他老人家最流行的称呼是：著名的民俗学家，合肥的活地图、活词典。

作为一介平民，牛耘的逝世为什么能引起新闻界如此高的关注度呢？当然不是缘自他的职位有多高，也不是缘自他有什么英雄壮举，而是缘自他那古道热肠的人品，缘自他像老牛一般默默耕耘庐阳的无私奉献精神。给合肥人的印象，牛老天文地理无所不晓，三教九流无所不交。在合肥地区，许多党政要员、社会贤达、书画名家、僧侣道士、老编新记，甚至门口摊主、小贩、剃头匠，他都与之过往甚密。据我一位同事回忆，牛老生前对他说过，1960 年困难时期，一些书画家饿极了就到牛耘家“混”一顿。牛耘家上有老下有小，六七口人日子很紧，却总是热情招待好客人。据此番多家媒体报道，牛老辛勤耕耘一生，采写发表文章大小 3000 多篇，近 400 万字，除了报纸以外，被收入正式出版的书刊有：《安徽名特产》《合肥》《合肥史话》《合肥纵横》《江淮趣闻》《安徽文史资料全集 合肥卷》《东方夜谭》《清朝官场怪闻录》《历史大观》等。

牛老的一生，正如他家墙上悬挂几十年的条幅所言：毕生甘做大众牛。

借用此条幅，笔者在牛老人生告别会上送他一副挽联：

奋蹄躬行耕耘志，

毕生甘做大众牛。

对这样可亲可敬可歌可赞的一头“老黄牛”的离世，难道不应引起世人的深切怀念和媒体的热情报道吗！

这次对牛耘逝世的报道，合肥新闻界可谓开了个好头。希望这种“新闻现象”能够发扬光大，而不是昙花一现。愿更多的新闻媒体能从这一“新闻现象”中得到启发，有所参悟，有所改进，充分释放舆论引导的正能量。

（2014 年 12 月 3 日《合肥晚报》）

陶冶编

多情自有高格调

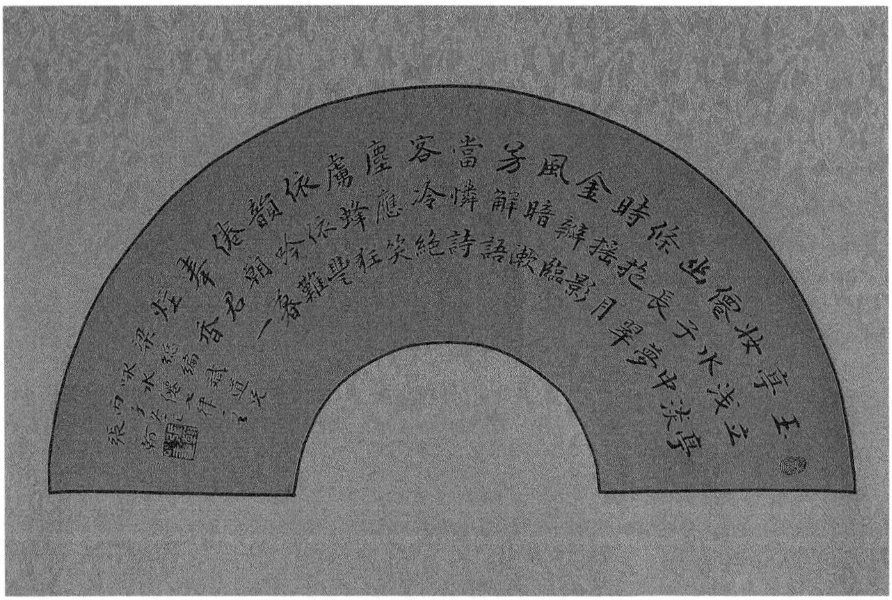

【散文】

花　村

又是梅花时节。打开晓窗，数枝柔条，冒雪冲寒，绽蕊吐芳。缕缕梅香勾起我对往事的回忆，禁不住要写一篇文字以寄托内心那难抑的情思。当铺开稿纸的时候，我仿佛又看到，那些有灵性的花儿成群结队向我涌来，诉说着自己的痛苦和欢乐。

那是今年三月，拍着新安江的浪花，吮着初春幽谷的芬香，我来到皖南歙县佳木葱茏的红岭。举首百步之外，一簇耀眼的山茶花，像火一样在燃烧。“莫非花村就在前边？”我正痴想着，忽然一串银铃似的歌声传来：

啊——鲜花遍地开哟，

花村放光彩！

满山欢歌庆丰收哟，

红花万朵迎春来……

寻声望去，唱歌的是一个红领巾，正拿着花剪剪枝。我快步上前：“喂，小姑娘，花村不远了吧？”小姑娘回头望望我这个不速之客，歌声戛然而止，头一歪：“花村？你是来买花的？村里可多啦，任你挑呗！呶，过了岭就是。”

登上岭头，嗬唷！简直叫人眼花缭乱：烟柳共繁花交映，花山与丽日争辉，村庄和田野全被花丛环抱着，乱红，小白，燕紫，鹅黄，玉树琼英，满山满坳都是。一阵山风吹来，花气袭人，沁脾荡胸。近处，一片火红艳冶的月季园里，男女社员正忙着培土锄草，修剪花枝。

啊——花开千树明哟，

日照万山红！

党是雨露我是花哟，

鲜花朵朵寓深情……

清越的歌声又飘来了，我这才想起应该感谢那位小姑娘，回头望去，只闻其声不见其人。远处花丛下，似有红领巾在飘动，活像一朵鲜艳的月月红。

花村就在红岭下，嬉闹的梅姑溪穿村流过。沿溪错落着皖南特有的陡檐瓦房，雪白的马头墙上画着花鸟鱼虫，龙凤松竹。无论到哪家，房前屋后、宅里院外都是花；和人们交谈，三句话也不离花。听花农说，这里栽培花木有一千多年历史了，至今还流传着一个美丽的传说。

那是很久很久以前，红岭不叫红岭，原是荆棘满布的荒岭。岭上住着父女俩，靠打柴度日。女儿名叫梅姑，梅姑出生的那天早晨，房前突然冒出一株艳丽无比的梅花。那梅花可奇了：花是红的，枝是红的，折下一枝来，骨里也是红的。梅姑长大了，出脱得如梅花一样艳丽。梅姑为梅花起了个有志气的名字，叫骨里红梅。她日培月溉，花儿璀璨照人。过往的行人都要看一眼美丽的梅姑，求一枝梅花作为纪念。这事叫岭下一个贪色的财主知道了，硬要霸占梅姑。狠心的财主暗中害死了梅姑的父亲，又砍掉了那株梅树。抢亲那天，梅姑泪洒梅穴，含忿自尽。从此财主就像着了祟一样，一合眼就见梅姑手握花剪向他喉咙刺来，一边刺一边说："我是百花神，向你索命来！"终于，财主在惊吓中结束了小命。说来更奇，就在财主死的第二天早上，那株梅树又萌芽复苏了。春天，满山满岭百花盛开起来——花神显灵了！人们以为，这儿有百花仙子护佑，花儿长得好，纷纷种起花来，作为一项糊口之资。不知哪年哪月，人们还在岭上盖起花神庙，年年祭祀，荒岭也取名为红岭……

这是一个美好神奇的传说。

"落红不是无情物，化作春泥更护花。"那位护花仙子以自己的血泪灌育着百花，对美好的未来寄寓着多么热切的向往啊！但是，在旧中国，花村人民种的是花，吃的是草，"春来花万朵，花香人自愁。"到新中国成立前夕，这里的花木已被摧残得所剩无几，那神奇的红梅沦灭了。

就像红岭上的望春花，花村人民望啊，望啊，终于望来了万紫千红的春天。新中国成立后，他们先后培育了四百多种花木，具有民族风格的新盆景，一个个绽放在红岭上。我亲眼看到的就有孔雀开屏、喜鹊登枝、狮子滚球、双龙戏珠、百鸟鸣春，等等。二十多年来，这里供给全国各地的花木达十五万多株，从北京的天安门到广州的越秀山，从武汉的长江大桥到杭州的西子湖畔，都有花村人民辛勤培育的鲜花。

也许是受那个神奇故事的影响，花村人民对梅花有特殊的感情，育梅花有独到的匠心。一天傍晚，我专门参观了花村最大的一个梅园。穿过绰约华美的牡丹园，沿梅姑溪上行，半山坡下就是梅园，两边分别是梨园和海棠圃。海棠正开着，端庄、凝重、绚丽，真可谓"偷来梨蕊三分白，借得梅花一缕魂"。成群结队的蜜蜂飞去又飞来，可忙啦。遗憾的是梅花期已经过去了。但眼观那千奇百态的梅枝，你也不能不为其高标神韵而叹服。二百多株梅花列成八排，一排一种花名色。向导指点着告诉我：那枝叶纷披、玲珑剔透、开红花的是迎春梅；那曲干虬枝、盘桓交错、开花时一片叶子也没有的是送春梅；那像伞盖一样，枝叶妩媚、开绿花的是绿萼梅。……数一种我"啧"一声。数到第七排，我不能不说此乃梅园观止也。你看，骨节似的主干上，挺秀着紫红枝条，根根风流，昂首峭拔，刚直不阿。

“这叫——？”

“这就叫骨里红梅！”向导自豪地答道。

骨里红梅，多么倔强、坚贞的名字！失传多年的珍品，又见天日啦！我忘形地伸手摸了摸，想看个仔细。

“呃！只兴看，不准动哇，同志！”一个瓮声瓮气的声音向我冲来。

我赶紧缩回了手，一转脸，一位白发老者已走近身旁，那刚毅劲健的身板，就像那株骨梅。

“对不起，我实在是看呆了，忘了你们的规矩。”我忙不迭地向老人解释。

“瞧，我也忘记了介绍，”向导说，“这是省里来的记者，这是洪大伯，骨里红梅就是大伯和他的孙女梅英培育的。大伯把它看得比自己的命还重呐！”

提起培育骨里红梅，洪大伯翘首长空，又慢慢垂下头来，叹息了一声。

“这是献给周总理的！唉——他老人家要是能……”

大伯的眼睛湿润了，嗓子也哽咽起来，只有春风摇曳花枝的沙沙声和梅姑溪汩汩流淌的絮语声，好像在替老人倾诉那难忘的往事。

洪大伯今年七十挂零，侍弄了一辈子花，经他培育的鲜花不下百十来种，是花村数头名的花老翁。新中国成立后，洪大伯的日子过得鲜花一样美，花蜜一样甜，看来百事如意。可是他也有难治的心病：骨里红梅的失传使他食不甘味、卧不安席。他说：“骨里红梅是红岭的百花之主，要是真绝了种，我死也不合眼！”十年前，洪大伯着手培育骨里红梅。谁知山外吹来一股冷风，说种花是搞封资修，厄运降临到红岭上，留作嫁接的红梅连同几十种好端端的花树被砍去当柴烧了。这火像烧在大伯心上。“作孽呀！作孽呀！百花仙子不会饶你们的！”他坐在岭头上一边骂，一边哭。一九七四年，洪大伯得了一场重病，眼看不行了。好容易撑了八个月，病好后，他说啥也不能撒手不管了。他把心思全搁在花事上。老人平生最爱梅花，还特意为小孙女起名叫梅英。小梅英也爱上了爷爷的事业，决心帮爷爷培育出最珍贵的梅花。他还梦见过百花仙子教她种骨里红梅呢！这年寒冬腊月，祖孙俩在飞雪中一站就是几个时辰，仔细观察各种梅花的神态和枝形。四届人大以后，他们进行了一次成功的嫁接。暮去朝来，这一老一少天天待在梅园里，修枝呀，浇水呀，培土呀，捉虫呀，一点也不使闲。一九七五年，皖南山区的冬天来得特别早。十一月底，寒风就钻进山谷，扯起团团絮絮的大雪来。百花凋谢了，连菊花也吃不住劲，唯有那片梅园郁郁葱葱，光华闪烁。在风雪的扑打中，那株春天才嫁接的梅树，伸展着铮铮铁骨，凌寒放艳，灿若明霞。这花好像开放在老人心里，乐得他抖动着胡子说："咱骨里红梅就是有志气。你开吧！任凭那帮龟儿子刮多大的歪风，休想动你一片叶子，一个瓣儿。"

骨里红梅开得多艳啊！村里人都来道喜。大伙七嘴八舌，叽叽喳喳，有人提议："把这第一株梅献给咱日夜想念的周总理，因为总理正在病中，祝他老人家的身体像这骨梅一样硬朗。"为这事，大队党支部作了个决定：趁过春节的时候，让洪大伯上一趟京，亲手把骨里红梅献上。大伯可高兴了，梅英也不住地唱啊，跳啊，她恨不得一下子飞到北京，飞到总理的身边。

一天夜晚，梅英睡意蒙眬，一位少女翩然而入，自言名叫梅姑。"梅姑？你不是那位仙女吗？"少女笑而不答，催促道："妹妹快走，周爷爷在等你呐！""你说的是总理？他在哪？""在梅园，快，快！"

梅英眼看梅姑一阵风似的奔向山坡。梅园已经挤满了人，少先队员们排着整齐的队列，唱着"花开千树明"歌曲，正向二位老人挥动花束。梅英一眼认出了那老人真的是总理！嘿，还有爷爷，正在骨里红梅旁比画着向总理讲解什么呢。一阵狂喜，梅英一下子冲到周总理跟前，把红领巾解下深情地给总理系上。周总理把她抱了起来，亲着她的脸蛋说："你就是梅英？是你和爷爷一块培育了骨里红梅？"梅英点着头："是呀！周爷爷，我做梦都在想念你呢！这骨梅是特地献给你的，你喜欢吗？"总理又亲了一下她的小脸蛋，梅英紧紧地偎在总理怀里，她幸福极了。突然，"哗啦"一声，梅英睁开眼，啊，原来是一场梦，只听窗外狂风呼呼刮着，摇得门窗咯咯作响……

一九七六年初的一个奇冷的早晨。洪大伯和梅英带着宜兴产的最精致的花盆，冒着飞雪来到梅花园。一夜飞雪滋濡，又是几枝梅蕊怒放了，彻骨的梅香好醉人哟！祖孙俩小心翼翼地把骨里红梅连根带土起到花盆里。突然，高音广播喇叭里传来阵阵低回的哀乐，似那打旋的寒风，摧肝裂胆。大伯耳朵有点背，忙问梅英："这是谁？""是他，是他，总……总理！"惊呆了的梅英泪水像断了线的珠子。大伯身子晃了晃，坐到雪地上，失声痛哭起来。泪水，扯不断的悲痛的泪水呀，一滴滴，一串串流到花枝上……

风雪卷地，落英缤纷。

那是一个悲痛难抑的时刻，那是一个狂风嘶叫的时刻，那是一个魔鬼狰狞的时刻。无限的哀思给老人的皓首上添上几许白发，在他的前额又刻下几道皱纹。他不声不吭，总是默默地，默默地，守护在花园里，守护在红梅旁。嘶叫的狂风没能使骨里红梅弯腰，狰狞的魔鬼没能使人民屈服。洪大伯和花村人民诅咒魔鬼，就像要掐死蛀蚀花心的钻心虫一样。他们等啊，盼啊，这一天终于盼来了。一九七六年十月，一道灵光神话般地从北京升起，驱散了乌云，照亮了山川，照亮了花村，照亮了老人和孩子的心房。那四个害人虫一举给收拾了。十个月，整整十个月，洪大伯第一次笑出声来，梅英第一次唱起歌来。在歌声和笑声中，花村日新月异地变了：又是十多个新盆景在迎风怒放，那喧闹的竹海、飘香的茶园、流金的稻浪，犹如千红万紫，真是山川独秀，草木有灵。

……春风吹拂着，溪水絮语着。一抹晚霞投到翡翠般的岭头。霞光里一束鲜红的花枝在闪动，越来越近。不，那不是花，分明是人，是我来花村最初认识的红领巾小姑娘。小姑娘奔下山坡，我忽然想到那个护花仙女，梅英不也是以血泪灌育着百花的圣洁的仙女吗？

夜深了。一弯新月挂在隐约的梢头。窗外的小溪像拨弄的琴弦一样，叮叮咚咚，唱个不停；夜风送来阵阵百花浓郁的芳香。春夜，好温馨、静谧的春夜呀！真的，这一夜我也做了个梦，梦见时光老人把我带到了2000年，在毛主席、周总理培育的我们亲爱的国土上，城市、乡村，到处被花丛环抱着，到处盛开璀璨瑰丽的鲜花。

（《希望》1980年第二期）

【随笔】

名园应有留题处

漫步公园，常常可以看到“禁止乱画，违者罚款”的牌子。可是偏偏有些置禁令于不顾的游客，在所钟爱的地方乘兴信手挥来，或发思古之幽情，或壮风光之秀丽。也有胸无点墨者，干脆直书“X 年 X 月 X 日到此一游”，赫然署上自己的大名。有的大概“想不朽”吧，竟把名字刻在竹木上或砖石墙壁上。对此，笔者也曾嗤之为“班门弄斧”，发出“煞风景”的慨叹。不过，慨叹之余，觉得一概禁止并非万全之策。

大凡名胜去处，多存古人墨迹，或书、或画、或诗、或文。其中许多歌颂祖国山河的篇章，成为千古绝唱，是文学宝库中的奇葩。没有当年古人题写，便没有今日古迹。今人也复作古人，为什么不能以自己的题写传世呢？面对锦绣河山、名园胜境，游客常常禁不住感情奔涌，欲发于笔端。我想总该给予方便才好。除了那些破坏园林“想不朽”之外，是不宜禁止的。

有人会说“全是些粗俗文字，只可作涂鸦观”。诚然，涂鸦者有之。就算粗俗吧，却是大众的即兴之作，那感情是质朴的、浓烈的，存之无妨。况且，其中也不乏隽永之作。友人曾在汉阳古琴台墙上捡到一张快被风吹落的纸片，上面有游客穆润水的两首小诗，是用铅笔写的，读后至今不忘，照录于此：

（一）

相逢未语已相亲，琴自托心情自真。
驻足琴台听细细，高山流水诉知音。

（二）

为盼故人理旧弦，一弦一弄一泫然。
抚琴翻作绝琴去，不是知音不与弹。

读来饶有情味，声韵也工，不失为琴台怀古诗。可惜它早被无情的风雨化作尘泥了。

我建议，一些名园、名胜、古迹，应分别情况，设立留题簿、留题石、留题壁、留题室，让人民群众尽情题写。这样，真正的涂鸦者将羞于涂，班门弄斧者也大可不必忌讳，超过“鲁班师”也未可知。文学艺术不单是文艺家的事，也是人民群众的事，随着人们文化水平的提高，随着群众性旅游活动的兴起，好的山水园林之作会越来越多。广设留题处，只会为华夏山河增添光彩。

我还建议，每个公园都要定期将游客题写书、画、诗、文加以整理，择优发表或出版，还可开设这方面的文学评奖，获奖作品可在该公园刊刻留存。这对繁荣祖国山水游记文学，对激发人民群众的爱国主义热情，是大有裨益的。

（1984 年 9 月《合肥晚报》）

【散文】

借问杏花村何处

一位山西朋友带来一瓶杏花村酒，那洁白的细瓷酒瓶上，彩绘着展翅春燕，丝丝垂柳，两三牧童横笛牛背。旁有唐代杜牧的一首七绝：

清明时节雨纷纷，路上行人欲断魂。
借问酒家何处有，牧童遥指杏花村。

山西太原杏花村酿酒历史悠久，所产汾酒、竹叶青酒，堪称天下佳酿，古今诗人赋诗称道者甚多。记得前年《山西日报》还载文漫话杏花村美酒，肯定杜牧的《清明》绝句中的“杏花村”，是指太原的杏花村。但在我看来，此说却未必可信。

杜牧二十六岁及第后，大部分时间在长江中下游一带做官，先后在宣州、扬州、黄州、池州、睦州一带写了大量诗篇。唐武宗会昌四年（844年），杜牧出任池州刺史，在任两年，他经常出游，与朋友唱和。贵池附近的弄水亭、清溪、九峰楼、齐山诸地，都是诗人吟哦之处。在池州西南郊，当时也确有杏花村。《池州府志》《贵池县志》中就有这样的记载：“其南平原大湖，郁郁青青，因杏花以生色……东望城郭，烟火万家，朝日晚霞，点缀如画。”（见《杏花村记》）因此，我以为，杜牧所作《清明》绝句的时间与他出任池州刺史的时间相吻合，他所借问的酒家，是池州的杏花村。现在还没有见过杜牧到山西太原的记载，他在京（长安）的诗中，有“汉武惭夸朔方地，宣王休道太原师”之句，但这个太原是指宁夏的固原县。因此杜牧无从品尝山西太原的杏花村酒。

再从杜牧绝句的内容去细细品评，也能得出同样的结论。

首句“清明时节雨纷纷”，点明了时令气候特征。池州地处长江南岸，三月的江南，好雨知时，当春乃发，又值清明，在诗人眼里，自然是“路上行人欲断魂”景状。这和诗人在《池州春送前进士蒯希逸》诗中“芳草复芳草，断肠还断肠”有类似的情怀。山西处在黄土高原，清明前后，最低气温常在摄氏零度以下，天气干冷，很少有雨，更少纷纷连绵之状。还是杜牧说得好：“杏花时节在江南”（杜牧《寓言》）。

末句“牧童遥指杏花村”，指出了地方风貌特征。阳春三月，江南草长，杂花生树，正是放牧的良好时节。而山西高原，此时杏蕾初现，草刚破土，“草色遥看近却无”，牧童还无法活动。再说，北方多黄牛，且多槽养；野外放牧，在江南才是普遍现象。

由此看来，杜牧要找的酒家，江南池州杏花村的可能性要比山西太原的杏花村大得多。既然如此，可否将山西杏花村酒瓶上的杜牧诗抹掉呢？那倒大可不必。大凡名贵商品，须有好商标相配，大前门香烟为上海、青岛、郑州所产，而商标上的前门却在北京。那么驰名中外的太原杏花村美酒，配上杜牧的绝句又有何妨呢？

今春，我因公去池州，事毕，第一个念头就是造访杏花村。我也“借问”一番，回答我的，不是横笛牛背的牧童，而是一位开“铁牛”的青年。按他的指点，顺城西宽阔的大道走不多远，据说就是当年的杏花村。但见现代建筑的后面，繁花满树，细柳飘摇，芳草如茵，春光旖旎。美丽的景致牵动一缕情怀，我不禁也吟咏几句：

寻踪借问处，无扰牧牛人。
丝柳摇池静，烟花明树深。
新禾衔玉露，腊酿溢清芬。
未饮神先醉，果然古杏村。

（《科苑》1982 年第八期）

【小说】

悔

“咚，咚，咚……”声音沉滞而微弱。

“我来啦——”声音稚嫩而甜润。

开门了。露出一张美丽的小脸蛋，一对闪亮的眸子。

苏苏向门外望了望，是个大男人，背个褡裢。苏苏歉意地：“我爸爸妈妈不在家。”

“小妹妹，就你一个人在家呀！”来人仍站在那儿，“咳，可怜哇！我女儿才五六岁，和你差不多大。她生病了，家里又遭灾，没钱医，你能帮帮我们吗？”

“噢——我懂啦。你等着，我给你一百块钱。”

苏苏知道爸妈放钱的地方，就在电视机上边那个匣子里，攒多了，爸妈就取出来存银行里。苏苏也认得那一百元的票子，她在幼儿园画画，常得一百分，跟票子上的“100”是一样的。

苏苏搬来小凳子，站上去，踮起脚尖，正好摸到了那匣子。她抽开盖儿，嘿，厚厚一卷钱，里层的小一些，她不认得，最外层的正是“100”的。

大票子转眼到了要饭人手里。他惊诧、慌张，左右看看没人，忙千恩万谢下楼去了。

苏苏好快活。

门又开了。“爸爸！”苏苏跑上去。一个响吻。

“爸爸，刚才来个要饭的，我给他钱了。”

“嘀唷，好样的！我的小天使懂事了。”爸爸高兴地放下搂着自己脖子的女儿，抄起淘米盆，又下意识地转身问：

“你给他几分钱？”

“一百钱”。

“小笨蛋，那是一块钱。哎，不不，八成你给他的是一毛钱。”

“就是一百钱么！我在幼儿园常得100分……”

当啷！爸爸手中的淘米盆掉下来。他三步并作两步走到电视机前，取下匣子……

他一把拉过女儿，眼睛瞪得老大，巴掌举得高高：“快说，怎么回事?”

苏苏惊吓得眼里扑闪着泪花：“那人说，他家有个小妹妹，病了，没钱医。好可怜噢……”

“那——”打断女儿的话说，“你也不用给他这么多钱呀!”

“不就是一百钱吗?”苏苏委屈又不服气地说，“比一百大的还有一千、一万呐。前天电视上有个叔叔捐献一万块呢!”苏苏几乎哭出来。

“你知道吗，爸爸辛辛苦苦干一个月，还挣不到两百块?”

苏苏怯怯地摇摇头。

老子的巴掌未落到女儿身上，却打在自己脸上。“我混蛋！我好悔呀!”他唉声叹气地说，“我不该把钱放在那儿呀……”

门轻轻动了一下。

父女俩，一个叹气，一个哭妈。

门忽地开了。妈妈站在门口，惊奇地看着房内。

一阵风把一个纸卷从门下面吹进屋里。

她妈妈拾起，惊叫着：“一百元钱，这里有一百元钱!”

老子一把夺过钱去。

女儿拾起妈妈随手丢下的纸片，摊开来：“爸爸妈妈，你们看，这上面有字。”

妈妈接过纸片，爸爸也凑上去看。上面歪歪扭扭两行铅笔字：

“不要吵孩子！外财不发命穷人。我好悔!”

（1991 年 9 月 10 日《安徽工人报》）

【小品】

绝联试对

烟锁池塘柳

电视剧《铁齿铜牙纪晓岚》中有一段对对联的戏，颇让人玩味。说的是有人出一上联“烟锁池塘柳”求对，在座许多巨儒高官无言以对，纪大才子略加思索，便以“炮镇海城楼”相对，引得众人赞许有加。想来这副对联可谓绝矣，除了具备对联的基本特征以外，上下联均以“五行”中的火、金、水、土、木为序分别含在句中。不过，细细想来，总觉得纪大人所对下联虽绝，但似乎缺点什么。你看，上联“烟锁池塘柳”仿佛一幅水墨画，含蕴着一种朦胧美，多么富于诗情画意。而下联“炮镇海城楼”俨然战云密布，多具冷峻之象、肃杀之气，意境不能与上联承接。

难道就没有更合适的联语可对吗？笔者着实思索了好几天，在此试以“莺衔江堤梅”相对。语中“五行”俱全，顺序依然。且与上联意境一脉，动静结合，情景关联。不知“纪大人”以为然否？

画上荷花和尚画

这是多年前朋友转告我的回文格联：“画上荷花和尚画”。顺读、倒读其声调完全一样。这可把我难住了。朋友见我对不上，便道，这本是绝联，几百年没人对得出的。既然如此，咱也不费那脑筋了，也没有翻书考究，是否如朋友所说这是无人以对的绝联。

不久前看电视剧纪晓岚以“炮镇海城楼”巧对“烟锁池塘柳”一节，又勾起笔者对这一所谓的绝联的回忆，并且为此联一连多日寝食难安。分析这一回文格联的特征之一是；首字“画”与末字“画”，一个作名词，一个作动词。我想“书”字有这一特征，便顺着这条道想下去。先想了一句“书中文章文种书”。文种是越王勾践的谋臣。此联似乎也能对得上，但有个明显的缺憾：“中”是平声，而“种”是去声，且文章之“文”与文种之“文”同字，与上联对应不上。日前又想了两句，一是“书背留言刘备书”，二是“书后黄历皇后书”。需说明的是，书后的“后”是方位词，其繁体为“後”，与皇后的“后”不是一个词。此二联顺读、倒读其声调也完全一样。可见绝联也不见得那么绝，在此笔者仅抛引玉之砖。

妙人儿倪家少女

这是早年从朋友那里听来的一则对联故事。相传，古时京都有一倪姓女子，倾国倾城，多才多艺。许多官宦富商子弟争相求婚。然而姑娘不慕荣华富贵，只求一才子知己。为示心迹，遂自撰一联，告示京城，凡能对出者，即以身相许。联曰：妙人儿倪家少女。这是一嵌字联，“妙”字拆开为“少女”，“人儿”合并为“倪”字，连读下来，浑然天成，又切合姑娘身份。观者甚众，然无一能对出者。这位倪家少女因觅不到如意郎君，郁郁寡欢，一病不起，含恨而亡。此事不胫而走。一日，一位老先生闲看《三国》时忽然拈须笑道：“有了，有了，倪家少女，老夫为你对出下联也。”遂提笔写道：“大言者诸葛一人。”“言者”为“诸”，“一人”乃“大”，与上联相对，堪称绝矣。然已于事无补，那位姑娘只能泉下有知了。

姑听之，姑信之。许多年过去了，如今笔者忽然又想起这一绝联故事，并试图撰联相对以改写这一凄婉的故事。话说，正当这位倪家少女因无人能对此联，病卧弥留之际，一年轻和尚从江南云游至此，声言能治百病。倪家忙将和尚请进。问清患病缘由，和尚道心病还须心药医，遂隔帘朗声向病榻问道：“我这‘钟山人仙台金童’可对得你那‘妙人儿倪家少女’吗？姑娘何不自强自重！”姑娘闻言，心头一震，不觉病已去半。待家人掀帘，睁眼一看，面前是一位年轻和尚。所对“钟山人仙台金童”中，“鐘”字拆开为“金童”，“山人”合并为“仙”字，与己联“妙人儿倪家少女”简直天衣无缝。可是他身为和尚，如何婚配？呀，定是天意如此！姑娘遂看破红尘，出家为尼，倪姑终成尼姑。

（2003 年 5 月 16 日《新安晚报》）

【诗词】

毕业留别

四载同窗岁月稠，
一别今日几春秋？
山重水复永相望，
纸短情长属意留
激越壮怀腾广宇，
踌躇满志报神州。
待到他年双鬓白，
欣逢忆旧数风流。

（1963 年 8 月 2 日）

京都与振华同学别

执手话长亭，
京城亦渭城。
此间一为别，
何日再相逢？
倩影梦频入，
灵犀意潜通。
长安君可意，
勿忘故人情。

（1963 年孟夏）

登黄山天门坎

云崖一道天门关，
回首重重云满山。
松影花荫迷曲径，
天门之外是何天？

（1966 年 11 月 24 日于黄山）

采石览胜

惊涛堆雪拍山流，
千古遗风山上头。
浪打天门开石壁，
风回古渡醉仙楼。
舍身台下漾秋月，
纱帽滩头展画洲。
迎日千帆鼓浪过，
江天万里纵情游。

（1972 年 10 月 5 日于当涂太白楼）

访池州杏花村

寻踪借问处，
无扰牧牛人。
丝柳摇池静，
烟花明树深。
新禾衔玉露，
腊酿溢清芬。
未饮神先醉，
果然古杏村。

（1973 年 5 月 8 日于池州）

乌江怀古

（一）

古庙深深草，
寒江夜夜声。
大王何所憾？
总为太沾名。

（二）

谈何盖世力拔山？
蝼蚁阵[1] 前滚下鞍。
不是乌江难越渡，
非关天命自说圆。
鸿门舞剑空执锐，
垓下歌骓已枉然。
霸业遂成东逝水，
萋萋芳草叹风前。

（1973 年 5 月 20 日于和县霸王庙）

送武录入读北京广播学院

阳关一曲频劝觞，
重九留题话情长。
久处深怜文溢彩，
乍别倍感品端方。
莫学歧路小儿态，
当效奔途驷马狂。
珍惜青春勤砥砺，
高天万里任翱翔。

（1975 年 10 月 13 日重阳节）

1　传说项羽兵败至乌江渡口，见道上成群蚂蚁排成“项羽命丧乌江”字样，遂对天长叹：“天之亡我，非战之罪矣！”并拔剑自刎。实则张良以蜜汁涂于道，蚂蚁食蜜，显出字迹。此乃所谓“蝼蚁阵”之说。

述 怀

乱云罩大野，
淫雨漫八荒。
驱电挟风走，
呼鹏展翅翔。
海宽心愈阔，
浪大志尤刚。
翘首狂飚落，
剪除祸国帮。

（1976 年 2 月 15 日）

观太湖

尽收南国千幅水，
未若太湖更婉柔。
霞染涛峰迷眼底，
风摇帆影挖云头。
吴天难数英雄事，
野渡闲说范蠡舟[1]。
缥缈洞庭[2]春烂漫，
烟波沧浪兴悠悠。

（1976 年孟夏）

临江仙·周恩来逝世周年祭

天南地北凭谁诉，病夺总理英心？回眸苍梧乱云深。竹痕点点，凝爱泪沾襟。

一年一度孟春日，慈颜梦里来频。骨灰撒处山河新。廓清妖氛，设酒慰忠魂。

（1977 年 1 月 8 日）

---

1 传说当年越大夫范蠡辅佐越王灭吴，功成即急流勇退，遂携美人西施荡舟太湖。

2 洞庭即太湖中东西洞庭山。

寄语武录（二首）

月明幽燕地，
春满逍遥津。
数问南来燕，
何时送好音？

（1977 年 12 月 21 日）

征鸿知我意
千里渡关津。
呵手释悬望，
跃然壮士心。

（1978 年 2 月 4 日）

夜思致友人

无眠向隅扪心思，
历历促膝夜雨时。
病树逢春萌嫩叶，
寒梅经雪挺苍枝。
自惭昨日犹嫌晚，
君诲明朝尚可期。
整顿征鞍重抖擞，
拼将驽马并驱驰。

（1977 年 4 月 5 日）

读友人和诗步前韵

回诗淋浪动神思，
写尽风华烂熳时。
但喜高树纷披叶，
更嘉悬崖俊俏枝。
东风好助千帆进，
吾侪岂辜百姓期。
荡腑箴言常在耳，
扬鞭跃马任骋驰。

（1977 年 4 月 1 日）

（附）

放言奉和久朝兄

步原韵并祈教正

褚水敖

一

华章热切启深思，
恰是春风荡漾时。
尔本高强应振叶，
我纵文弱犹伸枝。
峥嵘往事每多感，
璀璨前程共相期。
不因崎岖减初志，
终身为党供奔驰。

二

年来烽火每多思，
吾辈风华正逢时。
常有神风扫败叶。
不容淫雨断青枝。
红旗高举四海跃，
雄关飞渡万民期。
衷肠热血马蹄疾，
携手年年长飞驰。

三

如斯坎坷细寻思，
意及英雄苦战时。
竹自喜寒尽绽叶，
松如畏雪便枯枝。
人生几处没曲径。
革命此生无终期。
骄燕漫云掠浪过，
征程又须万里驰。

四

流光逝水每萦思，
今不向前待几时？
应仗清风频添叶，
休搔白鬓空折枝。
韶华一寸总有值，
大浪千寻无归期。
岁岁递增多贡献，
赤心长伴日月驰。

五

不眠长夜回诗思，
激浪胸中翻滚时。
大树有心绝落叶，
小诗无意登高枝。
抒怀正是三春日，
言志喜逢百花期。
仅以拙辞表衷曲，
助我豪光作神驰。

（1977 年 4 月 7 日子夜）

饮茗敬亭山

饮品敬亭下，
相看意自真。
明瓷飘绿雪[1]，
青岭绕白云。
香溢泉流远，
风吹花笑频。
荣枯百代事，
装点一朝新。

1 指名茶“敬亭绿雪”。

敬亭春晓

昨夜小亭三两盅，
不堪酒力意朦胧。
叮咚犹似琴弦急，
缘是梧桐剪雨声。

（1977 年 5 月 24 日于敬亭山）

瞻淮海战役烈士纪念塔

雄姿傲立凌霄重，
雨霁天开映日红。
眼底火旗连广陌，
胸中铁马突敌营。
抛颅淮海三生愿，
逐鹿中原一世雄。
换得物华添锦绣，
碧塔千古颂高风。

（1978 年 4 月 10 日于徐州）

瞻淮海战役烈士名录台

征战当年人未还，
直将热血荐轩辕。
英名台上数难尽，
浩气长留天地间。

（1978 年 4 月 10 日于徐州）

荆山即兴（二首）

（一）

酿得幽泉泻乳白，
引来榴火煮茶香。
若非无意荆山玉[1]，
何惧人言我辈狂。

（二）

狂客江楼试乳泉，
乱红小白闹春山。
风摇帆影斜阳里，
借得双峰[2] 好系船。

（1978 年 4 月 14 日于怀远望淮楼）

云台山观海

蒸腾云似海，
迷漫海连云。
风送征帆远，
霞披琼岛新。
弄潮欲起舞，
鼓浪动歌吟。
聊以共欢愉，
海深情更深。

（1978 年 9 月 10 日于连云港）

---

1 相传春秋和氏玉产于此山。

2 荆、涂双峰，隔河耸峙，为怀远一景。

送友人徙阜阳

寂寥翰苑今宵冷，
风雨英华一夜摧。
零落成泥香不改，
飘摇转烛命多违。
凭梁燕雀频聒噪，
束翼鲲鹏冀奋飞。
应是他年桃竞秀，
“绿杨邨”[1] 里庆君归。

（1979 年 4 月 1 日）

汉阳琴台怀古（二首）

（一）

相逢未语已相亲，
琴自托心情自真。
驻足琴台听细细，
高山流水诉知音。

（二）

为盼故人理旧弦，
一弦一弄一泫然。
抚琴翻作绝琴去，
不是知音不与弹。

（1980 年 10 月 23 日武汉）

1　绿杨邨为合肥市当年小有名气的一家酒店。

愁结茅仙洞

庚申岁末，游凤台茅仙洞，但见楼台崩塌，道观倾颓，衰草中一片瓦砾，枯藤里几块残碑。博陵道人告余曰："动乱十年，偌个香火胜境，尽殆矣！"余闻不胜感慨，以诗纪之：

霜剑风刀几度秋，
茅仙尽逐三仙楼。
残碑断碣斜阳里，
枯树寒鸦古渡头。
寂寞梅花开绝壁，
伶仃道士卧荒丘。
咿呀淮上橹声远，
似诉人间一段愁。

（1980年12月1日于凤台）

灯谜

——仿《红楼梦》薛小妹怀古诗

不在柳边在梅边，
翩翩自在若飞仙。
蟾宫摇落桂花雨，
一别北风又一年。

（谜底 雪）（1980年孟冬）

（附）

薛小妹原诗

不在梅边在柳边，
个中谁拾画婵娟？
团圆莫忆春香到，
一别西风又一年。

（谜底 风筝）

赏菊（二首）

（一）

疎篱秋色好，
九九又重阳。
风剪斜斜影，
月描淡淡妆。
傲霜青玉润，
浥露碎金香。
花后园无主，
知情尽举殇。

（二）

秋圃东篱畔，
似春不是春。
花光淡艳冷，
情致素洁真。
不屑蝶为伍，
独钟桂作邻。
总云开最晚，
感我动歌吟。

（1981 年季秋）

庐山云雾

半掩楼台半笼崖，
若烟若絮若轻纱。
沾衣欲湿却非雨，
傍树乍开不是花。
幽谷回风漫卷瀑，
青峰初霁斜飞霞。
秀奇幻化终难识，
始信匡庐第一家。

（1982 年 8 月 20 日庐山如翠湖饭店）

泛舟梅山水库

脚踩琼涛随意舞，
目接山色应时新。
金城[1]旧迹知何去？
大别一声断古今！

（1983 年 5 月 24 日于梅山）

题冯维韬生花妙笔

飞毫淋素，
悬壁舞蛇。
娇花照水，
浓点纤波。
沟壑腕底
韬略胸罗。
妙笔神韵，
为君当歌。

（1983 年仲秋）

1　金寨故城处于库区，被水淹没。

心花一瓣香

——感怀寄刘翁[1]（四首）

（一）

国运升平欲喜狂，
濡毫着意写春光。
此生屈指无多路，
留取心花一瓣香。

（二）

俯首无心争短长，
缘何嫉恨起萧墙？
来生若许夸针巧，
再不与人作嫁裳。

（三）

一任连朝风雨狂，
琼枝摇曳自菲芳。
英华尽落深红色，
化作尘泥也透香。

（四）

吟罢小诗欲断肠，
艰难世事费评章。
功名常作等闲看，
寄语老翁细指详。

（1983年11月13日）

1　刘翁指安徽广播局刘星同志。

醉翁亭怀古（三首）

（一）

无心宦海反遭谗，
遂向琅琊山水间。
太守[1] 非翁翁自号，
只缘醉里不知年。

（二）

山色四时明晦间，
清溪日日逐潺湲。
醉翁之意究何在？
半是消忧半适闲。

（三）

野芳染却满溪香，
泻向亭前起艳光。
想必醉翁勤嘱咐，
至今流水似琼浆。

（1984 年 6 月 10 日于琅琊山）

蓬莱阁观海

天街缥缈有无中，
变幻全凭造化功。
琼岛含烟疑玉树，
澄波涌锦罩穹窿。
不求方士长生药，
但作画楼一醉翁。
身入蓬莱已羽化，
何须尘外觅仙踪。

（1985 年 10 月 20 日于蓬莱阁）

1　欧阳修任滁州太守时年仅 39 岁。

大潮吟·和杨文友（四首）

乙丑清明，《大潮》副刊应运而生，更兼《浪花》《海韵》辅之，良多意趣。每读，心动神摇。今步杨文友同志《大潮吟》余韵，放言四首：

（一）

梦断几回念未消，
东风一夜吐红桃。
闻声四五歌吟动，
巨浪排天是大潮。

（二）

浪花宣泄壮情豪，
溢彩流光不胜娇。
矢志随心直笔写，
江山处处漾春潮。

（三）

出脱海韵任妖娆，
借得他山碧玉雕。
蚌影珠光添意趣，
伴君新岁逐新潮。

（四）

莫道征程多暗礁，
扬帆何惧起狂涛。
今朝放胆凌波去，
百万儿郎正弄潮。

（1986 年春节）

（附）

大潮吟·杨文友原诗

一

东风着意绘鸣条，
又报一枝翡翠雕。
夙愿敢说藏意蕴，
军中几许建节旄。

二

涓流汇瀛壮飞潦，
一物一情意气豪。
最注根笈痛痒处，
洪波浩荡快冲霄。

三

漫讶江淹才气尽，
惊夸笔健老班超。
四民睿智多扶掖，
励治精诚协舜韶。

四

凤舞龙飞竞妩媚，
莺歌燕语转夭娇。
喜逢盛世千秋下，
春雨春风诵大潮。

（1985 年 5 月 1 日《安徽工人报》）

咏月季花

偷来瑶圃种，
占取武陵春。
心不随时改，
花开逐月频。
露桃逢旧友，
丹桂遇知音。
莫谓诗怀冷，
倩君伴我吟。

（1986 年 4 月 28 日）

丙寅重阳菊花诗会赋

丙寅重九，本报在银河大厦顶层举办菊花诗会，遍邀高人韵士，选胜登临，赏菊赋诗，歌怀啸志，联谊搭桥。虽未尽东南之美，亦可谓人杰地灵，俊采星驰。诸君仰吟俯唱，逸兴遄飞，纤歌停云，妙舞凌波，真乃庐阳诗坛一大美事也！感于斯会，放言数语，以酬诸君。曰：

怜金秋之璀璨兮，
慕东篱之素装。
品黄花之晚香兮，
会嘉客于重阳。
比霜雪之玉洁兮，
竞桃李之芬芳。
入高人之襟袖兮，
佐君子之诗章。
登“银河”而羽化兮，
饮“廉泉”之绵长。
歌改革之鹄志兮，
舞腾飞之霓裳。
兴犹酣而情笃兮，
待来年之菊黄。

（1986 年 10 月 28 日）

菊　意

问讯东篱谁是主，
邀君伴我醉重阳。
月拖斜影惊幽梦，
霜染冰肌透冷香。
三径不堪园寂寞，
半生未改性疏狂。
爱洁无意争春苦，
点缀秋光吐艳芳。

（1987 年重阳日）

龙腾三咏

醒　龙

忍卧海陬若许年，
此心未冷意拳拳。
今朝得省屈身苦，
叱咤狂飙上九天。

腾　龙

虎啸龙吟兴未阑，
云从风举任盘桓。
有灵自是多腾跃，
志在长天沧海间。

舞　龙

玉鳞藏雨口衔珠，
五彩纹身绝世殊。
捻动虬须抬望眼，
神州处处舞龙图。

（1988 年春节）

天山咏

舞雪回风性本豪，
冰山绝顶愈妖娆。
天倾西北凭君拄，
更觉人间日月高。

（1989 年 8 月 20 日于乌鲁木齐）

东方风来满眼春

乍暖还寒欲晓东，
箴言一廓四方同。
筑巢上下风吹雨，
引凤去来绿映红。
击浪满帆争闯试，
放眼明志敢拼冲。
春秋冬夏循天道，
伟业千年变则通。

（1992 年重阳）

（附）

东方风来满眼春·梁颢和诗

万转千徊西复东，
云开雾霁路方通。
雪梢未尽风犹涩，
山外原来景更浓。
生气满城争浩荡，
望眼举国竞恢宏。
春潮破冻何曾晚，
且看飞舟笑浪峰。

（1992 年重阳）

陆台诗人庐州聚会
咏赠何南史[1] 博士

谁家盛会语频频？
撩我诗魂动我心。
襟住秋风临案写，
邀来远客倚栏吟。
海天难断情千缕，
家国喜连丝万根。
尺幅华笺凭寄意，
青山明月待归人。

（1993 年 9 月 7 日合肥）

世　风

向晚重门灯影深，
卡拉 OK 舞沉沉。
但惊公宴一席酒，
大抵阿翁半载薪。
学子闻腥争下海，
款爷买笑竞抛金。
归来夜静搔头叹，
自问良心剩几分。

（1993 年重阳日）

1　何南史，始祖安徽人，籍贯长沙。1949 年去台湾，长期任于右任秘书，荣膺台湾世界诗人大会总会长、文学博士、诗坛圣诞老人等 25 项桂冠，于 1993 年 9 月 7 日再度访皖，1996 年逝于杭州。

看电视连续剧《包青天》（三首）

包拯："你知罪吗？来人呐！铡刀侍候！"

（一）

任汝王孙作衅端，
虎头铡下鬼门关。
一声断喝乌云散，
又见清明朗朗天。

（二）

莫道开封府座安，
几回险酿史沉冤。
从来君侧多权佞，
无奈小人总忌贤。

（三）

余恨屏前尚未消，
腐贪今日似狂潮。
包公何不威重振，
还把铡刀架更高。

（甲戌年重阳日）

合肥十景题咏

乙亥仲秋，合肥开展十景评选暨征名活动，可谓“知肥、爱肥”之善举。谨依所评十景，题咏十绝句，权作献爱合肥。

碧水青天（包河景区）

花墩灵井无丝莲，
自有口碑世代传。
应是包公存浩气，
一湾碧水映青天。

秀峰览胜（蜀山景区）

芳林秀出一峰青，
襟带环山多胜名。
指点楼台遮掩处，
新科[1]飞起正鹏程。

翡翠项链（环城公园）

荫笼长堤绿满庐，
琼林似玉水如珠。
小城秀项尤婀娜，
翡翠一围惊世殊。

1 新科，指蜀山东西之高新科技开发区和科学岛。

逍遥怀古（逍遥津）

问津何处可逍遥？
梦幻凌波仙欲飘。
飞骑桥边春草绿，
时人犹自话张辽。

高台晚颂（教弩台）

逍遥津畔故城东，
袅袅香烟翳翳松。
闲向高台寻古意，
晚听萧寺动疏钟。

绿都宝石（琥珀山庄）

雕梁画栋一重重，
错把山庄作月宫。
装点春城浅浅绿，
镶得琥珀绯绯红。

飞彩流霞（庐州灯火）

飞彩流霞灿若星，
霓裳一曲伴歌声。
长街十里银河落，
灯火万家不夜城。

虹飞练舞（五里墩立交桥）

虎跃龙腾上碧霄，
虹飞练舞任妖娆。
通达远近凭来去，
滚滚车流涌大潮。

四季风流（花园街）

四时未减兴悠悠，
姹紫嫣红入画楼。
携侣徜徉抬望眼，
小街无处不风流。

王迹沧桑（吴山庙）

田园锦绣好春光，
红火乡企致富忙。
古庙吴王留迹处，
晨昏风雨道沧桑。

（1995 年 9 月于合肥）

海宁观潮

东海欲倾虎啸来，
排天沃日煮江开。
渔郎偏向潮头立，
敢与龙王较一回。

（1996 年 10 月 14 日于海宁市）

三峡吟（六首）

瞿塘峡

危崖摇动似天倾，
激荡飞流谷底行。
隔座惊呼临绝路，
山开一线又逢生。

巫　峡

云雨巫山十二重，
夹江迭出画图中。
凭舟指问云深处，
神女当居第几峰？

西陵峡

三滩翻卷任淹流，
峻茂清荣眼底收。
尽吐腹中巴蜀水，
东洋一去不回头。

小三峡

既入龙门[1] 即忘还，
闻莺空谷语关关。
摩天壁立拂云动，
映带舟行弯复弯。

小小三峡

凌波漱玉兴悠悠，
身自飘飘水自流。
九曲潆回称小小，
留情一顾几回头。

三峡截流

渐近截流冷眼观，
巫云巴雾影团团。
应怜神女绝栖处，
不使西江作笑谈。

（1997 年 6 月 21 日）

1　龙门峡位于大宁河入江口附近，为小三峡之始。

咏水仙花（二首）

（一）

玉立亭亭浅淡妆，
水中仙子梦幽长。
翠条拖月时摇影，
金瓣临风暗漱芳。
解语当怜诗客冷，
绝尘应笑虏蜂狂。
依依丰韵吟难倦，
朝暮奉君一炷香。

（二）

月色溶溶笼靓妆，
秾纤楚楚画眉长。
柔条戏水遗仙韵，
嫩蕊冲寒吐艳芳。
衾薄怜卿闺梦冷，
情痴感我夜吟狂。
东风莫把朱颜改，
留取瑶池一品香。

（1997 年 10 月 29 日）

咏情（七首）

情　艳

雅戏阿妹题玉容，
娇波流慧寓情浓。
芳园数去无颜色，
唯此一株待晓红。

情 知

烛影摇红月上时，
情缘一脉两心知。
噙香檀口私私语，
细喘如兰令我痴。

情 思

娉婷绰约弄芳姿，
撩动心扉难自持。
倩影牵魂频入梦，
人生最苦是相思。

情 格

玉面琴心竟体芳，
怎教诗客不怜香？
多情自有高格调，
一任他人道短长。

情 声

诗魔无赖赋新声，
一笑一颦总是情。
艳若明霞柔若水，
卿卿怜我我怜卿。

情泪（珍珠项链）

情是柔丝泪是珠，
通灵莹润慰芳姝。
丝连情泪知多少，
系在胸前识也无？

情情（宝黛情缘）

疑是三生石上魂，
乍逢惊煞梦中人。
依然沧海长流水，
未了巫山一片云。
命薄偏蒙青眼识，
情痴空作白头吟。
来生若许楼台会
连理枝头早报春。

（作于20世纪60年代，改于1998年9月）

除夕夜读乃蕴兄赠诗感而和之

千禧龙吟除岁时，
梅英濡雪绽琼枝。
心花一瓣情如许，
聚在毫端化作诗

（1999年岁次己卯除夕）

（附）

俞乃蕴原诗

五九寒天岁暮时，
春光已占最高枝。
人间多少悲欢事，
溶进华章尽是诗。

（己卯腊月廿二）

新闻从业四十周年感怀

朝来暮去任匆匆，
四十年华幸未空。
集露采风泼墨醉，
傲霜斗雪笑菊红。
纤毫难蕴千钧力，
驽马敢拼万里程。
云卷云舒浑过眼，
心花一瓣慰诗翁。

（1999 年 7 月 1 日）

再访杜甫草堂

浣花溪畔又秋风，
心动神驰步履匆。
草色展新迎远客，
蓬门依旧醉痴翁。
云飞西岭洁如雪，
花重锦城艳若虹。
诗圣勿生寒士叹，
突兀广厦万千重。

（2000 年孟秋）

心语（三首）

当年诗兴尚微澜，
往事笺头未忍删。
检点浮生六十载，
沿途风雨可相安？

不悔老来悟已迟，
人生难得糊涂时。
心中幸有自留地，
收获芳菲好入诗。

秃笔一支纸半张，
自留地里自芬芳。
心花因系绝尘艳，
香袭诗魂兴愈狂。

（2001 年仲春）

故园续谱感赋

老汪湖畔瓦屋村，
五福堂荫佑子孙。
汗洒平畴开业伟，
情牵故土度时辛。
承传忠孝严家训，
迭出俊贤耀吾门。
续谱今朝当自励，
昌隆代有后来人。

（2001 年岁次辛巳孟秋）

凄凉调·双慈祭

2001 年岁次辛巳十月初一，为双慈重修墓园，再勒墓碑，以作长久计。是日，儿孙数十人重聚墓园，设酒一樽、果一案、鲜花数篮，并制《凄凉调》一阕，共祭于双慈墓前。词曰：

春露秋霜，常思念，泪洒清明时分。双璧归圆，仪范宛在，懿德尤存。抱痛三更，几时得酬抚育恩？忆往昔，膝下牵衣，耳畔叮咛勤。叹天年难久，溘然仙逝，梦里相寻。再对青冢陈旧事，却已无闻。岁岁今日，长歌当哭欲断魂。向黄昏，遥天酹酒，达寸心！

塞上四题

感叹夏王陵

皎皎贺兰雪，
悠悠古夏陵。
东方金字塔，
何不史留名？

叫绝沙坡头

狂沙吹不尽，
夭树愈婆娑。
日傍长河落，
名闻天下绝。

情系沙湖畔

疑似瑶池落，
天工竟尔奇：
驼铃声慢慢，
芳渚绿依依。
鱼戏湖山动，
鸟鸣星月稀。
停车长坐爱，
情系白沙堤。

际会小龙头

出海八千里，
去天九曲长。
双龙[1] 来际会，
阅世话沧桑。

（2001 年仲秋）

---

1 双龙即中华民族的两条巨龙黄河和长城。东来的长城与南来的黄河在银川东神奇交会。

庐州诗词学会十周年

十载庐阳唱大风，
几多佳作几多情。
干云豪气抒胸臆，
动地惊雷醒世声。
老辣严谨推故旧，
奔腾狂放让新朋。
吟坛从此添祥瑞，
壮我诗学日日兴。

（2003 年 12 月 8 日）

赋闲（三首）

年来但觉远人寰，
负手浑忘世事艰。
独有浮云闲似我，
山前才过又窗前。

举止雍容貌岍然，
无非社鼠饰衣冠。
亨通直上青云里，
也作等闲白眼看。

诘屈聱牙语未通，
寻章摘句意多重。
半生案牍鲜佳趣，
一桨湖光趁晚风。
车马盈门犹可忍，
牢骚满腹恐难容。
世人未解此间乐，
笑指芦花野钓中。

（2008 年季秋）

川震四题

诀别留言

山崩屈拱力撑扶，
护得娇娃正睡熟。
诀别留言“我爱你”，
闻听两眼已模糊。

最后哺乳

生命之花未尽残，
犹存双乳尚涓涓。
黄泉路上哺阿宝，
母爱长留天地间。

十万火急

废墟下面仍呻吟，
搅我肚肠揪我心。
十万火急奋力救，
恨无千手化观音。

哀悼日

最是国殇肠断时，
一掬清泪寄哀思。
民心当自悲中聚，
挺起脊梁莫滞迟。

（2008 年 5 月 20 日）

建国六十周年感怀（四首）

当年九岁童，如今一老翁。回首来路，有艳阳春风，有严霜苦雨；或飞升腾跃，或沉沦迟滞；可歌可赞，可泣可叹！甲子轮回，反思前瞻，感而成吟：

一

曾是国初九岁童，
太平盛世喜相逢。
同心开启新天地，
满眼风光尽彩虹。

二

才见清明春色妍，
几番风雨竞相残。
一言九鼎天天斗，
误国苦民二十年。

三

真理敢为大论争，
山河激荡改革声。
凤凰浴火生灵翼，
崛起中华举世惊。

四

科学人本价无涯，
甲子轮回境更佳。
指待明朝深政改，
神州遍放和谐花。

（2009 年仲秋）

蚌埠三中毕业50周年聚会即兴

花开几度故园春，
无奈思君不见君。
梦里凭窗同啸志，
眼前牵手共读人。
容颜疑似旧时态，
颦笑分明当日神。
举酒今宵言未尽，
浓情兴会系于心。

（2009年10月10日）

保龄球三昧

不练气功不参禅，老来爱逛保龄馆。花钱买乐子，花钱买健康，正所谓美、乐、健——老夫深得其昧也。值此佳会，凑韵三章，以博诸友一哂：

（一）

翩翩飞蝶舞，
俯仰亦轻盈。
自谓老来俏，
悠然要保龄。

（二）

才捞海底月，
又捡大分瓶。
变幻多谐趣，
全抛身外名。

（三）

笑谈十局罢，
出手一身轻。
日渐“三高”没，
果然可保龄。

（2010年仲夏）

湃史杭踏青即兴（二首）

古城西畔正逢春，
戏水踏青撩煞人。
波涌画船觉意远，
花明琼岛感时新。
英雄壮举蜚中外，
“大别”奇名判昔今。
重整山河情未老，
风光无限彩添频。

胜日凌波湃史杭，
水流千里福流长。
迭出画卷迷人眼，
心动如潮吟兴狂。

（2011 年 4 月 11 日）

修叔黄昏颂

叔父梁绪修逝世 25 年矣！虽与叔相隔千山万水，仅一面之缘，然叔父干戈风雨之文治武功，忠贞清廉之高尚修为，实令晚辈崇敬有加。侄曾于 1977 年 7 月 16 日寄诗以明心迹；叔父亦即回诗唱和。当此叔婶从吉林归葬故里之际，侄谨将旧作冠名《修叔黄昏颂》敬献墓前刻于碑，以托追思，并警示吾族后人莫忘先辈风范，继承先辈美德也！诗曰：

干戈风雨四十春，
文治武功更洁身。
敢谓壮心犹未已，
分明老骥尚驰奔。
拼将热血酬民愿，
磨砺新锋拨乱云。
遥望白山频寄意，
高歌一曲颂黄昏。

（2013 年孟春）

北广毕业五十周年同学聚会感赋（次韵旧作）

久别皓首乍相逢，
似幻似真疑梦中。
执手畅怀嫌夜短，
飞觞酣态寓情浓。
硕丰香溢尽桃李，
俊雅云集多凤龙。
莫道夕阳红未久，
宝刀不老试新锋。

（2013 年仲秋）

北京广播学院 20 周年校庆（旧作）

别却京华憾未逢，
几回飞梦故园中。
英贤旖旎韶光好，
桃李芬芳春意浓。
勤向青灯操笔砚，
时邀明月赋虬龙。
当年豪气今仍在，
更待征途砺锐锋。

（1978 年 8 月 20 日）

安徽诗词学会 30 华诞志庆

飞雪迎来贺岁时，
含情梅蕊绽新枝。
放怀今日吟潮涌，
着意明朝逸兴驰，
主旨深邃追国梦，
宏声悠远动神思。
喜看八皖英才聚，
唱响中华大美诗。

（2015 年孟冬）

巴马即兴

烟雨迷蒙触景行，
醉痴梦幻忘归程。
盘河魔洞[1]生灵气，
始信此间育寿星。

（2016 年 11 月 8 日）

虞美人·闻合肥一中“数学诗人”大赛

欣闻合肥一中首创“数学诗人”大赛。学子们纷纷用诗歌玩转数学，呈现数学也如诗歌般美丽。中有徐嘉伟同学填《虞美人》一首，现场吟唱。感于斯，余亦步尘一首，勉为一中创举助兴。词曰：

缤纷数点花争艳，花冠谁家院？
一中昨夜动诗风，情系方圆弦上发心声。
连珠妙语兴未尽，学子愈发奋。
歌吟玩数今始成，放眼明朝迭出是精英。

（2017 岁次丁酉仲夏夜）

沁园春·赠友人

——和武录弟子性急者

根系桐城，梦飞天柱，稚嫩知情。缘将军顾念，峰回路转，江淮走笔，宏波传声。秉烛京华，夙兴夜寐，雏鹰出脱羽翼丰。奋椽笔，鸣时代旋律，激浊扬清。

信是抱定初衷，任世态风云变幻中。观雄文巨著，苦心孤诣；芬芳桃李，口碑留名。故友今逢，老夫迟暮，犹记依依半世情。曲方罢，正征鞍重整，再攀高峰。

（2018 年 12 月 16 日于合肥）

1　盘河即盘阳河，魔洞即百魔洞。乃广西巴马最著名的两个景区和养生宝地 。相传王母娘娘的女儿盘阳公主为拯救巴马苍生，下凡化而成此盘阳河。

注：中国传媒大学教授丁俊杰在为王武录新著《党报科研教学初探》一书所作序言中说：“他（王武录）60岁、65岁时，众弟子都想为他过生日而被他婉拒了。近闻众弟子又在悄悄议论是否为他过70岁生日聚一下？且有性急者拟出一阕《沁园春》。……”吟罢，深谙此乃武录作为记者、学者光彩人生的生动写照。感于此，依韵和之。

（附）武录弟子原词

沁园春· 拟贺吾师七十大寿

桐城子孙，陇亩躬耕，将军一念，伴电波五冬。京华召唤，秉烛六春。党报廿载，夜雨晓风，颂贤唱能。亲草根敬太史公。只可叹，多村夫憧憬，率性真情。

沧桑不改初衷，任布衣来去一笑中。事研究中心，八方有朋，筚路蓝缕，云山万重。躬逢圆梦，著作等身，更喜桃李向阳生。夕照明，看古稀之翁，依旧攀登。

后 记

拙作《心花一瓣》修订版终于出版了。原版于1999年由南方出版社出版发行。修订版依然分求索编、写真编、放言编、陶冶编四大部分，增补了我退休后所作几十篇，总计逾200篇。

从1959年入读北京广播学院新闻系起始，至2000年退休，已历40春秋。我本以为，退休就意味着我的新闻人生画上了句号，可以好好地在家颐养天年了。我给自己立下“三不”之规：退休后“不干预，不赶场，不动笔”，一门心思锻炼身体。应当说，前二“不”我做到了，后一“不”我违规了。为什么？缘于我的记忆里，祖上好几代凡男丁没有一个活过七十岁；到了我这一代，又长期受腰椎间盘突出症拖累，总以为来日无多，巴不得早点退，养好身子，多活几年。没想到我退休后，锻炼颇得法，吃动两平衡，顽疾匿迹，身体渐好，居然风风火火闯过了“七十”大关，如今又大步流星迈进了“八十”门槛。我对朋友开玩笑说：“七十三、八十四，阎王请我也不去；牵着老伴手，昂首挺胸走，直奔九十九。”这不，身体好起来，加上“脾性难移”，时不时心血来潮，又动了笔。于是就有了这增补的几十篇。此番修订出版，就当是对自己新闻人生的检点和总结，是对国家和社会的汇报，当然也是给家人、亲朋留个纪念。

细心的读者可能会发现，书中前后数字用法迥异：前半部分多用汉语数字，后半部多用阿拉伯数字。这是因为，我大学毕业后的前22年办广播，后15年办报纸，而广播稿需要通过播音员播送出去，为了避免阿拉伯数字（特别是带小数点的多位数）带给播音员的视觉障碍和听众的听觉障碍，要求编采稿件时尽可能使用汉语数字。此番修订，仍循旧例，特说明之。

在此次修订过程中，我得到老友、中国传媒大学教授王武录的悉心指导和帮助，在此深表谢意！

由于水平所限，这本修订版书中可能还暗藏诸多谬误差错，诚望读者朋友予以指正，在此一并致谢！

作者　2019年3月16日于合肥

后记

朝来暮去任匆匆四十年華幸未空
集露采風潑墨醉傲霜斗雪笑菊紅
纖毫難蘊千鈞力駑馬敢拼萬里程
雲卷雲舒渾過眼心花一瓣慰詩翁

右录梁久朝詩新聞從業四十周年
己亥孟春高秀淑書於古廬州逍遙津